景德元年

大宋王朝1004年的历史大变局

祁新龙 著

中国友谊出版公司

图书在版编目（CIP）数据

景德元年：大宋王朝1004年的历史大变局 / 祁新龙著. -- 北京：中国友谊出版公司，2021.8（2023.4重印）
ISBN 978-7-5057-5224-5

Ⅰ.①景… Ⅱ.①祁… Ⅲ.①中国历史－宋代－通俗读物 Ⅳ.①K244.09

中国版本图书馆CIP数据核字（2021）第090605号

书名	景德元年：大宋王朝1004年的历史大变局
作者	祁新龙
出版	中国友谊出版公司
发行	中国友谊出版公司
经销	新华书店
印刷	三河市冀华印务有限公司
规格	700×980毫米　16开　21印张　300千字
版次	2021年8月第1版
印次	2023年4月第2次印刷
书号	ISBN 978-7-5057-5224-5
定价	52.00元
地址	北京市朝阳区西坝河南里17号楼
邮编	100028
电话	（010）64678009

如发现图书质量问题，可联系调换。质量投诉电话：010-82069336

目 录

自序　一场被推到时代最前沿的终极对决　　001
楔子　来自北方的眺望　　009

第一章　暗流涌动　　001
　　身陷旋涡的王继忠被俘　　002
　　新年改元：祥和中潜藏危机　　013
　　地震频频来袭：不平静的开始　　019

第二章　宋真宗赵恒　　025
　　与皇位本来无缘的王爷　　026
　　命运之神的眷顾　　040
　　防御一刻也没有放松　　046

第三章　李继迁时代落幕　　055
　　惊人消息从天而降　　056
　　灵州保卫战　　060
　　末路英雄辉煌而亡　　068

第四章　风起云涌　　079
　　潘罗支遣使入宋　　080
　　一个女人引发的"奇案"　　092
　　宰相李沆意外去世　　104
　　寇准、毕士安双宰相诞生　　116
　　申宗古状告寇准　　123

第五章	举国南侵	129
	震动朝野的消息	130
	二十万铁骑压境	136
	兵分两路	147

第六章	攻势不减	153
	王继忠致信宋朝	154
	瀛州攻防战	163
	继续南下	171

第七章	亲征之路	181
	南迁还是北征	182
	参知政事王旦留守汴京	194
	艰难的亲征之旅	201

第八章	拨云见日	211
	一箭定胜负	212
	曹利用再送书信	220
	局势逆转：曹利用和谈	227

第九章	澶渊之盟	239
	议定和平盟约	240
	三根手指的谜语	249
	班师回朝	257

第十章	大变革时代到来	267
	朋党相争初见端倪	268
	一场祭祀封禅的闹剧	284

尾声　澶渊之盟的利弊	**297**
武备废弛留下亡国隐患	297
经济从此蓬勃发展	303
文化大繁荣的种子生根发芽	310
参考书目	**315**

自 序
一场被推到时代最前沿的终极对决

公元1004年，干支纪年为甲辰，生肖为龙。

这一年是一个重要的时间点。这一年前后，宋朝境内发生了许多影响深远的大事，历史在考验着所有参与者的智慧与勇气。而这一连串的事件，也整个地影响了宋朝以及周边国家的走向。

这一年，宋朝执掌天下的皇帝是宋真宗赵恒——一个在深宫内苑长大的孩子，从未见过战争。到这一年，他已即位八个年头。他从一个太子正式转变成九五之尊的皇帝，理顺了一切国家大事。

这一年，是宋代历史上极不平凡的一年。

年初，汴京就发生了数次地震，这让还沉浸在年味中的宋朝上下有了一丝慌乱。而这种大地震颤，隔一段时间就会在不同地方发生。雅安那个地方，地震频次多到让人无法计算的地步。已走过四十四年的大宋王朝，隐隐有种不祥的征兆。

一切并不平静，且那些不平静的因素正在逐渐增多。这些不平静的因素，无不向外界释放着一个强烈信号：天下将有变。

引起这种变动的内因是两个地方，一个叫幽云十六州[①]，一个叫关南地

[①] 泛指五代至宋朝时期河北、山西北部的一大片地域，包括幽州（今北京市）、顺州（今北京顺义）、儒州（今北京延庆）、檀州（今北京密云）、蓟州（今天津蓟州）、涿州（今河北涿州）、瀛州（今河北河间）、莫州（今河北任丘）、新州（今河北涿鹿县）、妫州（今河北怀来县）、武州（今河北宣化）、蔚州（今河北蔚县）、应州（今山西应县）、寰州（今山西朔州东）、朔州（今山西朔州）、云州（今山西云州）。

区①。幽云十六州，曾多次出现在电视剧中，杨家将的故事里就不止一次提到过，虽算不上家喻户晓，可也算是深入人心了。但说到关南地区，知道的人就少之又少了。

这两个地方，其实相互关联着。幽云十六州是辽的地界，而关南之地是宋的地界，两地毗邻。宋辽为了争夺这两块地方，二十五年间发生了多次大规模战争。

咸平后几年，这种战争的密集程度远高于宋太宗赵光义时代。随着赵光义去世，历史最终将辽宋之间未了的关系推到了景德元年（公元1004年）。辽宋之间是和是战，冥冥之中似乎已经注定，要等到景德元年来一锤定音。毕竟长期悬而未决的局势，耗尽了两国国力，辽宋高层在某种层面都想做一个了结。

这就促成了大联盟——澶渊之盟。

让我们沿着历史的足迹，去寻找辽宋战争的两个内因，为这本书的展开交代背景。

事情还得从几十年前说起。

五代十国时期，后唐李从珂继位后，一直忌惮石敬瑭拥兵自重，以致君臣嫌隙不断。李从珂为了遏制石敬瑭，意图通过调任的方式，将石敬瑭调离其长年盘踞的太原（今山西太原），以瓦解石敬瑭的势力，进而实现中央集权。

但此举遭到石敬瑭强烈的反弹。石敬瑭当然不肯放弃自己多年经营的太原去别处任职。毕竟他在太原待了一辈子，所有将士他都熟悉。太原这片地方，是石敬瑭的根据地，也是他的大后方。若按照李从珂的意思，石敬瑭苦心经营的太原这份家业，就会被分而化之，这自然是石敬瑭极不愿意看到的结果。

---

① 又叫关南十县，是后周世宗柴荣于公元959年亲征辽国时收回的十个地方，包括瓦桥、益津、淤口三关以南的所有地区。

为了自保，石敬瑭不惜向契丹求助。石敬瑭承诺：契丹若救他，他愿以幽云十六州作为报答，无偿献给契丹。石敬瑭还表示，只要契丹帮他击退李从珂，他愿意认耶律德光为父亲，自己甘愿当儿子。

幽云十六州和契丹毗邻，但幽云十六州是农耕文明之地，拥有发达的农业，生活在此处的百姓拥有先进的技术，这对于一直逐草而居的契丹人，无疑是巨大的诱惑。与中原王朝交涉这些年，契丹人对中原农耕文明带来的成果早就垂涎三尺。

面对如此巨大的诱惑，契丹国主耶律德光心动了。幽云地区连接草原游牧民族和汉民族，以长城为界，周围土地平坦肥沃，农耕技术先进。这是几千年来，草原游牧民族一直觊觎的地方。但是，契丹在耶律阿保机南下受挫后，便不敢轻易入侵中原。

石敬瑭的求救，对契丹来说，无疑是个千载难逢的机会。雄才大略的耶律德光早就想带领契丹铁骑到中原腹地来掠夺一番，看看中原是否真的像那些穿梭于辽宋之间的商人说的一样神奇。

随即，耶律德光率军五万南下，支援石敬瑭，与他一起击退了李从珂。这是耶律德光一生中难有的辉煌。

耶律德光保全了胆战心惊的石敬瑭，并扶持石敬瑭在汴梁建立晋，史称后晋。

从此，石敬瑭成为契丹儿皇帝，幽云十六州全部落入契丹手中（后来，还丢了平、宁、营三州）。长城防线从此亦失去意义，整个中原地区无险可守，裸露在契丹的铁骑之下。

契丹接手了幽云十六州后，推行了大包容政策。他们让居住在此处的汉人继续务农，生产粮食，加工产品。幽云十六州的作用一点点显现出来。

尝到农耕文明带来的好处后，契丹就一直想入主中原，利用中原先进的农耕技术和文明来壮大自己，实现霸业。

但中原王朝此时由石敬瑭统治，契丹贸然出兵会引来非议，也可能会招致祸端。加之此时石敬瑭对契丹毕恭毕敬，年年进贡，契丹与后晋的关系不允许契丹做出南下进攻的举动。

然而，石敬瑭死后，其侄子石重贵继承皇位，两国的关系发生了微妙的变化。石重贵认爷不认主的做法，激怒了耶律德光。他率兵南下，灭了后晋，达到了占据中原的目的。可耶律德光占据中原容易，守住中原难，最终被群起的汴梁人赶出了汴梁。但契丹入主中原之心不死，经常跃跃欲试。

刘知远建立后汉以后，与契丹的关系没有后晋那么亲密。中原回到汉人之手。刘知远也想扩大疆域，在五代十国乱局中争得一席之地，可惜他命不长。不久，郭威推翻后汉建立后周。雄心勃勃的郭威想实现中原统一大业，可他的命也不长。郭威死后，他的养子柴荣继位，是为周世宗，继承了他的遗愿。

为了破解这道难题，夺回幽云十六州，柴荣率部北伐。时值契丹政局不稳，君主惨遭弑杀，后周大军顺势夺得了关南之地。由此，与幽云地区相连接的瓦桥、益津、淤口三关及瀛、莫二州，落入后周手中。这些地方，在宋朝建立后，被称为关南之地，其实也是幽云十六州的部分地方。

然而，天不假年，周世宗也英年早逝。后周皇位传到了柴宗训手中。但柴宗训年幼，无法持国，小符太后也缺乏执政能力，赵匡胤顺势在陈桥驿发动了兵变，夺取了后周的政权。

宋朝建立后，基本灭亡了南唐、后蜀等十国政权，实现了国家的基本统一。但赵匡胤时代，不敢与契丹硬碰硬。可幽云地区又极其重要，关乎着宋朝江山社稷的延续。

赵匡胤自知与契丹开战的时机未到，就想从契丹手中赎回长城防线。于是，他设立了封桩库，时时刻刻积攒财富。可赎回幽云十六州这件事，赵匡胤到死都没有实现。幽云十六州依然牢牢握在契丹手中。赎回或者说夺回幽云十六州，成了一项未竟事业，也成了宋朝的一个梦魇，折磨着以后的历代君王。

在赵匡胤最后的日子里，他对从辽国手中赎回幽云十六州失去了信心。这时候，他想到了迁都。

开宝九年（公元976年）三月初九，宋太祖赵匡胤带着一干人等，到西京洛阳祭祀父母，在父母墓前痛哭流涕，追思先人。①

　　赵匡胤的一生，一直在外闯荡，回乡祭祖的机会很少。到了开宝九年，整个南方地区基本平定，南唐后主李煜也被俘虏到了汴梁。

　　此时赵匡胤像任何功成名就的人一样，想起了洛阳的祖先，于是，带领满朝文武到了洛阳永安陵。

　　面对祖先的陵墓，赵匡胤感慨万千，从二十多岁出门远行，便与故乡长期分离。父亲没有享受过一天好日子就告别了人世，母亲也是在他建立宋朝后不久便与世长辞。

　　赵匡胤在永安陵举行了盛大的祭祀仪式，向父母禀告自己的业绩，也诉说了自己在统治国家过程中遇到的问题。祭拜完祖先后，赵匡胤便登上了阙台，亲自向西北方向射箭，大有今天放礼炮的意思。②

　　赵匡胤为什么偏偏选择了西北方向？因为西北方向有两个劲敌——北汉和辽国。这是他没有拿下的两个政权。

　　举行了这些仪式后，赵匡胤才对众人说，等我百年之后，也将我埋葬于此。③

　　赵匡胤为何这样说，不得而知。他是否已经感觉大限将至，亦不得而知。只是在这一年的十月，他便在烛影斧声中去世了。④这是后话。

　　祭祀完毕，赵匡胤并未急着回东京汴梁，而是到了洛阳南郊。⑤随即，他又开始祭祀⑥，祭祀完毕，赵匡胤便住在了洛阳，这一住就是一个月。

　　赵匡胤成为皇帝以来，一直兢兢业业，从未有过片刻懈怠。此时，他却

---

① 《续资治通鉴·卷八》："庚辰，帝谒安陵，奠献号恸，左右皆泣。"
② 《续资治通鉴·卷八》："既而登阙台，西北向发鸣镝。"
③ 《续资治通鉴·卷八》："指其所曰：'我后当葬此。'"
④ 《宋史·本纪第三》："癸丑夕，帝崩于万岁殿，年五十，殡于殿西阶。"
⑤ 《续资治通鉴·卷八》："辛未，帝至西京，见洛阳宫室壮丽，甚悦。"
⑥ 《续资治通鉴·卷八》："夏，四月，庚子，合祭天地于南郊。"

住在洛阳不走了,这让随行的文武一头雾水。

赵匡胤住在洛阳不回汴京,到底是为什么呢?

其实,此时的赵匡胤有自己的打算——他正在考虑迁都。

自从宋朝建国以来,由于幽云十六州在辽国手中,汴梁地处平原之上,无险可守,不是国都的最佳之地。而他既然没办法夺回或者赎回幽云十六州,只好选择了退一步:迁都。

赵匡胤此次到洛阳,就是要考虑迁都洛阳,依靠洛阳的地理优势,为宋朝建立新的都城。当然,迁都洛阳只是赵匡胤的第一步。他把真正的国都目标定在了长安,那里有关中盆地,周围有群山环绕,易守难攻,是建都的绝佳之地。

可当赵匡胤将迁都洛阳的想法表达出来时,却遭到了满朝文武的强烈反对。大家认为洛阳已饱经战乱,要想迁都就需要重建,而重建势必会耗资巨大,劳民伤财。而反观汴京,在经历后梁、后晋、后汉、后周不断扩建后,已然成了大都市,定都汴京比定都洛阳要划算。况且大家已经在汴京生活多年,在汴京扎下了根,迁都洛阳势必会影响整个家族的发展。[①]

赵匡胤没想到迁都的打算竟然会遭到群臣的强烈劝阻。晋王赵光义则以"在德不在险"反对赵匡胤的迁都之举。赵匡胤的迁都想法,就此胎死腹中。

尽管赵光义劝阻了赵匡胤迁都,但赵光义很清醒,汴京确实有它致命的弱点:无险可守。若北方的辽国大兵压境,汴京就危险了。

为此,赵光义即位后,首先采取了稳定国内的策略,随即利用高压政策,征服了南方的吴越和盘踞在漳、泉二州的清源军节度使陈洪进。

此时,宋朝的右文政策凸显出了优势,让宋朝的国力有了长足发展。赵光义认为,收回幽云十六州的时机到了,便率部北上,首先灭了北汉。

灭亡北汉给了赵光义极大的信心,从太平兴国四年(公元979年)开始,

---

① 《续资治通鉴·卷八》。

他发动了两次大规模北伐，意图从契丹手中夺回幽云十六州。然而，两次北伐均以失败告终。

宋辽之间，为了幽云十六州和关南地区进行了多次惨烈的战斗。多少英雄儿女命殒疆场，多少文臣武将裹挟其中，多少历史留下了唏嘘之语，以致多年积攒的国家财富，为了应付战事，被消耗殆尽。

这两次北伐的失败，也让宋在对辽的战略部署上，从先期的主动出击，变成后来的被动防御。赵光义最终因为北伐的箭伤复发，一命呜呼。

然而，随着宋朝的北伐频频失利，辽国却看到了宋朝的虚弱。于是，辽国铁骑经常骚扰宋辽边境。在辽国眼里，当年周世宗夺取的关南之地，经由陈桥兵变落入宋朝手中，可这关南之地，本属幽云十六州外围，也就是契丹的土地。契丹土地落入宋朝手中，让他们很有挫败感，甚至视其为一种耻辱：不夺回关南之地，辽国就永远不完整。

时间继续往前推移。这个悬而未决的问题，被历史推给了宋代第三位皇帝宋真宗。他无可回避地接过了这份担子。

这是一份沉甸甸的责任，是父辈们的未竟事业。幽云十六州在他的手里能否夺回，宋辽疆域问题能否最终解决，都有待时间来检验。

宋真宗即位之初，选择了休养生息的政策。他起用李沆、毕士安、寇准、王旦等人，利用几年时间发展农业、工商业，宋朝出现了一段繁盛时期。但这种繁盛是短暂的，宋辽都不想就这么耗下去。尤其是已经高龄的萧太后，更加迫切需要解决这个问题。

因此，从咸平元年（公元998年）开始，辽国发动了多次战争，意图拿下关南之地。

到了景德元年（公元1004年），辽宋关系日趋紧张，宋真宗及其同时代的人不得不去面对。

只是，公元1004年辽宋之间的战争，并没有马上变得剑拔弩张，一切都如喷发前的火山，正在积蓄着力量。

楔　子
来自北方的眺望

景德元年（公元1004年）春天，北方草原上，还是一片萧瑟。上天似乎并没有因辽国前一年打了胜仗，而对它格外青睐。

但天气再怎么寒冷，依然冷却不了契丹人火热的心。打了胜仗的辽国，举国沉浸在一片欢愉中，即使此时正值隆冬，部众们的喜悦依然溢于言表。

这个时令，中原王朝讲究过年，契丹人早先没有过春节的习俗。每年到了这个季节，他们除了偶尔外出打猎，便只待在家里避寒。后来，那些到了辽国的汉人，每年这时候都开始过年，举行一些庆祝活动。慢慢地，辽国也受到了影响，便有人效仿汉人，营造起了过年的氛围。

辽国统治者没有过分干预这些事。辽景宗时代，对汉人的很多生活方式也极为推崇。

这就形成了一种趋势：汉文化不断地渗透到辽国人的生活生产中。

当然，尽管受到汉文化影响，但契丹人还是坚持着他们原先的很多习俗。春天，等到暖和了，按照四时捺钵[①]的制度，皇帝还是会去炭山进行春捺钵。

只是这段时间，天气冷，很多人都在家里避寒，享受一年来难得的安静生活。相信过不了多久，辽国还会向外发动战争，到时家人就会分离，出去征战。

但对契丹人来说，长期在家里闲居，也非长久之计。毕竟契丹人本身就

[①]《辽史·营卫志》："辽国尽有大漠，浸包长城之境，因宜为治。秋冬违寒，春夏避暑，随水草就畋渔，岁以为常。四时各有行在之所，谓之'捺钵'。"

是马上的民族,彪悍好战、粗放豪迈是他们的本性。

即使是皇帝辽圣宗,受汉文化影响较深,也有些待不住了。虽然他也读书、处理政务,可走动的地方仅限于斡鲁朵①。

整个冬天,辽圣宗除了给萧太后请安,接受身边诸如女真、室韦等部落的朝贡,也就是处理一些力所能及的政事,再无事可干。

其实,此时的辽圣宗已三十二岁,自幼饱读诗书,是个手段高明的国君,完全有能力执掌国家,但因为这些年来,国家大事一直由长于行政的萧太后摄政,辽圣宗也就成了清闲君主。

不过,辽圣宗愿意让萧太后把控朝政,也愿意听从萧太后教导。他们的目的一样,都是为了将契丹人带上富裕的道路。他们之间不存在利益相冲的关系。辽圣宗越来越见识到萧太后处理事情的高明手段,他只能暗暗学习。

这一点与中原大为不同。中原王朝的年幼男性统治者长大后,对于太后垂帘听政之事多有反感,以后宋朝的仁宗、英宗、哲宗都是这类人。

就这样,一个冬天,辽圣宗都窝在斡鲁朵中,思考着辽国的国运。其间,萧太后曾询问过他对辽宋关系的看法。辽圣宗觉得,辽宋关系不可能长期悬而未决,最终必然会有一种解决的方式。只是目前,他还难以想象出一个两全其美之法。

萧太后听了辽圣宗的话,并未表态,也看不出她到底是赞同还是否定。

如此,时间便从公元1003年转到了1004年。但这个春天,因为寒冷的无休无止而显得相当漫长。

某一天,中原的宋朝还沉浸在过年的氛围中时,辽圣宗决定到鸳鸯泺②打猎。这是辽国皇帝每年都要做的事情,只是每年的时间不同。

当然,这次辽圣宗对外界宣称是打猎,其实是关注宋朝边境动静。史籍

---

① 又称斡里朵、兀鲁朵、窝里陀、斡尔朵、鄂尔多等,意为宫帐或宫殿,是突厥、蒙古、契丹等游牧民族的皇家住所和后宫管理、继承单位。
② 位于今河北省张北县西北境内。辽金之世,历为帝王狩猎之所。

记载:"丁亥,辽主如鸳鸯泺。"①

有些需要秘密进行的事情,就需要保密。即使外界明知此事,也得找一个堂而皇之的理由,拒不承认。

萧太后赞成辽圣宗这么做。这江山社稷,迟早有一天需要他来继承。到那时,她将毫无保留地还政给儿子。

辽圣宗邀请母亲一起狩猎,也可散心,但萧太后拒绝了。萧太后感叹自己老了,身子骨已多有不便,打猎这种事,是年轻人的专长。

辽圣宗也不勉强,在萧太后面前,他始终觉得自己是个孩子。不久,辽圣宗便带领着随从去了鸳鸯泺。这里有辽国前几代祖先的足迹,有阿保机在此产盐的历史。②辽圣宗欲在此寻觅祖先的足迹,也想叩问自己的心灵。

看着儿子消失在大路口,萧太后叹息了一声。她刚刚说的话,绝非应付儿子,而是的的确确感觉到自己老了。衰老正如草原上的风,不断钻进身体的每个毛孔里。

这几年来,她感觉很多事情开始变得力不从心。有时候,回想起年轻时扶持丈夫耶律贤③的岁月,简直不敢相信,那时候自己竟能那样吃苦受累。那段筚路蓝缕的创业过程,让她无暇顾及身体是否舒适。

如今的萧太后,已五十有一。还有几个月,就到了她五十一岁寿诞之时。这在契丹人的平均寿命里,已经算是"高龄"了。

中原文化里,将五十岁称为"知天命"。萧太后尽管风姿不减当年,但岁月在她俊俏的脸上也刻下了深深的皱纹。原来漂亮的脸庞,也嵌入了一层暗暗的色斑。尽管这些色斑会被胭脂遮挡,但每天卸妆之后,面对着铜镜里真实的自己,萧太后还是感觉到了岁月悄无声息的更替。

往事不堪回首,一波三折的政治生涯,让萧太后不敢再追思往事。若不

---

① 《续资治通鉴·卷二十四》。
② 《新五代史·四夷附录第一》。
③ 契丹名耶律明扆,辽世宗耶律阮次子,辽朝第五位皇帝。公元969年,辽穆宗被侍从杀死,耶律贤被推举为帝,尊号天赞皇帝,改元保宁,庙号景宗。

是现实所逼，哪个女人愿意抛头露面，故作强大？

那些和她一起打天下的人，一个个陆续离她而去。先是丈夫耶律贤，到后来，耶律休哥、耶律斜轸也相继而亡。现在，身边只有韩德让一个人陪伴。但她和韩德让已过了儿女情长的年纪，剩下的更多是对现实的理解和接受。

寂寥，空旷，孤独，这六个字最能反映萧太后的心情。而到了公元1004年二月，这种心情尤甚。当时，辽南院枢密使邢抱朴①病逝，进一步加深了萧太后的失落心理。这是她一手提拔起来的人，却走在了她的前面。

身边的这些人不断消亡，也预示着她创立的那一套政权体系正在坍塌。身边那些新面孔，一时半刻还看不出能力是否出众。但这些人，总归与自己有种天然的隔阂。萧太后不反对辽圣宗起用新人，毕竟这大辽的天下将来终究会要由他们来管理的。只是，这种岁月催人老的感觉，着实让人心生悲凉。

萧太后常常扪心自问：这是否意味着自己大势已去？她甚至会想到死亡。然而，这种死亡之感，也仅仅在脑海中一闪而过，稍纵即逝。

萧太后不放心，因为最重大的问题没有解决。

在萧太后波澜壮阔的一生中，丈夫死的时候，她没有害怕，因为她早就预料到会有这么一天；儿子耶律隆绪刚刚继承皇位时，她也没害怕，因为那时候身边有耶律休哥、耶律斜轸和韩德让等人。

在萧太后这一生中，让她最放心不下，也视为最大的问题，那便是辽宋关系问题。这个问题，几乎困扰了她的一生。

截至这个春天，辽宋已经打了二十五年仗。这二十五年里，辽宋边境问题依然悬而未决。

---

① 根据《辽史·列传第十》等整理而成。邢抱朴，生卒年不详，辽国西京道应州（今山西应县）人，刑部郎中邢简之子。其人生性聪慧好学，博古通今，主要活动于辽朝景宗耶律贤和圣宗耶律隆绪时期，是辽圣宗时期的重要辅臣，于景德元年（公元1004年）病故。

这个问题不能再拖了。若再拖下去，必会生乱。尤其这一年年的时光流逝，不断提醒着萧太后，她已然到了知天命的年纪，说不定哪一天，她就要撒手人寰。

她暗下决心，必须在自己去世之前，将宋辽的问题彻底解决，这样她才能放心。否则，等她一死，辽国皇室那些旧势力就会死灰复燃。到时，国内各种势力也会趁机作乱，再加上强敌宋朝一直对边境虎视眈眈，急不可耐地想要夺回幽云十六州，这诸多因素，都会让辽圣宗面临内忧外患。

若真是这样，她便没法给已经死去的辽景宗交代，更有愧于辽国列祖列宗。

可如何才能解决掉这个问题呢？她思来想去，都没有想到更好的办法。战争很显然解决不了问题，如果能解决辽宋边境问题，辽宋也不用打二十五年仗。

萧太后想到了和。是的，以辽宋如今的局面，谁也吞并不了谁。用中原人的话说，就是不分伯仲。这种情况下，长期战斗下去徒劳无益，只会让两国人民陷入无休无止的战争旋涡里，国家也得不到兴盛。辽国需要的是长治久安，是人民的安居乐业。

和是最好的方式，可是要和就需要谈判，而谈判就需要有谈判筹码。这便如赌博一般，手中必须有赌注。

可怎样才能得到谈判的筹码呢？这个疑问，难住了萧太后。然而，这种事，只能自己思考，别人帮不了忙。即使是韩德让，也无法替她解决这个问题。

思来想去，一筹莫展。最终，萧太后觉得，以战促和是最好的办法。先发动几场战争，夺取宋朝几座城池，然后坐下来谈，就有筹码了。在战斗中获得主动权，最终逼迫宋朝和谈。时刻都得牢记：弱国无外交。

战一定要战，和也一定要和。可这个尺度太难把握了。

这样的想法，一直在萧太后的脑海盘旋着，挥之不去。

一晃，几个月过去了。萧太后听说李继迁被潘罗支射死，整个西北也出现了短时间不稳定。这时候，党项人与辽宋的关系就有点儿暧昧了。尽管李德明已经向契丹通报了李继迁的死讯，契丹也册封了李德明，可萧太后还听说李德明已经派人到宋朝主动请降。似乎，战争的天平开始偏向了宋朝。而要扭转天平，必须发动战争。

如此看来，辽宋之间的战争已经无可避免了。天下都在看着辽宋关系的最终走向，进而影响整个中国版图上大大小小国家的命运。

随即，萧太后命军中几个重要将领操练士兵，准备打仗。大家对萧太后的安排，似乎心领神会，便带着人开始执行命令。

契丹士兵雄赳赳气昂昂，开始外出活动筋骨。训练场里，呐喊声不绝于耳。

这一练兵就是几个月。萧太后命人不断打听着宋朝境内的消息，不断对眼前的时局做出判断。

每天站在斡鲁朵外，听着士兵们的呐喊声，萧太后总是良久不语。她等待的那个结果，会顺利吗？

草原已经有了一丝丝透绿，夏天的脚步已经踏上了草原，节令到了膘肥马壮之际，战马已养足，士兵已操练好。

下一步，就是大军出动，冲向关南那片地方。

这段时间，萧太后总是向南观望。她常常在想：南方的宋朝，在干什么呢？

第一章　暗流涌动

衰弊则祸乱交兴，淳和则天下自治。治乱兴亡，无不皆由所化也。

——《周书·苏绰传》

在讲述景德元年（公元1004年）的所有事件之前，我们不妨把时间稍微往前推移一点儿刻度。大概半年前，辽宋双方在望都①，展开了一场大战。

这场战争，拉开了澶渊大战的序幕，将宋辽推向了最后的大决战。在这场战争中，宋朝一个人被辽俘获，成为辽国重臣。在服侍萧太后期间，他出谋划策，与宋朝使臣往来沟通。一定程度上讲，是他推动了澶渊之盟的建立。

这个人，就是王继忠。

身陷旋涡的王继忠被俘

咸平六年（公元1003年）四月初，一个莺飞草长的季节。宋辽边境上，已有春夏之交的暖意。边境上的麦子已经抽穗，整个关南地区散发着麦子的清香。

边境上的百姓也都开始出动，准备一些简单农事。近几年来，辽宋边境不平静，动辄就有战乱发生。战争的无休无止，让许多有能力的百姓都举家南迁，向黄河以南的地方搬家了。留下的，都是些老弱病残幼，以及犯了

---

① 今河北省保定市望都县。

事、不愿意在太平盛世安分守己好好待着的青壮年，他们在辽宋战争的旋涡里苦苦挣扎着。

尽管如此，宋朝的守将们也都在竭尽全力保卫着他们。可驻守在此地的宋军，也面临着巨大的考验。若辽国大军来袭，宋军抽不出人力来保护的那些百姓，到时候就只能各奔东西了。

宋朝边境上那些守将一如既往地操练着，防御可能即将发生的战事。宋辽的斥候也都在各自的边境线上探听虚实，收集情报。不管在何朝代，战争情报的准确性都对战争的胜利起着至关重要的作用。

果然，没过多久，那些分散在辽国境内的宋朝斥候就探听到辽将要攻宋的消息。情报从各处汇集到关南前线，供主将甄别分析，最终做出决定。

此时，宋朝的高阳关三路都部署兼定州都部署叫王超。这个人会不止一次出现在这段历史中。他人生的辉煌，也在这段时间爆发。

此前，王超的主要防御之地在西北。他与李继迁对峙，也拯救过灵州（今宁夏灵武西南）等地，在后文将有详细叙述。只是到了咸平六年（公元1003年）时，朝廷将王超从西北战场调至辽宋主战场，还让他担任了高阳关三路都部署兼定州都部署。这个高阳关都部署外加定州都部署，是一方诸侯，几乎掌管着关南地区所有地方的军队调度权。

看到情报后，王超及时召集部将商议防御之策。行军司马、中层将领，还有幕僚都聚集在一起，各抒己见，共同研究两全之策。王超又派出更多细作，去辽营收集情报。

不久，那些细作便传回更多情报。王超等人对传来的各类情报进行梳理，得出了一个惊人的消息：辽为洗刷两年前围攻威虏军时遭受重创的耻辱，欲派出南府宰相耶律诺衮、南京统军使萧挞凛攻宋。

消息在宋军军营炸开了锅。

辽军此番到来，宋军又不得不面对一场大战。这已不是宋朝愿不愿意的问题，而是必须要应战的问题。

将领们问主帅王超对眼前局势的态度，等他拿个主意，王超却不以为然，而且表现得淡定自若，让他们遇事先别慌，保持冷静，从长计议。此时，他身边的谋士向他进言：是否要将此事上报给朝廷？但他还是没有表态，而是沉浸在自己的内心世界里，若有所思，一言不发。将领们一个个都看着他，不知道他葫芦里到底卖的什么药。

王超突然想到了一个人——周莹。但紧接着，他的心里闪过了一丝担忧，便暂时放下了动用这个人的念头。

随即，王超吩咐众将，要以静制动，以不变应万变。事情还没到十万火急之时，临危不乱才是将帅应有的素质。临了，王超还补充了一句，万一这是辽军扔出的空包弹，故意给我们制造紧张气氛，我们岂不是自乱阵脚？

众人听了这话，便不再多说什么了。有些将领性子急，受不了被辽军压着打这窝囊气，就在大帐中来回走动。不过，既然王超没有下令迎战，他们就只能等待。

王超对众将交代，要内紧外松：为了避免引起慌乱，对外要表现得很放松。但内部的主要将领一定要重视起来，万万不可麻痹大意。

王超派人继续探听消息。各种情报满天飞，内容真假难辨。但过了几天，有确切消息传来：辽军正在集结大部队。这时候，王超知道，战争就要开始了。此前得到的消息，得到了验证。王超早已料到，辽军要一雪被威虏军重创之耻，这不过是个时间问题。如今，辽国休整过后，终于带大军来攻宋了。

不过，如今情况不明朗，辽军是要找威虏军雪耻还是要攻打定州并不确定，一切还得看辽军动向。两年前威虏军重创辽军，杀了辽军两万多将士，这是一笔血海深仇，辽军自然不会善罢甘休，可突袭高阳关同样也是报仇。对他们来说，攻城略地，狙杀宋军，就是报仇，不管是对威虏军，还是对高阳关守军。

这也是王超让人密切注视辽军动向的原因。王超做了两手准备：若辽军攻打威虏军，高阳关守军在保证高阳关防守的同时，回救威虏军；若辽军攻打高阳关驻守镇州、定州等地，高阳关大军也会全力以赴，杀辽军一个措手不及。

然而，就在这时，前线斥候传来的各种情报都指向同一个地点：定州。王超起初觉得辽军定会攻威虏军，因为定州有大集团军压阵，辽军不会轻易去攻。可所有情报都表明辽军要攻取的目标就是定州。

这绝不是斥候们上了辽军的当，被辽军释放的烟幕弹所迷惑。派出去那么多斥候，总有人会发现事情的真相。

果然，不久辽军就抵达了定州，并很快对定州前线的望都形成了围攻之势。

这次，又是老对手见面。辽军最高指挥官是南京统军使萧挞凛和南府宰相耶律诺衮。在与辽军的多次对峙中，这两人也成了宋军的强劲对手。就是这个萧挞凛，俘获了人称"无敌将军"的杨业。此后，萧挞凛被辽派遣到东部战区执行任务，若非耶律斜轸和耶律休哥相继离世，萧挞凛可能还回不到南方战场上来。

王超赶紧召集部下商议对策。定州副都部署王继忠，也就是王超的副手，火速赶到了王超的大帐。王继忠的意思是马上驰援望都，因为望都虽然在定州侧翼，却是定州的门户。宋军如果稍有迟疑，望都就可能被辽军攻破。望都若破，就等于定州被辽军撕开了一道口子，对于高阳关的防守非常不利。其他将领，也都纷纷赞同王继忠的话。

还有人提出，让高阳关和镇州的宋军也来攻打辽军。如此一来，宋几路大军便会对辽军形成包围之势，有望一举消灭萧挞凛的主力。退一步讲，即使消灭不了萧挞凛，也能重挫辽军锐气。在群策群力中，宋军抵御辽国大兵压境的策略研究出来了。王超同意调遣高阳关和镇州主帅支援定州的意见。所有人一致认为，只要高阳关和镇州的守军都来攻击辽军，加上定州守军，定能将萧挞凛击败。

众人目标一致，火速救援望都。

临行前，王超一面派出一千五百人去试探辽军虚实，意图拖住辽军，一面命人将辽军攻打定州的消息上报给朝廷。辽军骑兵迅速在望都摆开阵势，叫嚣着向望都发起了进攻。①

这里顺带提一下萧达兰。史籍资料中的萧达兰其实就是萧挞凛。

王超派出的一千五百人，面对辽军骑兵大部队，没有丝毫优势。两军交战，厮杀惨烈，好在还有望都县的宋军守军。

派出先锋队后，王超又派出亲信，给镇州守将桑赞和高阳关行营都部署周莹送去了联合作战部署图，要求桑赞和周莹火速召集军队赶往望都救援。

从今天的视角来看，王超的战略部署无疑是正确的。可是部署正确，不见得落实也到位。现实生活中，圆嘴和尚念歪经的情况比比皆是。这次，王超就遇到了落实不力的问题。

接到王超的部署图后，镇州主将桑赞、副将李福马上组织将士准备赶往望都。然而，这场看似部署周密的行动却因为一个人的举动而全盘皆输。

这个人，就是高阳关行营都部署周莹。

当王超命人将部署图送给周莹时，这位高阳关军区负责人却说，高阳关守军虽然隶属于王超管辖，可高阳关的直接领导者是枢密院。周莹还表示，他要对上级部门枢密院负责。

周莹的意思再明白不过了，那就是只有在枢密院下达命令让他出兵救援望都的情况下，他才会出兵，否则，单靠王超的一张部署图和一份三路部署调令，想都别想让他和他的大军动一动。

送书信的人苦口婆心解释了大军合围辽军的重要性和局势不容懈怠的紧迫性，但周莹的态度很坚决：没有枢密院的调令，坚决不动。

送信之人甚至恳求周莹出兵，希望周莹救援望都，因为此时镇州大军和王超所部已经冲到了第一线，三军若不能形成合力，势必会给辽军留下漏洞。但周莹依然不为所动。周莹出战的条件很明确，那就是枢密院下令。这

---

① 《续资治通鉴·卷二十三》："丙子，辽遣南府宰相耶律诺衮、南京统军使萧达兰进攻定州，行营都部署王超先发步兵千五百人逆战于望都县，杀戮甚众。"

个时候，即使让枢密院下令，时间也已经来不及了。何况要枢密院下令，必须上书请示皇帝。

送书信的人回去后，把面见周莹的情况汇报给了王超，已经在行军途中的王超暴跳如雷。这个周莹，枉为高阳关军区负责人，竟然死板到如此程度。

王超的谋士一言点醒了他：这不是周莹死板，而是周莹压根就不想让您领导他。说句难听的话，别看您是个高阳关三路行营都部署，可在周莹眼中，他只认枢密院是他的直接领导，他要枢密院的诏令，不就是证明吗？王超听了谋士的分析，顿觉悲从中来。他仰天长叹一声，把满腔的怒火压了下去。

周莹此举无疑打乱了王超的部署，也给了望都的辽军以可乘之机。

王超觉得，周莹已经指望不上了。此时，他只能靠自己。随即，王超、王继忠、桑赞领兵继续赶往望都。

也许有很多人不能理解周莹的所作所为，但如果将周莹的生平捋一下，就能理解周莹这么做的原因。[1]

咸平五年（公元1002年），周莹就担任了宣徽使。这个宣徽使是什么级别？在五代时期，宣徽使一般都是由枢密院的长官担任，也就是副宰相级别的人。

此时的周莹虽然是高阳关行营都部署，但周莹年轻时就已经成为名将，几年前也做到了副宰相级别的宣徽使，资历老，人脉广。[2]可反过来看王超的资历，就显得太浅了。此前，王超只是在西北防御李继迁，后来被调往定州都部署。在任职前夕，王超曾给宋真宗上书，希望宋真宗给他整个河北之地

---

[1] 《宋史·列传第二十七》："五年，高阳关都部署阙，藩侯无足领之者，宰相请辍宣徽使以居其任。时王继英任北院，上以莹练达军事，乃拜永清军节度，兼领其任，为三路排阵使。"

[2] 《宋史·列传第二十七》："秋，拜宣徽北院使。先是，宣徽著位在枢密副使上，莹表请居下，从之。咸平二年，大阅，命为随驾部署。从征河朔，又为驾前马步都部署……"

的军队管理权，但宋真宗并没有答应。

这也为这次周莹不听调遣事件埋下了隐患。

所以，尽管此时三军都部署是王超，可周莹的资历在那里摆着，谁能奈何得了他？越是在高层，越讲资历。在周莹眼中，他的资历比王超老，朝廷却让王超担任军区长官，让他听从王超，他自然不乐意。或许当王超将调令发给他时，他就动了不听指挥的打算。

种种原因都表明，这次王超调拨周莹的高阳关守军，吃亏就吃在了资历上，周莹自然不会听王超的调遣。

王超也清楚这一点，只能自己去解望都之围。而周莹自始至终都没有参与到与辽军的对抗中来。这样一来，王超之前的部署就出现了巨大的漏洞。

且说王超赶到望都县南时，辽军已经摆开了阵势，准备对宋军实施强有力的打击。王超命人在望都县南六里处就地驻扎。随即，宋辽两军在望都城南展开了一次大规模的冲击，双方都想先以强势兵力压住对方的势头。但这一仗因为是前锋相遇，辽军前锋不敌，被黑压压的宋军彻底击垮。辽军损失惨重，两千余人被宋军所杀。宋军士气大振，对辽军残部展开了追击。此时，萧挞凛率领的辽军主力赶到，赶紧收拢残部，将辽军集结于一处，宋军这才放弃了对辽军的追击。

当天，两军暂时在望都县南对峙。

第二天，辽宋两军便展开了激烈冲杀。这一仗，辽宋双方都用了全力。战争一开始就攻势猛烈，但王超这边早有准备，他知道前锋萧挞凛没有讨到便宜，一定会重兵压境，一雪前耻。

王超命人按照既定方案，冲击辽军主力部队。两军又开始一阵厮杀，但宋军士气依然高涨，并没有因为对方是名将萧挞凛率领的辽军就心存畏惧。辽军与宋军开战后，双方各有死伤，不过辽军的损伤更大一些。

然而此时，一件震惊宋军的事情发生了——辽军虽然在与王超的对峙中没有讨到半点儿便宜，却成功地击破了望都。而此时驻扎在望都县南的王超并不知情。

其时，宋辽两军已经处于对峙的局面。萧挞凛心生一计，决定调整部署，寻找宋军的软肋。随即，萧挞凛命人与宋军继续周旋，以此吸引宋军的注意力，而他自己则登上了远山察看宋军的部署。

这一看，萧挞凛就发现宋军主阵阵法严密、进退有序，要想攻破绝非易事。

萧挞凛开始全方位扫视。忽然，他的目光锁定在了宋军东面，毕竟久经沙场，经验丰富，他一眼就看到了宋军部署的弱点。萧挞凛发现宋军大阵里，其副都部署王继忠所部与主阵之间有一定间隙，王继忠的部队并没有与主阵形成相互补充的阵势，这是宋军的致命要害。

萧挞凛觉得，反击的时候到了。他亲率辽军攻击王超所部，又让萧观音奴、耶律诺衮率领大军去攻打王继忠所部。

辽军这一策略的改变，完全出乎王超的意料。王继忠更没有想到，辽军竟然会转变方向，把目标对准自己所率领的部队。

面对王继忠所部的宋军，萧挞凛来了一招故技重施。这一招在他与宋军交战的过程中屡试不爽。在他指挥的多次战争里，他都巧妙地运用了这一打法，将宋军击退。

这种打法，其实也并非萧挞凛首创，在战争史上早就被使用过多次，那就是切断粮道。但与萧挞凛多次交手的宋军却并没有吃一堑长一智，以重兵对粮道进行护卫，保证粮草不被辽军所断。

此时的宋辽两军人数相比，宋军处于劣势，无法抽出兵力去护送粮草。所以，断粮之法就成了萧挞凛对付宋军的撒手锏。当然，此时宋军并不知道萧挞凛要继续使用这一招，所以宋军的主力还是与辽军的中军进行对峙。萧挞凛这一迷惑宋军的打法，果然让宋军将主力都集中在与辽军中军的对峙上，而忽略了粮道和王继忠所部。

这时候，恰巧宋军运输粮草的小分队经过，萧挞凛看到时机到来，迅速派人去切断宋军粮道。辽军按照萧挞凛的部署，对宋军押送的粮草进行抢夺，并放火将宋军已有的粮草进行焚毁。

王继忠听说宋军粮草被辽军抢夺，赶紧带着一百多骑回救。但很显然已经迟了，不仅粮草被辽军所断，就连王继忠本人也陷入了辽军的包围圈里。因为主帅和其他人员官服不一样，所以辽军一眼就在宋军队伍里发现了王继忠。

官方记载中说王继忠身着官服，但此时已是隆冬，官服远没有铠甲严实、暖和。再说，已经在战场上，官服等于光着膀子让人袭击，但穿了铠甲就不一样，一般的武器不会轻易刺穿铠甲。当然，这里追究王继忠当时到底身着什么，意义不大。王继忠应该是身着战袍的，只是作为副都部署，他和其他人的战袍不一样，所以才会被萧挞凛轻易认出。

萧挞凛指着王继忠的方向，对副手耶律诺衮交代了一番，耶律诺衮便带着人直接冲击王继忠。宋军看到辽军的意图后，想掩护王继忠撤离，与宋军的中军会合。

然而，耶律诺衮此时已经死死咬住了王继忠所部，辽军将王继忠所部包围了。

这次，辽军志在必得，他们充分发挥骑兵来回穿插的机动能力，彻底打乱了宋军的防御体系。辽军的骑兵像一把锋利的刀，将王继忠部与宋军中军划开，并将王继忠部团团围住，不断压缩空间，将宋军包围在了一个狭小的空白处，而外面宋军的中军被辽军主力咬住，无法及时救援王继忠所部。

于是，王继忠所部就在辽军的一轮又一轮进攻中，人数变得越来越少。王继忠组织人员突围，意图冲出辽军的包围圈，可此时辽军宛如一道铜墙铁壁，宋军根本没办法突破。

王继忠所部，已经陷入了绝境。王继忠急中生智，让他的部队向反方向突围，只要能突围出去，就能回到威虏军。

然而，他的这一想法，根本没办法实现。[①]

---

① 《宋史·列传第三十八》："继忠独与麾下跃马驰赴，服饰稍异，契丹识之，围数十重。士皆重创，殊死战，且战且行，旁西山而北，至白城，遂陷于契丹。"

此时，宋军面临着王继忠被俘、粮草辎重被焚的局面。当时距离王继忠部最近的是镇州副都部署李福、拱圣军都指挥使王升，他们见王继忠深陷重围，为了自保，没有去营救，反而带着部众撤退了。

而王超率领的宋军主力继续与辽军主力对峙，分不出兵力来援救王继忠。

刚刚还处于战争优势的宋军，瞬间因萧挞凛奇袭王继忠而处处挨打。随着李福等人南撤，萧挞凛率领的辽军开始向南撤的宋军发动大规模猛攻。王继忠生还希望渺茫，王超被辽军击败。南撤的宋军根本无心恋战，只顾逃亡，辽军乘此机会，冲击宋军尾军，顺便在宋朝的边界上大肆烧杀抢掠。那些原本属于宋朝的村落，都被辽军洗劫一空。

宋军根本顾不了这些，一直向南逃窜。宋将魏能、李继宣等听说王超战败，被辽军追击着正往回逃，便率领威虏军前去接应，阻挡住了追击宋军的辽军。萧挞凛见王超残部回到了威虏军，便命人撤军。

望都之战，就此结束。

这一战，按照最初的设定，应该是宋军占据优势，可随着战争不断深入，王继忠被俘，王超令人回撤，辽军趁势追击，宋军最终遭遇了惨败。

望都之战中，直接影响辽宋两军的事应该是王继忠被俘。这件事，直接间接地改变了历史走向，最终促成了澶渊之盟。

王继忠是宋真宗赵恒在太子时期的幕僚，赵恒做了宋朝第三任皇帝后，依然对身边的人加以重用，比如，李沆、寇准、毕士安等人。而王继忠也是因为这个背景，被派到前线担任定州副都部署。萧太后得知俘获了王继忠以后，并没有像对待杨业那样，而是对王继忠进行了招抚。

刚开始，王继忠也像那些被俘的宋朝大将一样，面对萧太后和辽圣宗的招降拒不接受，甚至破口大骂。但萧太后并没有生气，而是让人解开王继忠身上的绳子，又命人端来酒菜。萧太后屈尊向王继忠低头，并给予了王继忠很高的礼遇，这让王继忠深受感动，他的骨头变软了，最终向辽国妥协，表示愿意效忠辽国。

王继忠就此成了辽国的一名官员，萧太后还给王继忠赐了契丹女子。后来，王继忠时常接待宋使，还作为使者出使宋朝，据说每见宋人必大哭。

但望都之战结束后，发生了一个天大的误会。

宋朝以为王继忠英勇就义，威虏军对朝廷上报的也是这样的消息。宋真宗对于失去这位心腹感到万分痛心。宋真宗认为，既然王继忠已为国捐躯，就是烈士，就要进行追赠，还应该恩泽他的家人，这是历朝历代的惯例。于是，宋真宗下了一道诏令，追赠王继忠为大同军节度使，对他的家人进行安抚，并让他的儿子们入朝为官。

宋真宗是个比较厚道的人，没有干过河拆桥、卸磨杀驴的事。[①]

这次战争极大地震惊了宋朝，就连老将李继隆都上书请示，希望朝廷允许他继续出山，对辽军予以打击。但李继隆身份特殊，宋真宗并没有批准。

宋朝不得不重新部署望都及威虏军的防御工作，并安抚那些阵亡的将士家属。

最后一项任务，就是追究责任。在历朝历代，秋后算账都是必做的事情。

王继忠战死（实际被俘），让宋真宗对其他人非常恼火。他认为，一定是因为那些与王继忠一同作战的人没有尽心尽力，王继忠才会命陨战场。尤其是王继忠的两名手下李福和王升关键时刻撤退，眼睁睁看着主将被杀，这两个人严重失职，罪责难逃。

于是，朝廷下旨，对镇州副都部署李福和拱圣军都指挥使王升进行流放。但奇怪的是，王超向宋真宗上书，要求对之前没有出兵援救的周莹进行追责，宋真宗却没有准奏。最终，此事不了了之。

但这次大集团军作战的失败，给宋朝释放出了强烈的信号：辽军还会卷土重来。于是，宋朝对整个关南地区加强了布防。[②]

[①]《宋史·列传第三十八》："真宗闻之震悼，初谓已死，优诏赠大同军节度，赗赙加等，官其四子。"

[②]《续资治通鉴·卷二十三》。

在辽国一方，望都之战的胜利，给了他们无比大的信心。

一年后，也就是公元1004年，辽国由萧太后和辽圣宗亲率辽军二十万来攻打宋朝。这次，辽军出兵的名义是要收复瓦桥关①以南的河北十县。

历史将宋辽推到了一个新的高地。

那么，公元1004年这场直接影响两国国运的战争将会如何推进？这对辽宋统治者来说，都是一场严峻的考验。

新年改元：祥和中潜藏危机

时间如流，望都之战结束已经有一段时日。这段时间内，辽宋暂时有了短暂的和平期，加之已近年关，大地冰封。这时候也不是打仗的时机，辽宋两国境内因此比往日安定。其实双方都很清楚，宋辽之间还将面临更大的战争。这种短暂的和平，不过是火山爆发前的平静罢了。

景德元年（公元1004年）春，汴京一片祥和。相比过去的一年，这一年的和平更显得弥足珍贵。只有经历过战争的人，才能更深刻体会到和平的可贵；只有经受过炮火洗礼的国家，才会更加珍惜和平。

这个新年，因为没有战乱，充满了节日的气氛。宋朝举国上下，都准备着过年事宜。宋真宗也格外体恤百姓，让百姓休养生息。尤其对那些边境地区，宋真宗格外开恩，免除了全部赋税。

最热闹的地方，就是汴京了。此地经过五代十国的积累，已然变成了大都市。

除夕的汴京，虽有些寒冷，但依然阻挡不了人们过年的喜悦。大街小巷，到处张灯结彩，烟花爆竹之声此起彼伏。酒香肉浓，刺激着人们的味蕾。童稚走街串巷，留下欢乐的笑声。商贾之家，更是一片浓浓的年味儿。

---

① 今河北雄县旧南关。位于河北平原中部，因地属古瓦桥，故以地为名。

人们相互问好、致意、祝愿。即使是忙于政务的宋室君臣，也都放下了"案牍之劳形"，开始享受一年最好的时光。

正月里，汴京城都沉浸在一片祥和之中。似乎，四方已经平定，百姓都安居乐业。市井百姓的生活，看起来充满了浓郁的年味儿，但朝廷里的办公没有停歇。

除夕这一天，宋真宗便将宰相李沆召到了宫里，商谈要事。

宋真宗愁眉紧锁地问李沆，爱卿啊，连年战争，百姓深受其苦，何时才能止戈？李沆猜不透宋真宗要表达什么，只能顺着宋真宗的意思说，官家说得在理。

这时候，宋真宗才对李沆说，朕有个想法，想与爱卿聊一聊，听一听爱卿的意见。

李沆还是猜不透宋真宗要表达什么，只能等待着宋真宗继续。

只听宋真宗接着说，征战连年不断，天下不安，尤其是边境上的百姓遭受战争之苦已经多年，朕无法改变这种状况，深感惭愧。

李沆继续顺着宋真宗的意思说，辽宋战祸，累及百姓，官家您心系苍生，乃我大宋百姓之福。

此时，宋真宗才把话题转到正题上。宋真宗说，朕第一个年号是咸平，就是要开创太平盛世，让百姓安居乐业，可辽宋战争不断，百姓并没有迎来真正的和平之日。所以，朕想改元，然后大赦天下，降低赋税，让老百姓过上好日子。

李沆这才恍然大悟，听了半天，原来官家是想改元。他当即跪拜，向宋真宗表示恭贺。

宋真宗改元的想法，已在心里筹划多时。如今找李沆商谈，不过是想让他支持自己的决定罢了。既然李沆同意改元，到了正月初一就得付诸行动。

宋朝的正月初一是要上早朝的，宋朝的正月初一不能与今天的大年初一相比。尽管有《假宁令》之先例，但休假之事也得符合宋朝的实际才行。

景德元年（公元1004年）正月初一这天早上，朝廷举行廷议，满朝文武脸上都洋溢着喜悦的表情，给宋真宗拜年祝贺。宋真宗接受所有人的祝福，也赏赐了大臣们一些东西。用现在的话说，就是给文武大臣们发了些福利。当然，这仅限于京官，那些地方官只能坚守岗位，履行职责，没有正当理由禁止进京或者回老家过年。从这方面说，宋朝的官僚制度，堪称刚柔并济。

既然是新年，宋真宗也很高兴。面对满朝文武的恭维，宋真宗觉得应该将改元的决定进行公布，让天下人都感受皇恩浩荡、雨露恩泽。其实早在去年，他就已经有了这个想法。去年年底，他就命刑部释放了几千名罪犯，对那些穷凶极恶之人也免除了死刑，改为无期徒刑。这一切，都是为改元做准备。

获得了宰相李沆的支持后，宋真宗也就不再心存顾虑。当即，宋真宗宣布改元的决定，满朝文武三跪九叩，称颂宋真宗英明神武，祝贺宋朝绵延万年。

随即，宋真宗宣布改元景德，大赦天下。[1]

这项大决定颁布以后，那些驿站便将朝廷的政令迅速发布到各个地方。举国上下一片沸腾，毕竟皇帝换年号不是年年都有之事。尤其对于那些获刑之人来说，更是福音。如果不是遇到改元，他们的牢狱之灾还不知何时才能到头。当然，除了大赦天下，朝廷还出台了一系列惠农政策，鼓励农户发展农业。

安排了天下之事，宋真宗也顺带把后宫之事处理了一下。

他册封了两个人：一个是杨氏，一个是刘氏。[2]

这里重点交代一下刘氏，因为这个人在宋真宗后期开始干涉朝政，一直到宋仁宗继位还垂帘听政，后世称其"有吕武之才，无吕武之恶"。

刘氏，名娥，原是宋太祖时的虎捷都指挥使刘通之女，但刘氏命运多舛，早年父母双亡，因此成了孤儿，在亲戚家寄养。

刘氏长大后，嫁给了蜀地一个叫龚美的银匠。后来，汴京不断扩建，成

---

[1]《续资治通鉴长编·卷五十六》："春正月丙戌朔，御朝元殿受朝。大赦，改元。"
[2]《续资治通鉴·卷二十四》："乙未，以后宫刘氏为美人、杨氏为才人。"

了人人都想扎根之地，正如今天的北京一样。龚美便带着她离开蜀地，到京师来谋求出路。夫妻两人成了"汴漂"，度日艰难。龚美打算将刘娥卖掉，再谋生路。毕竟刘娥有才艺：会唱歌跳舞。尤其善播鼗，堪称一绝。龚美觉得，刘娥养活自己没问题。

这时候，刘娥遇到了她的真命天子，当时身为王爷的赵恒。不过此时，赵恒还叫赵元休。赵恒很喜欢刘娥，将她接到自己的行宫。但此事不久就被赵光义知道了，赵光义听说此事后大为火光。门当户对是当时的择偶标准，况且还有三纲五常约束，加上赵恒还是王爷。这一切都决定赵恒不能让刘娥进宫。

当然，赵光义气愤的主要是身份问题，赵恒宠幸刘娥，无疑会让老赵家掉价。堂堂大宋王爷，竟然喜欢一个歌妓，这将置老赵家的脸面于何地？于是，赵光义让赵恒将刘氏打发了，还给赵恒迎娶了潘美的女儿潘氏。面对强势的父亲，赵恒并不敢对抗。但他并未将刘娥真的打发走，而是让亲信张耆将刘娥安置在了自己家里，没人的时候，就前去与她幽会。

这种感觉充满了好奇和刺激，一度让赵恒欲罢不能。当然，这也是一种特殊时期的患难真情，以至于赵恒当了皇帝之后，依然没有忘记这个刘娥。不过，赵恒将此事做得极为隐蔽，几年间竟无人知晓。后来赵光义去世，赵恒就将刘娥接到了宫中，与她光明正大地在一起。但这时候的刘娥并没有身份。

到了景德元年（公元1004年），赵恒便利用改元之机，顺利地将刘娥晋升为美人。这样，也就正式确定了刘娥的身份。

赵恒在景德元年册封刘娥，大有学问。当时，那些朝中大臣一定也都看到此事背后的蹊跷，不过大家都隐忍不言，毕竟皇帝借着改元给自己册封几个妃子，无可厚非。只是谁能想到这个以美人身份存在的刘娥，将会彻底扭转时局，为赵宋王朝尽心尽力。或许刘娥的这种潜力，赵恒早已发现，最终才让她统领后宫。

我们再回过头来说赵恒改元之事。

改元这件大事结束之后，汴京恢复了狂欢之前的平静。以后的几天，各重要职能部门也都留有值班值守之人,处理一些政务,其他的人则相继回家过年。

小黄金周①过去后,正月初五就正式上班了。当然,此时尽管各部门都已正常办公,大家都还沉浸在过年的气氛中。

那些朝中大臣,关系好的都在互相走动;地方官也借机走访亲戚,到京都拜访达官显贵,为自己的仕途疏通关系,走走门道。

这期间,朝中一切安稳如常。到了正月十二这天,尽管天气很好,汴京的街道上依然人迹稀少,大家都深居简出,享受难得的几天清闲。皇宫里,也是如此。

冬日的太阳晒在皇宫里,给人一种暖融融的感觉。皇子们来请过安,就离开了。宋真宗便翻阅了一本治世之书,里面说的正好是唐太宗与魏徵的事情,宋真宗兴致很高,提笔在铺好的宣纸上写下了几个灵动飘逸的字,写的时候感觉一蹴而就,但写完之后,发现笔法还是有诸多问题。宋真宗将笔放下,伸了伸懒腰,又看了一眼刚刚写完的字,摇了摇头。自从亲政以来,书法他就很少动了,原来做太子时尚能挥毫,如今却只能放下这一兴趣爱好,以免玩物丧志,成为那种让后人不齿的帝王。

宋真宗叫上了跟班太监,走进了尚有春意的后花园。

宋真宗踩着石子路,在后花园里漫步,感受难得的清净。此时,守门的太监报告,前方有军情上报。宋真宗招呼了一下,一个风尘仆仆的士兵将两封密信递了过来。

信是宋辽前线威虏军和莫州主将命人送来的。正月十二就有信送来,绝非小事。宋真宗摊开了密信,内容很简单,说的也是同一件事情:"契丹奚王及南宰相、皇太妃、令公各率兵四万余骑,自鉴城川抵涿州,声言修平塞军及故城容城。"②

---

① 正月初一前三天和后三天,加上正月初一为黄金周。
② 《续资治通鉴长编·卷五十六》。

宋真宗看到这则消息，好心情瞬间就败坏了。宋真宗自忖：辽国人这是干什么？年都不让人安生过了吗？望都之战已经让宋军遭到重创，现在他们趁着宋朝上下过年，又要在边境挑起战事？

但这些话，宋真宗不能对信使说。他思考了一番，对信使交代，辽素来以轻骑野战为优势，如今他们扬言修缮城堡，不一定是他们的真实意图，你等要迅速派出斥候收集情报。若辽真要南下攻宋，和去年望都之战一样，他们的目标应该是定州，而要攻打定州威虏军，望都又是重中之重，等他们攻下了望都，就会进攻唐河。你回去之后，把朕的旨意传达给你的长官们：如果辽军有动静，命顺安军（治所位于今河北省保定市高阳县东）、北平寨（今河北顺平县）、保州（今河北保定）等地军队火速驰援威虏军。①

信使火速回前线去了，随信使而去的，还有宋真宗的防御部署。

宋真宗多少还是有些担心，辽国选择在这个时间点修缮城墙，恐怕是醉翁之意不在酒。

尽管如此，汴京并未因此消息而中止各种喜庆活动，毕竟战事的决定只是中央最高层的事情，与老百姓并无多少关系。

过去了三天，依然没有收到消息，宋真宗长长地舒了一口气。没有前方的消息，就是最好的消息，这说明前方无战事。

到了元宵节的时候，汴京的灯会更是人山人海。花灯种类繁多、设计新奇、璀璨夺目，前所未见。百姓们似乎早就开始了这场盛会的准备。男男女女、官僚平民、江湖术士、民间高人都混迹于忽明忽暗的灯会中，一睹热闹。那些年轻人，都在寻找着"灯火阑珊处"的某个人。

宋真宗听说汴京灯会热闹纷繁，竟然也微服私访，混迹于人群中，感受浓浓的年味儿。他对街市上的一切都感兴趣，那些手工艺人制作出的各类吃食，都是他没有见过的。还有那些临街的店铺，早就开业迎客，赢一个好彩头。宋真宗对这一切很好奇，也很兴奋，这才是他要看到的百姓的真实生活场景。

---

① 《续资治通鉴长编·卷五十六》。

人们沉浸在欢乐中，似乎已经遗忘了不久前的望都之败。

过完年，一切都在慢慢恢复。各行各业都提前进入正轨。汴京的那些手工艺人，游走于大街小巷，兜售着自己的产品。那些临街店铺的门前，也都有了熙熙攘攘的人迹。

正月十六，朝廷就开始按照往常正式上朝，议定过年期间积攒的各类政事，商谈这一年的发展计划。各部门长官，都将各自的工作列了计划，上报给中书门下省和枢密院。那些宰相、副宰相，根据大家上报的计划，通盘考虑着全年的工作部署。三司部门，已经大致列举了一些财政支出。当然，他们还做了一个预案，那便是防御辽金来攻宋，各项府库支出的计划。

宰相李沆比一般官员要忙碌，他在元宵节之前，就开始着手准备全年的国家重点工作。一年之始，千头万绪的工作需要梳理。自从吕蒙正辞去宰相后，整个宰相的重担都落在了他的肩上。如果十年前让他一个人干两个宰相的工作，他完全能够应付，说不定还能创出亮点。可如今，他虽贵为宰相，身体却大不如从前。工作量一大，他的身体就会时不时发出信号，提示他注意休息。然而，一国之重担都在他身上，他能当甩手掌柜吗？

李沆将这一年的情况列出条文，向宋真宗做了汇报。

宋真宗事无巨细地过问每项重大工作。国家的一切，开始正式运转。

地震频频来袭：不平静的开始

宋朝的一切看起来都十分和谐。若不出意外，这一年很快会过去。

李沆还将财政部门预制的方案，逐条逐项念给宋真宗。李沆把战争经费单另列出来，对宋真宗进行了解释。

宋真宗眉头紧蹙，李沆说得没错，防人之心不可无。宋辽二十多年的战争经验告诉宋真宗，辽宋之间还没有达到某种双方都期待的和平状态，辽人完全有可能再来攻打宋的边境。

好在，这一切都早有部署。

宋真宗让李沆按照自己的思路准备各项工作，等准备得差不多了，就召集大家来商议，最终确定各种方案。李沆佝偻着腰，退下了。宋真宗看到李沆的背影，有些心疼这个老臣，他毫不利己专门为国的精神，替宋真宗解决了很多痼疾，化解了很多燃眉之急，也给了宋真宗强大的精神依靠。

次日，李沆继续给宋真宗汇报工作，将一年国家发展的成熟方案上报给宋真宗。看着事无巨细的财政、历法、税务、水利、粮食等方案，宋真宗有些恍惚，这些事太琐碎了，他不想过问得那么详细，只想听听李沆简单的汇报。李沆将一年中国家最需要注意的几方面的工作呈报给了宋真宗，供宋真宗参考。

两人谈了很多，也很融洽。宋真宗将自己的见解都反馈给了李沆，希望李沆注意，并将圣意体现在主要工作中。

李沆用心记下了宋真宗交代的事情，便回去了。

这一天，和往常任何一天都没有两样。然而，一切似乎都沉浸在一种躁动中，一场即将到来的慌乱正在蓄势待发。

果然，这天夜里，已经就寝的汴京百姓，恍惚感觉到了地面的晃动。随即，所有人心里闪出两个字：地震。本能驱使着人们跑出家门，到宽敞的地方躲避这桩横祸。史籍记载："是夜，京师地震。"①

李沆反应过来后，首先考虑到了皇帝，便边走边跑，奔往皇宫。这种情况下，臣子必须把皇帝的安危放在第一位。李沆进宫时，那些武将已经先一步到达了皇宫，宋真宗并无大碍，已组织人到处勘察地震造成的损害情况。

宋真宗让李沆组织人对地震受灾情况进行排查，李沆去了办公地，召集枢密院和三司使商议对策。

这一夜，注定是个不眠之夜。因地震发生在夜晚，汴京百姓猝不及防，大半夜了，很多人依然不敢进入家门，都在街道逗留。所幸地震只持续了短

---

① 《续资治通鉴长编·卷五十六》。

短片刻便停歇了，除了搅了人们的清梦，对汴京的损害不大。

　　排查的人回来报告说，没有人员伤亡，只是城郊倒了几处危房，但那些房子早就无人居住了。许多人忙碌了一晚上，把结果上报给了宋真宗：地震震级不高，汴京基本没有受到大的损失。

　　中央的几个头头脑脑看着宋真宗在眼前转来转去，不知道宋真宗听到汴京并未受灾的情况后做何感想。三司使寇准一副冷傲的态度，而参知政事王旦和毕士安则相互交流着眼神，似乎在询问彼此：不知官家怎么看这场地震？

　　其实，地震发生后，宋真宗就有了一种不祥的预感，正月十七发生地震，难道预示着这一年开局不顺？还是宋朝执政不明导致苍天发怒？毕竟他执政这几年来，还没有遇到这样的事情。现在汴京地震，那就是上天对他不满了，或者说上苍对他执政有意见。

　　但这种想法他不能说出来，只能在心里慢慢揣摩。可思来想去，朝廷里也没有做什么让上天不满的事情，那么，就只剩下一种可能——边患问题。

　　于是，宋真宗让人去探听边境消息。

　　根据前线传回来的报告，边境上也无战事，宋真宗当下也就放心了。可到了正月二十三日夜晚，汴京又发生了地震。宋真宗就觉得，事态不明朗，一切都像是在预示着什么。

　　二十四日早朝，宋真宗询问地震发生后各处的异象，朝中大臣面面相觑。有些人说这是上苍发怒，应该祭天，以求上苍宽恕，有些大臣对此也都表示附和。

　　可到了晚上，汴京又一次发生了地震。这次地震要比前两天的震级高。地震来袭时，房屋响动异常，地动山摇。[①]虽然已经有过地震防御警告，但这次似乎非比寻常，而且地震发生在夜里，更加造成了人们的恐慌。

　　人们都已经奔出房子，到处都是喧嚣声，大家都在讨论着这几天发生的

---

① 《续资治通鉴长编·卷五十六》。

三次地震。朝中的大臣们，再一次显示出了自己的忠心耿耿，也与皇帝保持高度一致，都奔赴各自的工作岗位。这时候不在岗位主持工作，就是渎职，谁都清楚事态的严重性。或许用不了多久，朝廷就该下令开展地震造成损害的情况摸排了。

李沆赶紧又进宫见宋真宗。此时的李沆已无暇顾及身体好不好了。他进宫时，宋真宗早就坐在了文德殿，这是皇帝办公的地方。周围的小太监们脸上还有倦容，但皇帝都没睡，他们又岂敢偷懒，只能陪着皇帝。

宋真宗来回踱步，一副心事重重的样子。李沆上前跪拜，问候宋真宗是否受到惊吓。宋真宗对李沆说：京城这地方本是帝王之都，又有这么多人居住，不会轻易发生地震。但这几次地震次数密集，震感强烈，这是不好的预兆，凡事都有缘由，朕思来想去不得要领，不知哪里出了问题，以至于上苍会如此震怒？李沆没有回答，也不知道如何回答，地震难以预防，来时山摇地动，去时悄无声息，是最难防范的灾害。

宋真宗接着说，朕夙夜内省，反思其中的奥秘，觉得这都是朕听觉不明所致。可朕自觉对政事尽心尽力，没有懒政行为。所以，朕不得不想到这是不是朝中政令不通，才导致地震不断。①

李沆听了宋真宗的话，当下就有些发蒙：何谓政令不通？自己身为宰相，是全国最高行政长官，政令不通，难道是说自己失职？再说，官家自认没有懒政行为，而这接二连三的地震最有可能就是朝廷政令不通所致，可所有的政令都是由皇帝部署，宰相去实施的。说来说去，问题都出在自己身上。

李沆考虑了一下，觉得宋真宗话里有话，便下跪请辞，表示政令不通是臣的工作没有做到到位，请官家准许臣辞职。

宋真宗一看李沆这架势也不是在开玩笑，再说谁敢在皇帝面前贸然开玩

---

① 《续资治通鉴长编·卷五十六》："上谓宰相李沆曰：'坤道贵于安静，京师大众所聚，而震动若此，皆朕听觉不明所致，夙夜内省，中外之政，敢不尽心，但虑命令之出，或有枉挠。'"

笑？于是，宋真宗就对李沆说：爱卿先别激动，朕只是那么一说而已，你就当真了。再说，政令不通也不一定是你的问题。但我们必须认识到朝廷颁布每道命令时，一定要慎之又慎，把所要交办的事情说得清清楚楚，力争做到精准到位。只有这样，才能保证每道命令发出去后，能兼顾到各处。当然，朝廷颁布每道命令时，难免会有人说命令本身存在问题。这也可以理解，这就是为什么要对颁布的政令不断进行完善。至于其他人如何议论政令，也不能打压，不让其说话，不然又成了闭塞言路，最终给人留下不让人说真话的话柄。

李沆听了之后，内心稍安，对宋真宗的话表示赞同。①

宋真宗交代的这些事，其实都意有所指。李沆当然明白宋真宗的言外之意，在以后的工作中，他就更加谨小慎微，凡事都事必躬亲，这也给他的身体带来了巨大的伤害，最终造成他死于任上。这是后话。

宋真宗让李沆收集地震造成的损害信息，汇总给三司使，经过三司使调查后，拨付给受灾的地方一定的资金用于重建。

然而，这一年的地震似乎没完没了。汴京的三次地震虽然损害程度不大，但这仅仅是开了个头。加上汴京是大都市，各种建筑都稳固，损失也不大。这也稍微宽慰了宋朝君臣之心。二月初，冀州又发生了地震。接二连三的地震，让宋朝笼罩在一种惶惶不可终日的状态里。

四月的时候，益（今四川成都）、黎（今四川汉源）、雅（今四川雅安）也发生了地震。益、黎、雅三州，用现代人的角度去审视，可以看成地球板块的连接处，是青藏高原和黄土高原的交界点，极容易发生地震。

即使四川地区连续发生这么多地震，宋朝这一年的地震也并没有消停的趋势。

四月初三，"邢州（河北邢台）言地震不止"。②

---

① 《续资治通鉴长编·卷五十六》："沆顿首引咎。上又曰：'朝廷命令，尤宜谨重，每出一令，舆人不免谤议，或稍抑之，又塞言路。'沆曰：'人之多言，固可畏也。'"
② 《续资治通鉴长编·卷五十六》。

四月十四，"瀛州（河北河间）地震"。①

五月初一，"邢州言地连震不止"。②

十一月十八，"石州（山西吕梁）地震"。③

这些地震中，发生在邢州的地震最为剧烈，邢州的受灾程度也最为严重。邢州发生地震以后，地方官迅速将邢州受灾情况上报给了朝廷。不知道邢州地方官有没有故意夸大的意思，反正这次地震造成了巨大损失。得知邢州发生大地震后，已经经受了几次地震的宋真宗便决定减邢州田赋一半，还免除了邢州的送军粮劳役。但当时邢州地震造成的损失较为严重，虽然邢州城墙坚固无比，还是出现了不同程度的裂缝，还有几处已经坍塌了。这对于邢州的防御工作非常不利，契丹人说不定就会乘此机会来攻打邢州，邢州就成了众矢之的。于是，朝廷又"诏修邢州城"。但因为当时百姓受灾严重，房屋损毁严重，朝廷只能命邢州的守将士卒修复城墙，由朝廷拨钱奖励。④

像景德元年（公元1004年）这样一年之内发生这么多次地震的年头，在宋朝还是第一次，这就不得不引人深思。满朝文武也都议论纷纷，最终大家把这种现象归结于上苍不佑。

这是景德元年不平静的开始。

---

① 《续资治通鉴长编·卷五十六》。

② 《续资治通鉴长编·卷五十六》。

③ 《续资治通鉴长编·卷五十八》。

④ 《续资治通鉴长编·卷五十六》："赐邢州修城卒缗钱有差。"

第二章　宋真宗赵恒

真宗英悟之主。其初践位，相臣李沆虑其聪明，必多作为，数奏灾异以杜其侈心，盖有所见也。及澶洲既盟，封禅事作，祥瑞沓臻，天书屡降，导迎奠安，一国君臣如病狂然，吁，可怪也。

——［元］脱脱《宋史》

与皇位本来无缘的王爷

在这一章,首先要介绍一下宋真宗。因为本书所有的事件,都将围绕这个人展开。他既是最高统治者,又是景德元年(公元1004年)宋朝各项事件的参与者、见证者。

宋真宗,名赵恒,是宋太宗第三子。

本来,宋朝第三位皇帝之位与他没有半点儿关系。他还有两个兄长,大哥赵元佐,二哥赵元僖。在封建时代,嫡长子继承制已成为铁律,不管后世何人建立国家,皇位接替者都是嫡长子,非嫡长子继承的情况并不多。这种铁律形成后,后世都在继承。

余秋雨先生在《一个王朝里的背影》说:"在同一姓氏的传代系列中所出现的继承人,哪怕是昏君、懦夫、色鬼、守财奴、精神失常者,都是合法而合理的,而外姓人氏若有觊觎,即使有一千条一万条道理,也站不住脚,真伪、正邪、忠奸全由此划分。"[①]

在这种铁律下,有些人一出生,就决定了自己的身份地位。在宋太宗的儿子中,排行老三的赵恒,本身并没有资格继承皇位。或许他从没有想过,自己有朝一日会成为宋朝的皇帝。从小到大,对于皇储身份,他不敢想象,

---

① 余秋雨:《山居笔记》,上海:文汇出版社,2002年版。

也不敢觊觎，因为不管出何变故，都轮不到他。即使大哥赵元佐有变故，还有二哥赵元僖在前面接替。

赵恒最早叫赵德昌。在他们那一代人里，父亲给儿子们排辈分的时候，排到了"德"字辈。赵匡胤的两个儿子，一个叫赵德芳，一个叫赵德昭。

赵匡胤的时代，一切都要遵从赵匡胤，因为他是宋朝开国皇帝。作为家中老三赵光义的儿子[①]，也只能按照族谱"德"字辈排。

不过，赵德昌的幸运之处在于，他生于宋朝建立八年后，也就是开宝元年（公元968年）。此时宋朝已初步平定了天下，他也就注定了生活在深宫大院，不会经历艰辛和磨难。他没有父辈们筚路蓝缕的创业过程，即使与赵德昭、赵德芳相比较，他也显得非常幸运。

但赵匡胤的有些家事，尤其让人难以解释清楚。赵恒从小就表现出超于常人的睿智[②]。后来，他又因为受教育程度较高，性情温和，彬彬有礼，深得大伯父赵匡胤的喜爱，被赵匡胤养在宫中。可大哥赵元佐却与赵匡胤的三弟赵廷美走得近。而赵光义与这两个孩子的关系，远不如赵匡胤和赵廷美。不过一直以来，赵光义都是赵匡胤的得力助手，将心思和精力都放在了治理国家上，也没有时间来照顾孩子们。

当然，这也埋下了很大的隐患，让赵光义一生都追悔莫及。他悔恨自己对孩子疏于管教，只顾埋头打理国家。

赵光义继承皇位之后，心中一直有些奇怪的想法，他似乎有意要回避赵匡胤时代制定的一些制度，以显示出自己与众不同，即使是在给儿子们取名字这种事情上，他都要将他们的辈分改成"元"字辈，摆脱与赵匡胤那一脉的关系。于是，赵恒先被改名为赵元休，后被改名为赵元侃。后文为了叙述方便，一律称之为赵恒，或者宋真宗。

虽然名字改了，但皇储的身份，与赵恒仍没有任何关系。

---

① 《宋史·宗室一》："太祖兄弟五人：兄光济，早亡，宋兴，追封邕王，改曹王；弟光义，即太宗；次廷美；次光赞，幼亡，追封夔王，改岐王。"
② 《宋史·本纪第六》："幼英睿，姿表特异。"

然而，就在赵光义继承大统后，一些让人意想不到的变故层出不穷，逐渐影响着皇储人选。

首先是长子赵元佐之事，成为赵光义最痛心的事情。

赵元佐是嫡长子，也就是将来皇位的继承人。赵元佐也很争气，年幼时就禀性聪明机警，在几个孩子中，最有领袖能力，加之相貌酷似赵光义，一直都深得赵光义的喜爱。①赵光义总能从赵元佐的身上，看到自己的影子。

从赵光义继承皇位开始，赵元佐就被作为储君来培养。太平兴国三年（公元978年）的一天，辽使来宋朝恭贺，赵光义兴致很高，便带着辽使和十三岁的赵元佐去近郊打猎。众人浩浩荡荡在丛林中穿行，寻找着猎物。此时，恰巧有一只兔子从众人眼前跑过，赵光义便让赵元佐射杀兔子。这对于一般的孩子而言，可能还心存畏惧，毕竟才十三岁。但赵元佐拈弓搭箭，一发中的。对于这一幕，旁边的人都纷纷叫好，辽国使者也颇为惊异。②

后来赵光义北伐灭北汉，就将赵元佐带在身边，传授他一些统领将士的本领。太原歼灭战，赵元佐就参与其中，目睹了赵光义的王者风范。北汉灭亡后，赵光义不听众人劝阻，坚持要收取故土，因此北上攻打幽州，这次赵元佐也跟着，可见当时赵光义对赵元佐的器重。

后来，随着赵元佐成年，赵光义更加看到了赵元佐身上的优点。

太平兴国年间，赵光义晋封赵元佐为卫王，并让他担任检校太傅、同中书门下平章事，并给他赐名赵元佐。③

同平章事，也就是宰相级别了。赵元佐的职位日渐突出，明眼人都看得很清楚，这是赵光义在确立继承人。

然而此时，宋朝却遇到了一场前所未有的政治风波。

---

① 《宋史·列传第四》："少聪警，貌类太宗，帝钟爱之。"
② 《宋史·列传第四》："年十三，从猎近郊，兔走乘舆前，太宗使元佐射，一发而中，契丹使在侧，惊异之。"
③ 《宋史·列传第四》："太平兴国中，出居内东门别第，拜检校太傅、同中书门下平章事，封卫王，赴上中书。后徙居东宫，改赐今名，加检校太尉，进封楚王。"

赵光义的弟弟赵廷美也跟着赵匡胤打天下，功勋不亚于赵光义，可赵匡胤去世后，皇位却由赵光义继承。这种皇位的继承，总归有些名不正言不顺。毕竟赵光义继承皇位，破坏了嫡长子继承制。如果赵匡胤去世后，皇位由他的儿子赵德昭或者赵德芳继承，别人都无可非议。但此时皇位落在了赵光义身上，就破坏了大家公认的皇位继承规则。

这时候的赵光义非常清楚，他的皇位还不稳固。抛开嫡长子继承制，他能继承皇位，弟弟赵廷美一样能继承皇位。这种情况下，赵光义就得重用赵廷美，达到平息舆论、稳固皇位的目的。

所以，赵光义对弟弟赵廷美进行了提拔重用，让赵廷美担任开封府尹，也就是他当年的职务。开封是宋朝的首都，开封府尹就是首都的最高长官。

然而，身为亲王的赵廷美却并没有像赵光义一样处事低调、运筹帷幄，而是在职位上尽情地享受着权力巅峰的快感，甚至做出一些出格的事情来。

此时的赵光义以皇帝的宽容，对赵廷美做的一些不合政策之事都选择了容忍。毕竟自己是皇帝，弟弟赵廷美再怎么出格，只要不威胁自己的皇位，都无足轻重。如此一来，赵廷美便越发不可一世。对于赵廷美做的每件出格之事，赵光义都强压内心的不快，一直隐忍不言。

赵光义之所以忍让赵廷美，另一个原因是儿子赵元佐与赵廷美相处甚密。赵元佐对赵廷美的依靠，远远大过对赵光义的依靠。这让赵光义有一种不祥之感。当年秦孝公和商鞅一起变法，使得秦国迅速崛起，但秦孝公临死还是对儿子嬴驷放心不下。秦孝公害怕自己死后，嬴驷被从小喂养自己的公子虔怂恿而对商鞅下手，于是动了杀掉公子虔的念头，但因为公子虔诈死，此事不了了之。然而，秦孝公担心的事还是发生了。在他死后，嬴驷在公子虔等人的鼓动下，车裂了商鞅。

这无疑是历史的警钟。如果赵元佐一味地依赖赵廷美，那么在他百年之后，赵元佐继承了皇位，会不会成为第二个嬴驷，将大宋王朝搅个天翻地覆？

不过，担心归担心，赵光义还是对弟弟和儿子关爱有加。

赵光义与赵廷美的关系白热化,是在几年后的太平兴国七年(公元982年)。当年三月的一天,本来打算在金明池召集群臣宴饮的赵光义,却迟迟没有到场。等候在那里的大臣们,早已望眼欲穿。众人摸不清楚一向守时的皇帝何故把大家撂在了金明池,而他自己却不知去向。到了午间时刻,皇帝传来诏令,取消宴饮。

群臣迷惑地摇着头回去了。

事后,大家才知道,这一天赵光义得到了消息:魏王赵廷美企图在金明池发动政变,夺取皇位。因此赵光义没有去金明池。政变这事不管是真是假,总会让人产生警惕。尤其对皇帝而言,宁可信其有,不可信其无。

此时的赵光义,应该是感觉到了潜在的威胁。因为赵廷美是同平章事、开封府尹,与皇位的距离仅有一步之遥。

这时候,因为复出再次成为朝廷重臣的赵普便给赵光义进言:赵廷美与卢多逊等人走得很近。

赵普还信誓旦旦地表示,种种迹象都表明,政变之事绝非空穴来风。

不久,关于赵廷美勾结卢多逊密谋篡夺皇位的消息甚嚣尘上。因为谋反之事本就扑朔迷离,没办法解释清楚,任何一个皇帝都害怕这样的事情发生,赵光义担心自己的皇位受到威胁,便将赵廷美贬到西京,让其举家在西京留守。[①]

随着赵廷美一道被贬的,还有卢多逊。

赵廷美被贬到西京后,实际上已经成了朝廷的监督对象。而具体负责监督赵廷美的人,就是赵普。赵普对于自己之前因遭受卢多逊陷害而被罢相一事,一直耿耿于怀。当他被赵光义从地方调回中央后,扳倒卢多逊就成了他的目标。但要扳倒卢多逊,首先要得到赵光义的宠信。因此,赵普拿出"金

---

① 《宋史·宗室一》:"太宗从容谓宰相曰:'廷美母陈国夫人耿氏,朕乳母也,后出嫁赵氏,生廷俊。朕以廷美故,令廷俊属鞬左右,而廷俊泄禁中事于廷美。'"

匮之盟"[1]，表明赵光义身份的合法性。当然，这还不能让赵光义对他另眼相看。赵普必须有一定的功业，才能让赵光义对他更加宠信。而此时，最让赵光义头疼的事情，就是弟弟赵廷美"谋反"之事。赵普要帮助赵光义消除烦恼，才能真正得到赵光义的信任。

赵普主动提出处理这件事，赵光义对此表示许可。于是，赵普就成了赵光义扳倒赵廷美的一把利器。

赵廷美被贬黜后，极为沮丧。他没有想到，自己竟会成为赵光义忌讳的人。赵廷美悔恨当初自己不该那么放肆，如果夹着尾巴做人，或许就没有被贬之祸。

当然，在西京留守期间，赵廷美依然不安分，还是与卢多逊交往过密。这正中赵普的下怀。赵普暗中观察，收效颇丰。

不久，赵廷美勾结卢多逊谋反之事，就从洛阳传到了汴京，官场中流传着各种版本，难辨真假，就如当年赵匡胤在陈桥兵变时一样。赵光义当然不能允许这样的事情发生。至于说这件事是否有幕后黑手操纵，不得而知。

太平兴国七年（公元982年）五月，灾难再一次降临在了赵廷美身上，朝廷将赵廷美的两名亲信贬谪。[2]这便释放出了一个强烈的信号：赵光义要下手了。此时的赵廷美已经意识到自己的危险，他身边的人先被贬黜，下一个就轮到他了。

果然不久，赵普让开封府李符给皇帝上书：赵廷美被贬谪后不思悔改，

---

[1] 《宋史·后妃上》："建隆二年，太后不豫，太祖侍药饵不离左右。疾亟，召赵普入受遗命。太后因问太祖曰：'汝知所以得天下乎？'太祖呜咽不能对。太后固问之，太祖曰：'臣所以得天下者，皆祖考及太后之积庆也。'太后曰：'不然，正由周世宗使幼儿主天下耳。使周氏有长君，天下岂为汝有乎？汝百岁后当传位于汝弟。四海至广，万几至众，能立长君，社稷之福也。'太祖顿首泣曰：'敢不如教。'太后顾谓赵普曰：'尔同记吾言，不可违也。'命普于榻前为约誓书，普于纸尾书'臣普书'。藏之金匮，命谨密宫人掌之。"

[2] 《宋史·宗室一》："五月，贬西京留守判官阎矩为涪州司户参军，前开封推官孙屿为融州司户参军，皆秦王廷美官属，坐辅导无状也。"

请官家将赵廷美发配到边远的地方，防止他图谋不轨。[1]

生性多疑的赵光义此时已经没有退路了。对于开封府李符的话，他不得不认真对待。李符表达的意思就是赵廷美要叛变，但赵光义还是给自己的这个弟弟留了后路。不久，赵光义下了一道圣旨，将赵廷美降为涪陵县公，让赵廷美带着全家人到房州安置。

这个看似处置赵廷美十分合理的方法，却引发了皇室的动荡，而造成这种动荡的人，正是太子赵元佐。

赵廷美被贬之后，一直与赵廷美关系非常亲近的赵元佐无法接受叔叔被贬至边远地区这个事实。他或许知道其中的曲折，便主动出面为赵廷美求情，担保赵廷美绝不会反叛。赵光义本就担心此事会引发不必要的震动，一直对此避而不谈。可赵元佐竟然站出来为赵廷美求情[2]，这让赵光义大为光火。在对待这件事情上，别人都缄默不言，可偏偏是他选择的继承人竟然这样和自己唱对台戏。即使赵廷美是冤枉的，这个申辩也不应该由赵元佐出面。

赵光义强忍心中的不快，对于儿子为赵廷美的申辩置之不理，并告诉他，这些事远没有他想的那么简单。可赵元佐似乎与赵光义较上了劲，极力为赵廷美辩白，不达目的决不罢休。此举更加激怒了赵光义，若此事由别人提出，尚有转圜的余地，可从太子嘴里说出来，那意味就变了。若赵元佐被人利用，与赵廷美一起趁机发动政变，那一切将不可想象。

赵元佐的辩白，没有起到任何作用，反而加深了赵光义对赵廷美的猜忌。

赵廷美也知道自己在劫难逃，只能举家迁至房州。从此，赵廷美郁郁不得志，最终忧愤成疾，吐血而亡。

然而，赵廷美死亡这件事，给赵元佐带来了强烈的刺激。如果赵廷美全

---

[1]《宋史·宗室一》："廷美不悔过，怨望，乞徙远郡，以防他变。"
[2]《宋史·列传第四》："初，秦王廷美迁涪陵，元佐独申救之。"

家只是迁居房州，赵廷美并没有死，此事或许就此了结，赵元佐也会蛰伏起来，等到自己荣登大宝后，可以将赵廷美全家调回，恢复赵廷美的王位，弥补父亲犯下的过错。可天不佑赵廷美，他竟然死了。

赵元佐在为赵廷美辩白的事情上是内疚的，他没有想到自己的哀求非但没有起到好的作用，反而加速了赵廷美的死亡。人一旦有了愧疚之心，就会做出一些难以控制的事情来，何况此时的赵元佐还是皇储。

赵廷美之死，导致赵元佐性情大变，原来那个素有大志的赵元佐已经随着赵廷美死了。从此，赵元佐变得多疑，变得癫狂。但这种癫狂如果仅限于个人自身也无甚大碍，适当调理或可根除。赵元佐只是心中的一些疑惑没有解开，相信随着时间的推移，他会慢慢康复，并明白整个事情的来龙去脉，不再那么较真。

可因病发狂伤害他人，就让人不能容忍了，这已经触犯了大宋律法。王子犯法与庶民同罪，然而此时的赵元佐，偏偏因癫狂开始犯法。他素来以宽宏大量著称，如今对于那些稍微犯点儿小错的侍者，动辄就用刀剑杀之或者刺伤，以至于身边总有被刺死或者刺伤之人。[①]此举让赵光义大为恼火，堂堂一个皇储，竟然接受不了一个亲人的离世，将来如何掌控天下？欲成大事者，至亲亦可杀。

赵元佐身上这种癫狂症持续了一年有余。到了雍熙二年（公元985年），他的病情才稍有好转。在赵元佐生病期间，赵光义都一直认定赵元佐就是他将来的继承人。那些被赵光义派出去照顾赵元佐的侍从，不时将赵元佐恢复之事报告给赵光义。听说了这个消息后，赵光义深感欣慰，他原来就满怀信心，随着时间的推移，赵元佐一定会好起来，这样他的皇储身份就会保留。为了庆贺儿子身体好转，赵光义还特意下了诏令，大赦天下。[②]

然而，情况并未像赵光义预料的那样，继续朝好的方向发展。赵元佐的

[①]《宋史·列传第四》："廷美死，元佐遂发狂，至以小过操挺刃伤侍人。"
[②]《宋史·列传第四》："雍熙二年，疾少间，帝喜，为赦天下。"

心理遭受重创之后，变得血腥，变得多疑，变得刻薄。

这一年重阳节的时候，赵光义举办宴会，邀请所有皇子皇孙、公主都来参加。此时，因赵元佐身体还未恢复，赵光义为了让赵元佐好好休息，便没有请赵元佐参加这次宴会。这也可以看出赵光义对赵元佐疼爱有加。

按说，没有受到邀请，赵元佐就不应该知道此次聚会之事，但不知何故，此事却被赵元佐知道了。现存的史籍资料中，无法找到是谁向赵元佐透露了这一消息。不过，我们可以猜测到，应该是赵元佐的二弟赵元佑透露给了他，因为扳倒了赵元佐，赵元佑就可以名正言顺地成为皇储。

赵元佐知道此事后，也没有厚着脸皮去参加，而是等在了门口。

宴会结束后，诸王陆续回府。在他们路过赵元佐的府邸时，发现了守在门口的赵元佐。诸王面面相觑，对兄长赵元佐有些惧怕，不知该如何打破这种尴尬。这时，赵元佐却对诸王说，重阳佳节宴饮，你们都在宴会上侍候父皇，却唯独不请我，这明显是抛弃我。①众人知道赵元佐有病，性情怪异，也不予计较，都快速溜回了各自的宅邸。

然而，事情并未就此结束。多疑的赵元佐，觉得自己被冷落了，便要发泄一番。于是，他在晚上喝了很多酒，并借着酒劲点燃了自己的宫苑，顿时火光漫天。②

听说赵元佐闯下如此大祸，赵光义彻底失望了。原来他还对赵元佐心怀愧疚，总觉得赵元佐可以慢慢恢复正常，可现在赵元佐变本加厉地践踏律法，已经到了让人忍无可忍的境地。

于是，赵光义命令御史抓捕赵元佐，将其关入大牢。

这件事，在朝中引起了强烈震动。宋朝建国以来，他们还没有遇到过这样的事情。有大臣规劝赵光义，建议将赵元佐关起来，慢慢调养，毕竟赵元佐是有病之人，不能与他一般见识，但赵光义不同意这么做。赵元佐三番五

---

① 《宋史·列传第四》："重阳日内宴，元佐疾新愈不与，诸王宴归，暮过元佐第。曰：'若等侍上宴，我独不与，是弃我也。'"

② 《宋史·列传第四》："遂发忿，被酒，夜纵火焚宫。"

次挑衅国家公法，坚决不能容忍。如果他在自己儿子身上动了私情，势必会给天下留下话柄。他连自己的家人都管不住，如何治理一个国家？

于是，赵光义让人将赵元佐押送到中书省审问。最终，赵元佐被削去王侯爵位，废为平民，在均州安置。①

这个重大的举动，再一次震动了朝野。宰相宋琪率百官集体上书，请赵光义手下留情，让赵元佐在汴京休养。但赵光义不为所动，他的手段之强硬，不是百官上表所能改变的。于是，赵元佐就被贬黜出了京城。从此，赵元佐与皇储身份再也无缘。

当赵元佐走了之后，赵光义似乎又于心不忍，毕竟是自己的儿子，血浓于水。于是，赵光义又下了一道诏令，让赵元佐回到京城，不过还是废居南宫，派使者守护。此时，赵元佐身边的幕僚赵齐、王通，翊善戴元等人，都上书请罪，自责没有把赵元佐辅佐好。但赵光义痛心疾首地对这些人说，朕都没办法将儿子教好，你们怎么能教好呢？②

赵元佐这个最有资格成为宋朝第三代皇帝的人，阴差阳错地就此告别了皇储身份。即使如此，按照立长不立幼的原则，此时的皇储也与三皇子赵恒没有关系，因为他前面还有个二哥赵元佑。无论如何，皇位都轮不到赵恒，如果不出意外，赵元佑就是宋朝第三代皇帝候选人。赵恒这一辈子，或许只能当一个位高权重的王爷，这就是宿命。有时候，在命运面前，人不得不低下高贵的头颅。

如此，储君的职位便顺利地落在了二皇子赵元佑身上。

赵光义对长子赵元佐彻底失望之后，自然也就格外亲近次子赵元佑。选储君之事，绝不能马虎，大宋江山要绵延万世，所以在储君候选人上，一定要慎之又慎。稍有不慎，就会酿成重大灾祸。

---

① 《宋史·列传第四》："诏遣御史捕元佐，诣中书劾问，废为庶人，均州安置。"
② 《宋史·列传第四》："宰相宋琪率百官三上表，请留元佐京师。行至黄山，召还，废居南宫，使者守护。谘议赵齐王通、翊善戴元顿首请罪，帝赦之曰：'是子朕教之犹不悛，汝等安能辅导耶？'"

次年，也就是雍熙三年（公元986年），赵光义便任命赵元佑为开封府尹，赵元佑也随之改名为赵元僖。这个开封府尹可不是一般人能担任的，五代以来，开封府尹的另一个身份就是储君候选人。后周的柴荣、北宋的赵光义都出身开封府尹。

赵恒只能作为亲王，继续做好分内之事。现实不允许他有僭越的想法，皇权最忌惮那些心怀叵测之人。

赵元僖受命于开封府尹，给外界释放出了储君的信号。很多人都上门去恭贺，尽管此时赵光义并未表示自己百年之后，会将皇位交给赵匡胤的后代还是自己的儿孙。

但这已经很明显了。

正是在这种情况下，二皇子赵元僖作为储君，正式出任开封府尹。他广开言路，招纳贤才，一切工作都做得有声有色。这些事，零零散散地传进了赵光义的耳朵里。赵光义对这个次子还算满意，也给了他很大权力，让他全权负责开封府事宜，还网罗了一大批人才给他出谋划策。

这段时间，应该是赵元僖最春风得意的时刻。他大权在握，要风得风，要雨得雨。①

这时候，赵光义还不放心，他觉得赵元僖毕竟还是个孩子，处置开封府相关事宜尚欠缺经验。于是，赵光义又派出了两个新科进士，让他们去负责帮助赵元僖处理事务，顺便带一带赵元僖，让他迅速成长，将来好继承皇位。

这两个人，一个是张去华，此人少年好学，是宋太祖时的状元，已经有了几年的为官经验，各种工作也都干得很出色，赵光义让他出任开封府判官，协助赵元僖处理政务。另一个人是陈载，进士出身，深得赵光义喜爱，赵光义让他出任开封府推官。这两个人去开封府上任之前，赵光义还单独召见了他们，让他们务必尽心竭力辅佐赵元僖，帮助赵元僖成长，并赏赐他们

---

① 《宋史·列传第四》："元僖姿貌雄毅，沈静寡言，尹京五年，政事无失。"

每人一千贯钱。

然而，命运之神似乎再一次显示出了自己的难以预料。当然，除了命运，也存在着人为因素。

这期间发生了一件事，让赵光义对赵元僖产生了看法。这件事，由一个叫胡旦的人引发。

胡旦这个人从小天资聪颖，才气过人，善于文辞。考中状元后，朝廷先后让他担任过监丞、通判升州、迁左拾遗等官职。后来，他入值史馆。但少年时代，满怀抱负想要指点江山的胡旦给朝廷上过一篇《河平颂》，议论朝政时局，此事让赵光义大为恼火，将其贬谪。在官场上摸爬滚打一段时间后，胡旦看清了生活的本质，变得不再那么激愤。被贬谪后，他发挥自己善于写文章的优势，又给皇帝上了一道《平燕议》，强烈建议朝廷收复幽云地区。这与赵光义意图北伐的想法不谋而合，赵光义便重新起用了胡旦，让他复值史馆，迁修撰。后来，赵光义又让胡旦以尚书户部员外郎身份知制诰。[①]

但胡旦是个不知足之人，觉得自己干了这么多年工作，一直还是个借调身份的知制诰，心里非常委屈，惋惜自己满腔抱负却无法施展。于是，他就总想在政坛弄出些动静来，让高层知道他的存在。

于是，他就开始联络陈象、董俨等同科进士，常常半夜私下聚会，谈论朝政。

雍熙四年（公元987年），这帮蓄谋已久的人便怂恿一个叫翟马周的小吏给朝廷上书，揭露大臣们一些见不得光的隐私。[②]

这种僭越之举，在朝中引起了巨大震动。一个小吏怎么如此大胆，居然敢上书朝廷，揭露大臣们的隐私？朝中很多大臣那些不敢见光的事情，被这个小吏都抖了出来。当然，翟马周也没忘了在上书中夸赞胡旦等人。明眼人

---

① 《宋史·儒林二》："起为左补阙，复直史馆。迁修撰，预修国史，以尚书户部外郎知制诰，迁司封员外郎。"

② 《宋史·儒林二》："有佣书人翟颖者，旦尝与之善，因为改姓名马周，以为唐马周复出，上书讥时政，且自荐可为大臣。"

一看这就是有人在背后操纵，否则一个小小官吏，怎么会知道那么多大臣的隐私？

这种上书揭露朝中大臣隐私之事，让举国上下一片哗然。

此时宰相赵普就找到了开封府尹赵元僖，有意讨好他。因为赵普也看得出来，赵元僖是将来的皇帝人选，这时候站队就显得非常重要。于是，赵普便对赵元僖出主意说，这是在晋王地盘上发生的事情，您应该好好整治一下，也好让官家对您的工作进一步认可。

赵元僖觉得赵普的话不无道理，便派人连夜逮捕了翟马周。

赵元僖亲自审这个案子，不问青红皂白，上来先给了翟马周一顿杀威棒，翟马周瞬间被打得皮开肉绽。翟马周本身就没有头脑，更没有胆略，一看情形不对，吓得不得了，立马就服了软，招供了。

案子再清楚不过，这是胡旦等人在背后操纵的事情，翟马周不过是个马前卒，被胡旦等人当枪使了。案子结了，就得上报朝廷，毕竟这里面涉及的几个官员都是朝中要员，不能像对付翟马周一样对付这些官员。

于是，赵元僖就将此事上报给了赵光义，并要求处理这些人。然而，看到儿子雷厉风行的做事风格，赵光义却并未高兴起来。他对此事有顾虑，毕竟处理这些人，势必会引起各方面的关注。

赵光义对胡旦等人还是非常赏识的，但赵元僖这时候想立功，也想树威，强烈建议赵光义处理这些事，甚至有些强迫赵光义做决定的意思。

看到赵元僖急不可耐，赵光义有些不悦，赵元僖这是要干什么？是要左右他的决定吗？但赵光义并没有发作，还是将此事交由赵元僖处理，不管怎样，将来天下都要交给赵元僖。于是，胡旦一干人等，都被流放到蛮荒之地。

这也埋下了胡旦等人仇恨的种子，后来赵光义去世后，他们企图发动宫廷政变，为自己谋取私利。

赵元僖做的这件事，让习惯独揽大权的赵光义心里颇为不悦。儿子已经迫不及待地想要干一番事业了，可这时候，赵光义还是当朝皇帝，国家的一切他说了算，儿子这么急于表现自己，想树立威信，将置他于何地？有些事过犹不及。当然，赵光义并未对赵元僖表现出不满的情绪，毕竟年轻人总是要经历一些事才能成熟起来。但赵光义却叫来了赵元僖身边的人，要求他们对赵元僖的诸多事情加以引导，否则极容易让赵元僖的路走偏了。

后来，在雍熙北伐时，受过伤的赵光义身体频频出现问题。这时候，大家建议立太子。可是，说这些话的人都被赵光义流放了。因为赵光义一直还处在一种矛盾中，是将皇位还给赵匡胤的子孙，还是传给自己的儿子？这成了赵光义晚年纠结的难题。

这时候，赵元僖却表现出了一种急迫之情，他害怕赵光义将皇位传给赵匡胤的子孙，那样他这些年来的开封府尹就白做了。可越是如此，赵光义对赵元僖就越是忌惮。当年赵匡胤病重时，赵光义也曾有过这样的举动。现在儿子也这样，不免让他心中愤懑。于是，他开始在心理上疏远赵元僖。

然而，让赵光义没想到的是，淳化三年（公元992年）十一月的一天，朝廷举行朝议，赵元僖在上朝的时候却感觉到身体不适。赵光义赶紧命人将赵元僖抬回家静养。①朝议之后，赵光义还亲自去赵元僖的宅邸探望。但此时的赵元僖却病情加重，已经听不清话了。赵光义大声对儿子说话，赵元僖才能勉强听到。赵光义让御医加紧治疗，务必将赵元僖治好，否则后果严重。御医们奉命赶紧抢救，赵元僖的病情暂时得到了控制。

但没过几天，赵元僖的病又严重了，最终撒手人寰，时年二十七岁。

赵光义得知赵元僖死去的消息后悲痛万分，痛哭流涕，下旨追赠赵元僖为皇太子，谥号恭孝。②

当然，也有一种说法，说赵元僖的夫人张氏不是名门之后，因此在赵元僖当了开封府尹之后，赵光义便给赵元僖娶了隰州团练使李谦溥之女李氏为夫人。张氏为了争宠，意图将李氏毒死，结果阴差阳错让赵元僖误喝了毒酒

---

① 《宋史·列传第四》："三年十一月己亥，元僖早入朝，方坐殿庐中，觉体中不佳，径归府。"
② 《宋史·列传第四》："车驾遽临视，疾已亟，上呼之犹能应，少顷遂薨。上哭之恸，废朝五日，赠皇太子，谥恭孝。"

而亡，但这种记载缺乏证据，不足为凭。①

命运之神的眷顾

长子疯癫，次子死去，这时候的皇储候选人，应该落到赵恒身上了。此时的赵恒是襄王。

但赵恒的皇储身份确立之路并非一帆风顺。经历了两个儿子的变故，赵光义怕了。一种叫宿命的东西，开始在他的内心反复出现。

立太子之事，就此束之高阁。此后一段时间内，没有人敢再提议立太子。

可这时候，赵光义的病时好时坏，性情也大变。群臣都很着急，希望赵光义赶紧立太子。赵光义也知道，但他还是担心，他害怕自己再立的储君，还会有不好的下场。前两个儿子的遭遇，让他迟迟不能下定立皇储的决心。

山重水复疑无路，柳暗花明又一村。到了淳化五年（公元994年）九月，赵光义的旧疾复发，让他再一次感受到了死神的临近。于是，赵光义开始认真考虑后事，不过此时他依然还是担心立储君会有不测。

最终，赵光义想到了寇准。

赵光义尽管心里已经选定了赵恒为接班人，但他还需要一个支持他决定的人。这是为自己的决定佐证的好办法。

当时被贬黜的寇准，刚刚被调回京城，赵光义便迫不及待地召见了他。赵光义让寇准看了自己的腿伤。此时，意气风发的寇准，似乎已经揣摩到了赵光义的心思。果然，赵光义问寇准，你看朕的这些皇子中，将来谁能担当大任？寇准看了看周围的侍从们，没有正面回答赵光义，而是对赵光义说，

---

① 参考《百家讲坛》节目：《王立群读〈宋史〉》第二部《宋太宗》（十六）——"步步惊心"。

官家您选择储君，一定不要听从后宫佳丽、侍从以及宦官的话，也不要听从近臣的话，一定要选择您内心深处最认可的人。赵光义听了寇准的话，便将周围的人都打发了。寝宫内，就剩下他和寇准两个人。

这时候，赵光义才问寇准，你觉得襄王如何？寇准知道赵光义此时询问他对立襄王的看法，内心必然已经认定了襄王，于是便对赵光义说，既然官家您心里已经有了人选，那就按照您的意思办吧。①

听了寇准的话，赵光义觉得自己立襄王的想法得到了寇准的认可，这也更加坚定了赵光义的决定。

于是，赵光义将赵恒晋封为寿王，加检校太傅、开封府尹。对赵恒岗位的调整，也给满朝文武释放出了信号：下一任皇帝非寿王莫属了。

也就是从这一刻起，赵恒成了储君的不二人选。

接受了岗位调整后，赵恒便开始在开封府就职。和上次对待赵元佐和赵元僖一样，赵光义给赵恒选择了几个得力帮手。这里面有几个人，值得一提。其一是李沆和毕士安；其二是赵恒的伴读王继忠。这些人，都会在景德元年（公元1004年）前后同时登上大宋王朝的权力顶峰，创造出更多的辉煌。

赵恒担任开封府尹后，工作就变得复杂了。开封是京都，政事纷繁，但赵恒接替了开封府尹之后，便在前几任开封府尹的治理基础上，对以前不成熟或者不合时宜的工作进行了调整，加入了自己的一些理念。加之李沆、毕士安等人不断地给赵恒出谋划策，此时的赵恒工作有声有色。尤其是在狱讼方面，上上下下反响都很好。那些困扰赵光义的刑事诉讼问题，也少了很多。一时间，开封府许多诉讼之事处理得很恰当，汴京的风气持续好转，监狱也时常空闲。②这件事让赵光义很高兴。

赵恒任职开封府尹期间，各项工作都井井有条，赵光义放心了。随着赵光义的身体每况愈下，到了至道元年（公元995年），赵恒正式被立为太子，继续

---

① 《宋史·列传第四十》。
② 《宋史·本纪第六》："开封政务填委，帝留心狱讼，裁决轻重，靡不称惬，故京狱屡空，太宗屡诏嘉美。"

担任开封府尹。

这样一来，赵恒的地位也最终确定了。

安排了后事，赵光义长长舒了一口气。在立太子这些年里，他饱受各种纠结之苦。立赵恒为太子后，一切的担心慢慢烟消云散。

赵恒在开封府尹的位置上开始了早年的政治生涯。赵光义也随时掌握赵恒的动态，了解他处理各种政务的能力。一生都长于行政的赵光义，对诸多事情一眼就能看透。他派给赵恒的这些人，也都非常尽心尽力，为赵恒出谋划策。开封府的许多事情，赵恒比二皇子赵元僖处理得还要好，这让赵光义颇为欣慰。赵恒对那些身边的谋士也都礼遇有加，工作上尊重他们，生活上关心他们。

看着赵恒一天天成熟起来，赵光义安心了。尽管赵恒性格上有些柔和，但在处置大事上还算得心应手。只要给他派几个好帮扶，尽心辅佐他，赵恒就能把各种事情做好。也正是基于此，赵光义才为其取名为"恒"。赵光义在观察赵恒时，发现赵恒有难能可贵的包容胸怀。

两年后，也就是至道三年（公元997年）三月，一生都兢兢业业的赵光义，在病魔的折磨下龙驭归天，把大宋的江山留给了三皇子赵恒。[①]

赵恒因此成为众望所归的大宋王朝接班人。然而，赵恒的登基之旅，并没有那么顺利。

此时，一向温文尔雅、顾全大局的李皇后，却在宣政使王继恩[②]、参知政事李昌龄、殿前都指挥使李继勋、知制诰胡旦等人的鼓动下，意图发动宫廷政变，废了赵恒，重新拥立符合他们心意的赵元佐为傀儡皇帝，方便他们兴风作浪。

李皇后此举，无疑断送了自己的前程，也断送了兄长李继隆的前程。这也是宋真宗即位后没有重用李继隆的重要原因。此后，宋真宗便不再让李继

---

① 《宋史·本纪第五》。
② 北宋宦官，侍奉赵匡胤、赵光义两位皇帝，是后宫中权力较大的宦官，因平定李顺起义有功，被授予宣政使。

隆进宫见李皇后，直到李皇后病危时，才宣李继隆进宫面见。这是后话。

好在这时候，在开封府尹锻炼了几年的赵恒，面对宫廷政变的威胁，可以做到临危不乱。加之此时的宰相吕端也早有预感，随时防备潜在的不安定因素。在这些不安定因素中，王继恩是最大的威胁。此人连续侍奉了赵匡胤、赵光义两朝皇帝，对后宫中诸事非常熟悉。他要想趁机作乱，防不胜防。

赵光义驾崩后，王继恩前来召集吕端商议皇帝安葬事宜。吕端早就得到消息，王继恩要伙同李太后一起发动政变，于是将王继恩关在了中书省，不让他出门，并勒令人严加看管。而吕端则直接去了宫中，处理相关事宜。直到拥立赵恒后，才将王继恩放出。

胡旦等人迟迟见不到王继恩，而吕端和赵恒早有准备，这场政变就胎死腹中了。

赵恒就此成了宋代第三位皇帝，是为宋真宗。

继承皇位以后，宋真宗大致沿袭了赵匡胤、赵光义时代的政策，继续将国家向前推进。当然，宋真宗也有自己的想法，在他继位第二年，便改年号为"咸平"。咸平意为太平、和平。这也反映出他渴望和平时代的心理。当时汴京南边有个通许县，县里有一条街道叫咸平大道。宋真宗改元咸平后，这个县也随即改名为咸平县，一直到金大定二十九年（公元1189年），因其与咸平府（今辽宁省开原市）同名，才易名为通许县。①

宋真宗即位之初，广开言路，招纳贤才，起用李沆为相，勤于政事。汴京城纺织、染色、造纸、制瓷等手工业、商业蓬勃发展，贸易盛况空前，一度出现了兴盛的局面。

同时，宋真宗实施新政，在王钦若等人的建议下，免掉了五代以来百姓拖欠国家的赋税，赢得了老百姓的热烈拥护。②

---

① 《通许县志》："春秋为许国地，北宋建隆元年（公元960年）始置通许镇。宋太祖赵匡胤下诏疏浚蔡河，自京师至通许镇，沿河设置闸门，按时开闸，调节水量，漕运畅通。取自东京直通许国故地之义，故名通许。咸平五年（公元1002年）置咸平县。"

② 《宋史·列传第四十二》。

宋真宗所处的时代，国家基本上实现正规化。四十年的运转，让五代以来动荡不安的时局得到了很好的控制。宋朝国内环境安定，人民安居乐业。

当然，这种环境下，也极容易出现腐败之风盛行的情况。因此，在施行各种惠民政策的同时，宋真宗还大搞反腐倡廉工作。他给文武百官颁布了《文武七条》：清心，要平心待物，不因自己的喜怒爱憎而左右政事；奉公，要公平正直，保持廉洁；修德，要以德服人，而不是以势压人；务实，不要贪图虚名；明察，要勤于体察民情，避免苛捐杂税和刑罚不公；勤课，要勤于政事和农桑之务；革弊，要努力革除各种弊端。

这七条戒律，为当时的政坛注入了一股清流，也给宋朝的官场吹进了一阵清风。

皇帝带头履行这七条戒律，这种领导者以身作则、恪尽职守、勤俭节约的作风，影响了一个时代。这很难让我们将赵恒与他后期的所作所为联系起来。其实，刚刚继位的赵恒，的确非常想干出一番事业。他之所以有前后的变化，主要还是受到了他身边大臣的影响。宋真宗初登大宝时，身边的李沆、毕士安、王旦、寇准、向敏中等人，都是治世能臣，可以引导赵恒走上发愤图强的道路。但后来的王钦若、丁谓等人成了宰相后，经常鼓动宋真宗为所欲为，宋真宗心中那些私欲便爆发了。

宋真宗还整治吏治，制定了专门考核地方管理的《州县三课》。"景德初，令诸道辨察所部官吏能否，为三等：公勤廉干惠及民者为上，干事而无廉誉、清白而无治声者为次，畏懦贪猥为下。"[①]这个《州县三课》特别强调官员的勤政廉洁，对官员的考核进行了详细规定。这在很大程度上对宋初的官员管理制度进行了完善。宋初，国家对官员每年进行一次考核，一个官员在任三年后，一般会调整。如此就有效地防御了官员长期在地方任职，与地方各种势力形成相互勾结的局面。宋朝对司法部门的官员，尤其注重任职年限。这些人手中有执法权，若无法对他们加以控制，他们将会比那些一般官

---

① 《宋史·选举六》。

员对国家造成更大的伤害。

当然,宋朝对官员的考核也是非常严格的。初任的官员,一般都有试用期。试用期内,官员不能违反任何规定。宋代官员在试用期内向正式官员转任期间,需要几个没有违反国家律法的人联名保举,才能正式成为宋朝官员。这就给保举的人也押上了责任,若他们保举推荐的官员有犯罪前科,他们这些保举之人也会受到处分。

不过,官员提拔或者转任的制度并不止这一种。在政策允许的条件下,宋朝的官员也可以参加朝廷组织的考试,成绩优异者可以直接转任或者被提拔。

但不管哪一种,都必须在遵纪守法的情况下才会被转任或者提拔。对于有犯罪前科的人,朝廷也会建立官员档案,记录各种官员履职情况和受处分情况。那些有前科的人员,在晋级或者调整职务时,要主动向朝廷汇报自己的违法犯罪事实,且在任职期间不得随意更改姓名。

这一整套的官员管理制度,为宋真宗统治时期打下了良好的政治基础。咸平年间国家不断发展,成为最好的例证。

在发展经济方面,宋真宗也动了一番心思。在智囊团的策划下,他实行了大开放的政策,使得经济发展迅速。我们可以以唐朝为样本,进行比较。

当时北宋的人口、资源都比唐朝少一些,疆域也比唐朝小,但北宋经济繁荣,边贸红火,尤善商贾,贡赋通达,税收富足。北宋经济发展是唐朝无法比拟的。

遇到风调雨顺的好年景时,经济收入更是成倍增长。据说当时收入最好的一年,国家GDP达到了唐朝最高收入的七倍以上。即使有饥荒年月,宋朝的经济也在迅猛增长。那时,宋朝富甲天下,经济总量占世界的百分之八十,其一年的铸钱量高达五百万贯。[①]

从公元997年宋真宗继位到公元1004年这七年间,宋朝整体上处于安定时

[①] 数据来源于《新商报》2009年11月15日第38版,作者沧浪之水,原题为《北宋宋真宗:中国皇帝中反腐倡廉第一人》。

期，虽然与契丹不断有小摩擦产生，但并未影响全国的发展。各行各业里，都有了领军人物。

这段时期成了让人津津乐道的"咸平之治"。

到了公元1004年，已经有了长足发展的宋朝进行了改元，年号"景德"。此时，已经初具规模的江西南昌镇，上贡给朝廷一批质地优良的青白瓷，宋真宗颇为喜欢，爱不释手，赞赏不绝。

随即，宋真宗给南昌镇赐了一个国家年号的名字：景德镇。从此，南昌镇正式改名为景德镇，一直沿用至今。

防御一刻也没有放松

景德元年（公元1004年）二月始，宋辽边境上总有辽军在巡视。这些辽军一路行进，时常踏上宋朝边境，似乎在有意挑衅边境上宋朝守将的底线。

辽军将领带着一部分人在边境线上转一圈，掠夺一些生活生产物资，然后快速地离开。

对此，宋朝各处的守将们都给巡视的将领下了命令：忍。只要辽军没有进攻宋的边境，就要忍。当然，每次辽军渗入宋朝边境线，宋朝也会派出将士去巡视，用进攻的架势来威吓靠近边境的辽军。辽军一看到有宋军靠近，便撤出宋边境线。这看似相对和平的表象之下，其实是辽宋之间的再度较量。

然而，这也让宋朝边境的守将们一直处于紧张的状态。谁能保证辽军不是故意为之，进而达到麻痹宋军的目的？

这种形势长期存在下去，最后较量的就是耐力了。谁能坚持到最后，谁就是赢家。当年，五代十国时期，郭威正是用这样的方法击败了李守贞。

这时候，宋北面三路都部署王超等人坐不住了，觉得与其让辽军总是这样有完没完地骚扰，不如主动出击先挫一挫辽军的锐气。如果顺利，还能报望都之战的一箭之仇。

于是,王超给朝廷上书,陈述了前高阳关及定、镇地区的防守,详述了这些地方民风彪悍的情况,请求招募关南之地的壮丁进行训练,然后发兵攻打辽国边境。①

王超的札子转交到了宋真宗手中,但宋真宗并不同意王超这样做。

宋真宗对王超的上书进行了批复:无缘无故向辽发兵,不但不能挫伤辽军锐气,反而只会徒增事端。如今宋辽边境安定,就不要做那些打破和平局面的事情,凡事要以大局为重。既然辽军没有攻打我大宋的边境,我军只需做好防御即可。至于说辽军总在边境上巡视,偶尔还会进入宋朝领地,只要将其驱逐出去即可,不得与辽军深入作战。②

看到朝廷的决定,王超只能作罢。尽管他在前线镇守边关,可所有行军事宜必须朝廷说了算。宋朝自建国以来,便对手握重兵的武将不放心,王超非常明白自己的处境。

这便是武将身处的现实。多少人因为认不清这一现实,自认统兵有方,最终遭到朝廷的流放。

王超继续驻守定州,对辽军保持高度警惕。

不久,便从麟府路传来消息称,言泥族首领拔黄太尉率三百余帐归附契丹。拔黄太尉在当地是大族,常年居住于黄河北古丰州,也经常到辽宋边境上烧杀抢掠,无恶不作。③契丹见他们善战,便与其结盟,还给他加封了太尉一职。他们依附于契丹,屡屡侵犯宋朝边境。

宋真宗认为,这些边境少数民族与契丹结盟,不过是为了财物而已,宋朝也完全可以将他们拉拢过来。于是宋真宗对边境上的武将下达命令,让他们给拔黄太尉赐予茶叶、布匹、田产等,安抚他们。只要让拔黄太尉驻守在边境上,不再侵扰边境即可。边境上的官员们便按照宋真宗的意思,给了拔

---

① 《续资治通鉴长编·卷五十六》。
② 《续资治通鉴长编·卷五十六》。
③ 《宋史·列传第二百五十》。

黄太尉一些物资。拔黄太尉见宋朝也有拉拢之意，便派出儿子鄂云到宋朝面见宋真宗。宋真宗便赏赐了鄂云，并给其加封了官职。这才扼制住了拔黄太尉不断骚扰宋朝边境的形势。①

景德元年（公元1004年）三月，一直在边境上巡视的辽军再一次集结，准备进犯宋朝。不过这次辽军并没有直接攻打定州，而是选择了围困威房军。

此时，担任威房军长官的将领是魏能。

这里有必要简单介绍一下威房军。威房军驻地的治所，在河北徐水县西二十五里。当时宋朝考虑到此地距离雄州还有一段距离，最靠近长城口前线，是辽军南下攻宋的必经之地，所以在此地设置了威房军，阻截辽军从长城口进入宋朝的关南之地。

辽军多次攻打过这个地方，与宋朝进行过多次拉锯战。辽宋双方在威房军驻地互有输赢，不过威房军的驻地并没有被辽军攻取。先前宋军在此驻扎着步兵，但步兵与辽军骑兵相比，没有任何优势。辽军骑兵直扑而来时，宋军的步兵就成了马下的冤魂。后来，宋朝在一次次失败的教训中，看到了骑兵的重要性，便开始在此地设置骑兵。如此一来，辽军的骑兵便不会轻易从长城口入境，围攻宋朝边境。

宋辽在威房军驻地进行的最近一次战役，是景德元年的威房军骑兵与辽军骑兵大会战。那一次，威房军的主要将领是王显，也就是即将被调到天雄军的王显。当时，虽然威房军骑兵人数少于辽军，但王显等人预先设置了伏兵，王显自己带领大部队攻打辽军骑兵，而杨延昭、杨嗣等人则从侧翼杀出，两面夹击之下，辽军骑兵大败。这也让辽军在短时间内再也不敢攻打威房军。

以后，鉴于此前威房军吃过亏，宋朝便在此驻扎了一支强大骑兵，防止

---

① 《续资治通鉴长编·卷五十六》："诏府州赐茶彩，给公田，依险居之，计口赋粟，且戒唐龙镇无得侵扰。拔黄太尉寻遣其子鄂云来朝，即授以官。"

辽军偷袭。而且威虏军若没有紧急任务，不得调动到其他地方去救援，必须死死守住这个地方。

此后三年多的时间里，辽军多次从其他地方入境攻宋，但经过威虏军驻地时都选择绕道。

可谁能想到，景德元年（公元1004年）的三月，辽军又企图攻破威虏军，入侵宋朝。

魏能作为威虏军主将，自然不能让辽军轻易进入宋朝境内。他迅速组织了威虏军开展防御工作。这次战役规模很小，辽对宋的整个战斗过程也不是为了拿下威虏军。

辽军与威虏军只是象征性地交手了一番，因为宋军早有防御，戒备森严，辽军并没有取得实质性胜利。当辽军遇到顽强抵抗的宋军时，便撤退了。如此纠缠下去，辽军讨不到任何便宜。

整个战争也草草结束，以至于史籍资料中并没有记载整个战斗的过程，只记载了一个结果。《辽史》里的记载，只有短短十几个字："春三月，契丹侵宋，为魏能败于长城口。"[1]

《宋史》和《辽史》里的记载不一样。《宋史》里如此记载魏能击败了辽军的进攻："三月乙酉朔，知威虏军魏能言破契丹于长城口，追北过阳山，斩级、获戎器甚众。诏奖之，赐锦袍、金带，将士缗钱有差。"[2]这是说，宋军击败了入侵的辽军，甚至追过了阳山，斩获了很多战利品。

辽宋两国的记载中，都没有详细地记载辽军的将领名字，想必是因为这场战役规模小，持续时间不长，辽军出动的人数也非常有限，因此记载简略。

这两种说法相差无几，但有一点无疑是肯定的，那就是景德元年三月，辽军的确攻打过威虏军，而且被魏能所败。至于整个失败的过程，《辽史》

---

[1] 《契丹国志·卷七》。
[2] 《续资治通鉴长编·卷五十六》。

里记载少，是因为他们吃了败仗，是一种耻辱，因此只是简单记载了被魏能所败。而《宋史》里的记载略微详细，是因为宋军打了胜仗，因此才多提了几笔。从这些记载的文字中，可以窥见当时战争并不激烈。但总归是发生在这一年的事情，所以需要记载，不过也不需要大书特书。这便有了两种略记又不一样的结果。

甚至我们可以大致预测到，这一仗应该是辽军试探宋军虚实的举动，因为战争并没有持续多长时间。或许只是辽军在边境上的一小股力量来骚扰了一下，便撤军了。魏能在此驻扎着大军，辽军没有占到多少便宜，也没有损失多少人马。

不过这一仗倒是给宋朝提了一个醒，以后宋朝便在整个北方沿线加强了防备。

不久，河北之地的许多地方，原先召集的一些士兵多有逃亡。地方守将向朝廷上报了此事，希望能重新招募兵丁，以防事态有变。宋朝的地方守将如果要招募士兵须得到朝廷的准许，不得擅自招兵买马，否则就有反叛之嫌。所以，他们这才上书申请。①

申请招募壮丁的札子传到了枢密院，枢密使王继英便带着札子去找宋真宗，对此事进行了上报。

宋真宗询问王继英：河北之地的百姓历来饱受战争之苦，现在为何要无故再招募壮丁？这不是扰民行为吗？王继英一看宋真宗不明白其中缘由，就解释了壮丁逃亡导致军队里有很多空缺需要补充，因此河北地方守将才申请重新招募兵丁。但是宋真宗认为不应该打扰百姓的生活，所以不予许可。②

尽管如此，前线的防备工作一直都在进行着。因为辽军并没有停止在宋

---

① 《续资治通鉴长编·卷五十六》："诏河北诸州所募强壮，自今或有逃亡，不须增补。"

② 《续资治通鉴长编·卷五十六》："上问枢密王继英曰：'河北之民，岂得无故追扰？'继英对曰：'近磁州奏强壮有逃亡者，不及额，故再点集。'上亟令止之，因降此诏。"

辽边境上巡视，而整个长城防线又太长，边防守将们根本顾不过来。辽军依靠幽云十六州，想从什么地方入境，就能从什么地方入境。

不久，宋朝对天雄军守将进行了调整，让河阳（今河南孟州）三城节度使王显知天雄军府兼驻泊都部署。王显到岗之后，便给朝廷上书，提出在天雄军设防的一些想法。同时，他希望朝廷在文武群臣中选择几个对边境之事通晓之人为宣徽使，与他一起负责天雄军的布防。王显对朝廷选任之人还提出了建议。他表示，位高的人必然威名远播，有远见的人才会有功勋。①王显还说，那些之前因为触犯律法被贬谪之人，若没有太大的罪过，不妨重新起用，这样一来，他们必能效死。

另外，王显充分分析了当前的局势，并且提出了对监军宠臣的任用之策："临敌之际，事当责成，监军宠臣，不须多任，十羊九牧，古人所讥。"②宋朝素来会给前线守将派出监军，以分化前线守将的权力。王显的上书，无疑切中要害。当年王侁和潘美之事，导致杨业深陷辽军包围，就是王侁之过。王显这么说，自然是希望朝廷给前线的将领更多的军事调动权，能随机应对瞬息万变的战场形势。

王显还对目前天雄军的防备工作提出了建议：每年秋天，精兵分成三路进行防御。但这些分开的精兵经常会延误联合作战的时机，导致集团军作战无法发挥优势，希望对这些将领进行约束，让他们服从调度。同时还要形成掎角之势，到时候自然会军威大振，勇气倍增。③

王显的提议，得到了朝廷的许可。朝廷让他在天雄军处做好防御工作，可以机动调动军队。这也是宋辽战乱二十几年来，宋朝给前线将领为数不多的几次随机应变的权限。从赵光义时代开始，宋朝很多战略部署都必须遵从朝廷的旨意，甚至皇帝会将布防图发放给前线将领，让他们必须按照布防图

---

① 《续资治通鉴长编·卷五十六》："盖位高则威名著，识远则勋劳立。"
② 《续资治通鉴长编·卷五十六》。
③ 《续资治通鉴长编·卷五十六》："每岁防秋，精旅分屯三路，由是合战多违期会，望申约束，如逐敌人，并令掎角相应，自然军威倍壮，人心增勇矣。"

设防。

四月，朝廷对威虏军的守将进行了再度调整。这次，朝廷下诏，让威虏军守将魏能带领部众到顺安军设防，防止辽军入境。[1]

不久，朝廷又给高阳关都部署周莹下了一道圣旨，让他带着大军在边境上会师，以防辽军再次侵扰边境。[2]

辛酉日，朝廷继续下诏，命北边诸路巡检魏愿等人前往高阳关东路驻扎，以防辽军入境。又命李致忠等在乾宁军驻扎，命荆嗣、刘汉凝率部到莫州驻扎，命田思明等将领率部到顺安军驻扎。[3]

这一连串的部署，可以看出宋朝对辽国的动向早有防御。宋真宗时代，还没有一次战略部署能有这么紧密的布防。

然而不久，王超派出的斥候发现了辽军的动态，了解到辽军或许会袭击高阳关的宋军。王超得知消息之后，便给朝廷上书汇报此事。

鉴于此前周莹在望都之战中没有及时救援，导致宋军失败，这次王超汲取了上次的教训，不想依靠别人来帮助自己，只想自己带人去追击。朝廷对王超的申请表示许可，还让王超审时度势，随机应变，并让压阵的使臣听从王超的指挥，不能再出现上次望都之战的情况。[4]

这次，辽军也仅仅是试探，并不想与王超决一死战。随即，王超击退了辽军。

不久，雄州知州何承矩又给朝廷上书称，乾宁军的西北方向有一条古河，可以直通雄州，不过这条古河因为年久失修，淤泥甚多，河床也较窄，不易通行。他需要一批劳力疏通河道，让宋军的船舰可以行驶其上，一旦辽宋发生战争，也可以通过这条河及时为前线输送物资。何承矩还列出了所需人工数目两千万，希望朝廷准许。

---

[1]《续资治通鉴长编·卷五十六》。
[2]《续资治通鉴长编·卷五十六》。
[3]《续资治通鉴长编·卷五十六》。
[4]《续资治通鉴长编·卷五十六》。

但宋真宗认为此举不妥，因为动用这么大的人力物力，势必会耗时费力，也会花钱，因此没有同意。不过宋真宗也给何承矩提供了一条意见，让何承矩借鉴契丹的做法，在雄州修建古狼城寨，防御辽军。

何承矩只能按照朝廷的指示，开始修建防御工事。

随着宋朝不断在天雄军驻地、乾宁军驻地以及定州、镇州等地的布防加强，辽军暂时消停了下来。宋辽的边境上，百姓们又开始恢复了往日安定时期的活动。

这时候，王超给朝廷上书，说如今边关比较平静安定，他想回到汴京给朝廷汇报一下当前的部署工作，顺便看看家人。①

对于王超的这一请求，朝廷也是体谅的，马上就批准了。王超不是一般人，他是宋朝崛起的第三代军事将领，为朝廷在前线立下了汗马功劳，回汴京住一段时间有何不可？随即，王超就回到了汴京。他首先进宫面见了宋真宗，汇报了当前高阳关、定州、镇州等地的布防情况，还分析了当前的局势。

宋真宗对王超赏赐了一番，王超便回去和家人一起小住了二十二天，又赶往了前线。

时隔不久，朝廷便对整个北方的主要将领进行了调整，重新建立布防图。朝廷以济州防御使王能为邢②洺③路部署，冀州防御使石普为冀州路部署，郑州防御使魏能为宁边军路部署，宁州防御使张凝为定州路部署。

这时候，镇州路副部署、深州团练使杨嗣已经年迈，不能继续主持军政。杨嗣给朝廷上书，表示自己愿意做一个幕后工作者，希望腾出岗位给那些年轻的将领。朝廷准了杨嗣的上书。不久，宋朝便命保州团练使郑诚接替

---

① 《续资治通鉴长编·卷五十六》："丁酉，镇、定、高阳关部署王超言边部宁肃，愿暂还京阙，省视家事，从之。"

② 今河北省邢台市。

③ 中国古代行政区域名称，治所位于今河北省邯郸市永年县广府镇附近，但该地今天已经被拆分成了邯郸市和邢台市的部分地域。

杨嗣之位，改命杨嗣为赵州驻泊部署，同压大阵。

其实，从今天的视角看待景德元年（公元1004年）宋朝对整个北方的部署，还是非常值得肯定的。很多历史资料中，只是取一点而评论这一年宋朝整个的防备工作，未免过于片面。

也就是说，自始至终，宋朝都没有放松对辽国的防御。虽然宋真宗不如他的伯父赵匡胤，有开国之伟业；也不如他的父亲赵光义，能够领着宋军两次围攻幽州，但宋真宗也绝非不作为的皇帝。只是宋辽二十多年的战争，早就让宋朝形成了一种以防御为主的政策，加上宋真宗自身的一些缺点，便导致宋真宗时代，在辽宋战争中宋总是败多胜少。

第三章　李继迁时代落幕

继迁生而英奇，长而剽悍。方其任司蕃落，地据银州，当继捧入觐之初，鲜引义力争之举，盖怼其兄也素矣。迨诏使护送诸父昆弟连袂归朝，方始奋其雄才，策其群力，激羌戎以先烈，约契丹为强援。遂使关右震惊，中朝盱食。控弦灵武，扼平夏之要冲；驱马凉州，成河西之右臂。于是五州尽复，诸族慑从，逆者攻以兵，顺者役其众。

——《西夏书事·卷八》

惊人消息从天而降

景德元年（公元1004年）二月，宋朝处在一片祥和之中。虽然有过几次小地震，但这并不影响人们享受和平安定的心理。

就在这片祥和中，一股春风从灵州吹到了汴京。随风而来的，还有一个震惊朝野的消息。这个消息，刺激了宋朝的中枢神经，令宋朝上下欢腾起来。

消息说，党项首领李继迁中箭死了。[1]

这个消息首先从边关报来，经过前线层层上报，最终到达了宋朝的军事中央——枢密院。枢密院又将此事上报给了国家权力中心：中书省。这种大事自然不敢耽误，上早朝时，宰相李沆就将李继迁中箭而亡的消息公布于朝堂。

党项人建立的小国易主之事，看似无关紧要，但的的确确牵动着宋朝上下的神经。毕竟像李继迁这样朝秦暮楚之人，却在辽宋的夹缝中得以生存，并将部众不断扩大，仅凭这一点，就不能小看李继迁和党项人。如今他死了，他所创造的一切面临着被颠覆的危机，中原格局或许会重新洗牌。宋朝作为中原最大的王朝，怎能对此无动于衷？

---

[1]《宋史·本纪第七》："二月，环、庆部署言西凉府潘罗支集六谷蕃部合击李继迁，败之，继迁中流矢死。"

第三章　李继迁时代落幕

如何对待党项人，成为摆在宋朝面前的难题。朝堂之上，吵成了一锅粥。

这些年来，李继迁就像一张狗皮膏药始终黏在宋朝身上，宋朝甩也甩不掉。

有人狂欢，有人幸灾乐祸，有人冷眼旁观，也有人拍手称快。当然，绝大多数人认为李继迁该死。这些年来，宋朝在西面战场上损耗了太多兵力，又消耗了太多钱粮。尤其是在辽宋战争中，李继迁总是钻着空子，在辽宋之间获取渔翁之利。若不是辽宋关系一直不明朗，宋朝早就想灭了李继迁。

对于群臣之间的这种争吵，宋真宗早已司空见惯。

消息公布出来，就是让所有人各抒己见。此时，有人鼓动宋真宗：可以发兵收回定难五州，让李继迁的余孽在草原上彻底消失。但也有人反对这么做，因为近年来辽宋关系一直很紧张，现在如果攻打党项人，契丹人就会趁火打劫。

有几位大臣建议招安。原因是如今李继迁已死，其子李德明年幼，尚不能与宋朝抗衡，这时候招安党项人是最佳时机。若能不费一兵一卒就招降李德明，是最划算的买卖。①

大家各执一词，但最终到底应该如何对待党项人，主意还得由宋真宗来拿。宋真宗看着群臣吵得差不多了，便表态说，事情尚未到必须开战的地步，一切静观其变。宰相李沆也支持这么做。

群臣面面相觑，不知皇帝的葫芦里到底卖的什么药，但有一点是肯定的：现在不对党项人发兵，并不意味着就此任由其发展下去。李继迁死后，党项人必然会陷入慌乱中，尽管此前有人声称李继迁的儿子李德明也绝非善茬，但不管李德明怎么英明神武，他毕竟还是个新人。对于宋朝来说，现在对外要处理好宋辽关系，对内要稳固江山。这时候的李德明其实是非常脆弱

---

① 《续资治通鉴长编·卷五十六》："二月丁巳，环庆、鄜延部署相继以闻，且言阿移尚幼。辅臣等请降诏招谕，阿移及其部能相率归顺者厚加爵赏。"

的，国际环境和国内环境都在考验着他的智力和魄力。宋真宗之所以这么稳重，就是要宋朝边关守将时刻关注党项人的动静，只要党项内部有倾覆之势，宋朝到时候一定会派出重兵收复灵州。

于是，群臣迈着小碎步摇摇晃晃回去了。既然皇帝不着急，他们自然也不必着急。

不久，李继迁死去的消息便在汴京的大街小巷传了开来。李继迁的生平往事，也在以各种版本在汴京百姓的口口相传中，与真相越来越远了。

在汴京最繁盛的说书处，说书艺人将李继迁的故事加工后，整理成章节，一章一章开始说，引得百姓们纷纷围坐倾听，一时间热闹非凡。

让我们沿着宋代说书人的思路，捋一捋李继迁这个人物。

李继迁的一生，充满了辉煌和壮志未酬。他是党项部几十年难得一遇的首领，没有他就没有后来的李元昊称帝。他为西夏政权的建立，铺好了第一段路基。

公元982年，党项族内，刚刚从父兄手中接手基业的首领李继捧，因为年轻难以服众，加上与那些党项内部诸兄弟相处得不太好[1]，导致党项内部存在着不稳定因素，而李继捧似乎没办法处理好这一切。

这时候，李继捧便开始寻找靠山。他思来想去，将目光投向了宋朝。于是，李继捧派出使臣主动到汴京面见赵光义，表示愿意放弃世袭割据，只求得到宋朝庇佑。赵光义对这种不费一兵一卒就能收回定难五州的事，大喜过望。他盛情款待了李继捧的使臣，并给他加封了官职。

随即，宋朝开始着手准备接手定难地区的事宜。而李继捧去了汴京之后直接住了下来，不打算回去了。其余的人，则交给宋朝使臣去对接。

然而，当时李继捧的族弟李继迁却不同意这么做。在他看来，祖宗几代人辛苦打下的江山，岂能拱手让人？宋朝想占领这五个城池的心思，早已昭然若揭。若去汴京拜见赵光义，必会被扣留为人质，就像吴越国王钱俶一

---

[1] 《宋史·列传第二百四十四》："继捧陈其诸父、昆弟多相怨，愿留京师。"

样。用李继迁自己的话说，我们虽然在此盘踞三百余年，可如今宗族都被召到了汴京，该如何处置？①

为了断了党项人意图恢复祖宗基业的念想，赵光义下令，将李继捧五服之内的宗族入质汴京。

李继迁已看清李继捧自入火坑，他自己断不能陪李继捧去送死。于是，当宋朝使臣来到党项部，宣李继迁到汴京面圣时，李继迁却虚与委蛇。其实他早就准备好了演一场戏，在宋使到来之前，他已在郊外设置了灵堂，并披麻戴孝，等待宋使前来。宋使在银州与李继迁碰面之后，听李继迁说家里乳母去世，要去安葬老人时，动了恻隐之心。李继迁乘机表示，自己虽然很想去面见宋朝皇帝，但身为人子，先得将家里亡人安葬后，才能去汴京面圣。

宋使自己做不了主，只能将李继迁的情况上报给朝廷。朝廷一听这情况，也表示理解，便同意了李继迁的请求。毕竟谁都有父母，李继迁如此举动，更说明他是个重情重义之人，值得肯定。

宋使回国前，特地嘱咐李继迁安葬乳母之后，一定要到汴京面见大宋皇帝。李继迁假装唯唯诺诺地答应着，表示自己完事之后，一定准时去汴京。

然而，等宋使走后，李继迁便火速领着十几个侍从离开银州，奔向大漠深处，在一个叫地斤泽的地方落脚了。②

李继迁带领着随从，以地斤泽为根据地开始发展，然后染指宋朝边境。在与宋朝的交战中，李继迁愈挫愈勇，不断拓展党项人的地盘。

从公元982年李继捧交出定难五州给宋朝以后，李继迁与宋朝的对峙开始了。③

---

① 《西夏书事·卷三》："吾祖宗服食兹土逾三百年，父兄子弟列居州郡，雄视一方。今诏宗族尽入京师，死生束缚之，李氏将不血食矣！奈何？"
② 《西夏书事·卷三》："诈言乳母死，出葬于郊，悉以兵甲置丧车中，挈其家族数十人出奔蕃族地斤泽，泽距夏州三百余里。继迁出其祖思忠像，以示戎人，戎人拜泣，从者日众。"
③ 《西夏书事·卷三》。

公元983年，李继迁继续侵扰宋朝河西诸州，宋朝命令田钦祚和袁继忠巡护河西诸地。李继迁与宋军在葭芦川（今陕西佳县西北）交战，大败而逃。[①]985年二月，李继迁诈降，于葭芦川诱杀曹光实。[②]

以后，李继迁与宋朝一直交战。到了公元994年，李继迁攻陷灵州，并以此为基地，开始了与宋朝的长期对峙。

这里有必要介绍一下灵州保卫战，因为这一战改变了党项人的处境，也让宋朝与西夏的关系彻底白热化。

灵州保卫战

公元994年年初，休整了一年的李继迁，把目光投向了灵州。随即，李继迁率部对此地进行攻打，并在灵州附近展开了抢掠，灵州附近的宋朝百姓就遭了殃。

在灵州外围取得胜利后，李继迁又开始盘算夏州[③]。夏州是定难五州中心，对李继迁而言，不夺回夏州，恢复祖宗基业就仅仅是一个梦想。于是，李继迁又带领人攻打夏州。

此时，镇守夏州的人是李继捧。这次，李继迁继续使用偷袭之策。没想到李继捧在面对李继迁的一次次偷袭时，并没有汲取教训。这次李继迁偷袭，又成功了。李继捧败逃。

随即，李继迁对夏州进行了猛烈攻击，此时守在夏州的宋朝将士，面对李继迁大军压境，只能摧毁夏州城。李继迁没想到宋朝守将会来自杀式的招

---

① 《西夏书事·卷三》："夏五月，战于葭芦川，不克。继迁数寇河西，银、夏诸州无宁日。太宗令银、夏、绥、宥都巡检使田钦祚与西上閤门副使袁继忠率兵巡护。继迁从榼栎岭引众拒之，战于葭芦川，不胜，弃铠甲走。"
② 《宋史·列传第二百四十四》。
③ 西夏政权的发祥地之一，在今陕西省靖边县红墩界镇白城子村。

数，一时难以应对，只能败退到沙漠深处。①

公元995年，屡次受挫的李继迁想再次与宋朝讲和，于是派出亲信张浦到汴京谈判，希望与宋朝建立和平共处的局面。

这个张浦是李继迁的智囊团首席代表，李继迁多次出兵伐宋，都是这个人出的主意。李继迁这次派出了自己的智囊，也可以看得出来李继迁想要和谈的诚意。但这次，宋朝没有给李继迁机会，而是命人将张浦扣留在灵州。这让李继迁痛失智囊军师。②

这件事也激怒了李继迁，李继迁在等待一个报复的时机。

不久，灵州守将向朝廷上书，说灵州粮草不济，希望朝廷尽快拨付粮饷，及时补充灵州的空缺。赵光义便让洛苑使白守荣护送粮草辎重至灵州。李继迁派出的斥候获悉了白守荣运送大批物质至灵州的消息，上报给了李继迁，李继迁便命人在半路设下埋伏，准备夺取物资。白守荣这一路而来，也是战战兢兢，生怕在物资运输途中出现问题，便命人时刻提防。然而，此时的李继迁早已命人在浦洛河（今吴忠东南苦水河）设伏。当白守荣路过此处时，李继迁就命人攻击护送车队。宋军护送人员难以抵挡李继迁的骑兵，顿时大败，丢下粮草辎重逃亡了。李继迁一举截获粮草四十万石。③

获取这么多的粮草，给了李继迁无比大的信心。这种意外的收获，也让李继迁不断进行扩张的心理越发膨胀。

这些粮食，会让党项部众一段时间内的生活得到保障，没有什么比这更喜人。

四月初，李继迁带领着大部队去攻打吐蕃折平族。此时的吐蕃，已经开始走下坡路，无法与强大的李继迁相对峙，轻易就被击败了。但此举激起了吐蕃人极大的仇恨。吐蕃首领握散派出使臣去宋朝觐见赵光义，希望宋朝出兵和吐蕃一起围攻李继迁。

---

① 《西夏书事·卷五》。
② 《宋史·列传第二百四十四》。
③ 《宋史·列传第二百四十四》。

至于说宋朝到底有没有联络吐蕃一起攻打李继迁，史籍并无记载，也不好猜测，但可以从史籍中找到一丝线索。因为当年五月，李继迁就率领党项部攻打灵州，而宋朝守将只是孤军奋战，并未得到吐蕃人的支援。由此可以推测，宋朝并未联合吐蕃攻打党项。所以，有恃无恐的李继迁，便开始兵围灵州。

李继迁这次攻打灵州的原因，据史籍记载，是想救回被宋朝扣押的谋臣张浦。①但笔者认为，这可能只是一方面原因，更重要的是，李继迁确实想拿下灵州。毕竟灵州是战略重镇，只要占据了灵州，距离他恢复祖宗家业的目标也就更近了一步。

李继迁围攻灵州的消息，八百里加急送到了汴京。听说李继迁兵围灵州，赵光义当下就火了：这个李继迁真不知死活，在骚扰定难五州地区时，宋朝是能忍就忍。现在他却得寸进尺，兵犯灵州，这分明是要在大宋边境上燃起战火，挑战宋朝的底线。

于是，赵光义命令群臣商议对策。

但朝中的大臣们似乎又吵作一团。每个人都有各自的见解，每个人也都极力维护自己的见解。赵光义看着眼前这帮人争吵不休，甚至打起了哈欠，每次到了议定事项的时候，总是没有一个统一的意见。

最终，各种意见归结起来，主要分为两派。一派坚持镇守灵州，因为灵州是宋朝边境重镇，一旦丢失，再要想夺回就困难了。况且灵州地理位置特殊，以此遏制住党项，非常有必要。另一派则认为主动放弃灵州是明智之举，灵州距离宋朝较远，粮草辎重运输困难，为了一个边境州郡而劳民伤财，会导致民怨沸腾。

这两种观点各有利弊，让人莫衷一是。赵光义觉得，存在两种观点不是好兆头，这说明人心不齐，于是只能停止廷议，隔日再议。对付李继迁的办法，一时半刻也没有研究出来。

---

① 《西夏书事·卷六》："五月，合党项诸族，兵围灵州。索使人张浦。"

事后，参知政事（副宰相）张洎坐不住了。他作为宰辅之臣，这时候必须站出来当这个出头鸟。尽管很多人都怕当出头鸟，可他不当谁当呢？

张洎给赵光义上书，劝谏赵光义放弃灵州。他还提出了三点建议：其一，李继迁率领的党项军是骑兵，机动性强，尤其擅长在旷野作战，宋军步兵主力根本不是他们的对手，即使宋军主动出击，也难以取得关键性胜利，理由是这些年与李继迁对峙的事实；其二，灵州地处偏远，道路崎岖，即使派出大军围剿李继迁，受地理因素影响，宋军也恐难以取得胜利；其三，自从宋朝与李继迁对峙以来，十几年间，灵州已经成为一片荒废之地，土地荒芜，人口稀少，为了一座空城耗费巨资去攻打，划不来。加之近年来辽宋关系紧张，应该将主要精力放在与辽国的对峙上。

还有些人上书提出放弃灵州，说打仗就要花钱。要花钱，就得增加老百姓的赋税，这无疑是劳民伤财，为了灵州这样一个地方委实不划算。

就在宋朝上下迟疑未决之时，灵州出现了巨大的缺口，需要抓紧时间补充。

这个缺口便是灵州守将侯延广不久前病故了。[①]侯延广一直镇守灵州，统兵有方，作战经验丰富。此前，李继迁不断骚扰灵州，就是因为有侯延广坐镇，让李继迁一点儿便宜都没占到。李继迁此时攻打灵州，想必也是听说了侯延广病逝的消息，趁着灵州没有守将，才大胆对灵州发动攻击。

这种情况下，宋朝就必须好好部署灵州地区的防御工作了。若灵州被李继迁占领，将损失惨重。况且，即使如张洎所说，灵州有诸多问题，但真要将灵州放弃，宋朝君臣还是有些心疼。古语说得好，祖宗之地，寸土不可与人。灵州可是一大片土地，若无缘无故放弃，赵光义自然成了无能之君，后世会用各种词汇来描述他这次舍弃祖宗家业的不孝之举。

最终，主张救援的声音占据了上风。赵光义已然决定营救灵州，那些主张放弃灵州的人，便缄默不语了。

[①]《宋史·列传第十三》。

这时候，作为百官之首的宰相吕端表达了自己的意见。他向赵光义提议，调动灵州附近的宋军，兵分五路救援灵州。只要这五路人马齐出，灵州之围自然化解。另一位参知政事寇准，也同意吕端的观点。最终，赵光义听从宰相吕端的意见，出兵五路救援灵州，逼退李继迁。[①]

不过，赵光义将吕端的意见稍微进行了修改。赵光义不让这五路人马都去解救灵州，而是只派了李继隆一支人马去营救灵州，其他四路兵马则去攻打平夏。因为平夏地区是李继迁的老巢，只要这四路人马去攻打平夏，李继迁不可能置大后方不顾，一味攻取灵州。说白了，这就是给李继迁来一招"围魏救赵"，群臣都赞扬赵光义英明神武。

于是，朝廷的旨意以最快的速度，下达给了朝廷拟定的五路兵马主将。随即，十州都部署李继隆出环州（今甘肃环县），容州观察使丁罕出庆州（今甘肃庆阳），殿前都虞候范廷召出延州，殿前都指挥使王超出夏州，西京作坊使张守恩出麟州（今陕西榆林神木县）。

此时，灵州已经被李继迁围住。但宋朝派出的李继隆，却没有及时救援灵州。原来，当大军出动以后，李继隆觉得应该集中兵力攻击平夏地区，只要平夏被宋军攻破，李继迁就成了孤家寡人，到时候再由占据平夏的宋军去攻击，必能将李继迁一网打尽。

但其他将领还是担心，毕竟这样是违背圣意，这可是欺君大罪，谁能承担得起？但李继隆觉得，这件事他全权负责，不用担心违背圣意。况且将在外，君命有所不受。每次打仗，都需要前线将领根据战况，做出战略部署的实际调整。

众将只能听从李继隆的命令，反正李继隆是主将，等官家怪罪下来，自有李继隆担着，其他人不过是落实主帅的命令罢了。

于是，原本计划四路大军围攻平夏的行动，变成了五路大军共同围攻李继迁的大后方。

[①]《西夏书事·卷六》。

解围灵州的宋军，扑向了李继迁的老巢平夏，这让李继迁始料未及。此前李继迁已做好了与宋军援军打硬仗的准备，宋军若来，必然也是围攻他，逼迫他撤退，可谁能想到宋朝援军不但不救援灵州，反而去了他的老巢。

得到宋朝五路大军围攻平夏的消息，李继迁不敢有丝毫迟疑，马上从灵州撤军，回援平夏，灵州之围迎刃而解。

但李继迁与宋军的斗争并没有结束，他率部对宋朝五路大军展开迎击。

刚开始的战役中，双方都有试探彼此的意思。在弄清楚对方的手段和力量之前，考量一番也是非常有必要的。所以刚开始的几场战斗就有些松松垮垮，双方在战争中互有胜负。

最终，宋军与党项军在乌白池（今宁夏灵武东南）相遇，随即展开大战。这次，宋朝五路大军以绝对的优势压向了李继迁的回马枪。李继迁部不敌，败走。

宋军追击了一番，但李继迁的骑兵在行进过程中发挥了优势，宋军望尘莫及。他们回撤的速度之快，令人咋舌。

宋军没有继续追击，而是主动撤回。至此，第一次灵州之战结束。

次年，雄才大略的赵光义因为箭伤发作，最终没有挨过病魔的折磨，驾崩了。皇位由赵光义的第三子赵恒继承，是为宋真宗。这时候，盘踞在定难地区的李继迁觉得自己的机会来了，便故技重施，给宋朝上书，请求归附宋朝。此时，刚刚继位的宋真宗，虽然粉碎了王继恩等人的宫廷政变，但还没有稳固皇位。这种情况下要做的第一件事，便是稳定四方，让他的统治有个过渡期。于是，宋真宗同意李继迁的归附请求，授李继迁为夏州刺史、定难军节度使。

但李继迁似乎也了解到了宋朝内部的不稳定，受任夏州刺史后，他继续在宋朝的边境上烧杀抢掠，不断挑衅宋朝的边境。宋朝对于李继迁这种反复无常的行径，选择了忍耐。

李继迁看到宋朝对他的不断骚扰行为采取息事宁人的态度，便变本加厉地掠夺，宋朝边境上时常燃起战火。那些边境百姓也都及时回撤到边境线以内，放弃了边境上的家业。

公元1001年初夏，此时的宋朝与辽国的战争也徐徐展开。整个关南地区，时常遭受辽军的侵袭。这种情况下，宋朝只好把注意力放在了与辽国的对峙上，暂时让定难地区的守将做好防御之策，不主动出击李继迁，以免造成不必要的损失。但此时，经过洗牌的吐蕃已诞生了新的六谷部长潘罗支。他请求宋朝加封，并希望宋朝出兵攻击李继迁。宋真宗采纳了潘罗支的建议。

吐蕃与李继迁的较量，就此展开。①

这时候，李继迁已经攻陷宋朝的清远军，率大部队在灵州集结，准备继续攻打灵州。灵州只有数千人镇守，灵州的知府是裴济。他马上组织人进行防卫，并派出了亲信前往朝廷报送消息。

战报犹如雪片一样从前线飞来。此时的宋朝内部，又出现了放弃灵州和死守灵州的两派。

坚持死守灵州派认为，灵州地理位置特殊，宛如一枚楔子，钉在灵州腹地，周围全是党项人。只要有灵州在，党项人就别想轻易围攻宋朝边境。更重要的是，灵州直通西域，是宋朝与西域的门户。灵州若失，势必会阻断中原与西域的交往。整个丝绸之路的贸易也会中断。右仆射张齐贤主张，无论如何都要守住灵州。

主张放弃派认为，灵州已是孤城，周围全是党项人，宋朝调兵不便，增援也很困难。要这样一座孤城实在没有意义，还不如将灵州之地的老百姓全部内迁，给党项一座空城。这样一来，即使党项人拿下了灵州，也等于一无所获，短时间内想恢复灵州的生机不现实。即使是宰相李沆，都认为主动放弃灵州利大于弊。②

这场争论，又持续了很长时间。看来皇帝不拍板，主动放弃还是坚持死

---

① 《西夏书事·卷七》。
② 《西夏书事·卷七》。

守都只是朝堂上的"仁者见仁，智者见智"。最终，宋真宗决定守住灵州。如张洎所言，灵州是直通西域的门户，战争还没有开始就主动放弃，是为下策。争论了一番后，宋真宗终于下定决心，增援灵州。

于是，宋真宗拜王超为主将，张凝为副将，宦官秦翰为监军，统兵六万，远征党项，支援灵州。①这次，和上一次五路大军增援灵州一样，宋朝派出了主力部队。然而，事情非常不凑巧。李继迁围困灵州之后，便在1002年年初对灵州实施围攻之策，他似乎预料到宋军会来增援灵州。他汲取了上次被宋军袭击大后方的教训，命党项部队不惜一切代价夺取灵州。

灵州保卫战打得异常惨烈，城池上的宋军士兵拼尽了全力，依然难以抵挡党项部队一拨又一拨的冲击。党项人死死围困住灵州，致使宋军的粮草不能进入城内。当时灵州城内的粮价与黄金一个价位，但依然没有粮食。灵州城的很多百姓都处于饥饿之中，士兵也食不果腹。②裴济被困两个多月，依然没有等到援军的到来。③三月初时，灵州终于被李继迁攻破，裴济英勇殉国。④

当王超率领的宋军到瀚海（青海湖）要道之时，派出的斥候传来消息说，灵州的城墙上已经插满了党项人的旗帜。此时的灵州，已经成了李继迁的大后方。那么，王超该怎么办？是继续攻击灵州，还是给朝廷上书，进一步征求朝廷的意见？王超选择了后者。如今的灵州，已经有党项大部队驻扎，王超的六万大军不见得能攻打下灵州。即使是眼前的瀚海之地，王超的部众都不见得能顺利过去。

李继迁为了让灵州彻底归属于党项，不久便改灵州为西平府，确定了灵州的地位。这一举措，宋朝难以预料。李继迁认为："西平北控河、朔，南

---

① 《宋史·列传第三十七》："李继迁陷清远军，以超将西面行营之师御之，徙帅永兴军。"
② 《西夏书事·卷七》。
③ 《西夏书事·卷七》。
④ 《宋史·列传第六十七》。

引庆、凉，据诸路上游，扼西陲要害，若缮城浚濠，练兵积粟，一旦纵横四出，关中莫知所备。"①

末路英雄辉煌而亡

面对这种情况，王超只能率军撤退。毕竟他现存的粮草有限，几万人的大部队，每天即使不打仗，也要消耗不少军粮。

灵州已失，这让宋朝上下悔恨不已，但宋朝只能面对这种结果。如果没有那么长时间的争论，早点儿拿主意，灵州可能就保住了。可一切事情都不允许假设。更要命的是，辽国这时候不断派出兵力，偷袭关南地区的市镇，宋辽的关系越来越紧张了。

此时，有人建议与李继迁讲和。一向不喜欢战争的宋真宗觉得，也只有这一条路可走了。如今李继迁盘踞在灵州，再想夺回灵州已经不现实了。这个地方虽然不是太重要，但毕竟是宋朝的国土，如今落入李继迁手里，宋真宗心里还是有种说不出的难受。

随即，宋朝派出使臣与李继迁讲和。这次李继迁也没有以往的执拗，接受了宋朝的讲和。宋真宗授李继迁夏州刺史、定难军节度使，夏、银、绥、宥、静等五州观察处置押蕃落等使。对于宋朝这一系列的封赏，李继迁欣然接受。也就是这时候，包括定难五州以及灵州在内的所有五千里之地，都成了李继迁的地盘。之后，李继迁及其后代将以此为基地，不断扩展疆域，西夏王朝的雏形已经初见端倪。

当然，宋朝为表诚意，还将李继迁的谋臣张浦送还了回去。这让李继迁很满意。在他与宋朝周旋的这些年里，张浦起到了至关重要的作用。

可李继迁依然不满足，他名义上接受了宋朝的加封，但对宋朝边境市镇

---

① 《西夏书事·卷七》。

的围攻却没有停歇。这次，李继迁把注意力投向了麟州。

麟州这个地方，有必要说一下。稍微了解点儿杨家将故事的人都知道，麟州就是杨继业的故乡。他以"杨无敌"闻名，而他的大儿子杨延昭更是将辽军打得抱头鼠窜。咸平二年（公元999年）的遂城之战，杨延昭以六千余人对峙辽军十万人，竟然用冰冻遂城的方法逼退了辽军，在历史上留下了辉煌的一笔。

麟州这个地方因为地处边关，那里的老百姓天天都面临着大战的威胁。这就养成了麟州百姓好斗的习性，青年人的志向就是当兵，在军队建功立业，光耀门楣，封妻荫子。

李继迁这次似乎忽略了这点，他把注意力放在了麟州。不过，选择此地注定会成为李继迁的失误。这是后话。

且说李继迁率领两万精锐部队攻打麟州[①]，麟州当时的守军也就三千余人，李继迁或许觉得，自己两万人攻打一个小城池，应该轻而易举。论城墙坚固，麟州不如灵州；论守城将士，麟州没有灵州多。怎么说，自己都能轻易将麟州攻下来。

可李继迁忽略了麟州最为重要的两点：地利与人和。从天时角度上讲，李继迁占有绝对优势，可偏偏这场战役的死结就在这里。当李继迁带领精锐攻打麟州时，麟州竟然岿然不动。这更加刺激了李继迁，如果自己连这个小小的麟州都打不下来，以后还怎么开疆拓土？！于是，李继迁命人继续对麟州实施打击，可麟州就是固若金汤。党项军队的尸体堆积如山，麟州却始终稳如泰山。就这样，李继迁在麟州周旋了一个多月，麟州守城将士却越打越精神。

无奈之余，李继迁决定切断水源，让麟州自动瓦解。这无疑是一个绝招，如果麟州的水源被切断，城内的水就坚持不了几天，到时候，麟州城不攻自破。从内部进行瓦解之策，让李继迁有些扬扬自得，反正他的两万多人

[①] 《西夏书事·卷七》："六月，围麟州，知州事卫居实击败之。"

都在城外守着，等时机一到，就可以大摇大摆地进城。

李继迁派人不断关注着麟州城内的情况，等待麟州城内发生哗变，他就可以一举拿下麟州。第一天，麟州城内没有动静；第二天也是如此；到了第三天，城内开始出现了一些不安定的因素。长时间没有水，守城将士都焦急万分。

李继迁似乎已经看到了胜利的曙光。然而，人算不如天算，就在李继迁翘首以待时，第四天竟然变天了，随即乌云滚滚，有种"黑云压城城欲摧"的氛围。宋朝守将们看着天空中聚集的云层，顿时大喜过望。

这就叫天无绝人之路。

不久，天降瓢泼大雨，麟州城瞬间就有水了。听着麟州城墙上宋军将士的欢呼声，李继迁看了看如注大雨，只能仰天长叹。当年诸葛亮算计好了要烧死司马懿，可偏偏天降大雨，谁能左右天公的意愿呢？如此继续对峙下去，已没有任何意义。况且党项人已经围困了一个多月，早已兵疲将乏。这种情况下，只能撤兵。[①]

于是党项部众便从前线撤出。这时候，麟州的守城将士竟然冲出城门，追击李继迁撤退的大军。党项军队顿时乱作一团，被宋军狙杀者不计其数。等李继迁在慌乱中逃出宋军追击的范围后，清点人数时，才发现自己带出的两万精锐，竟然有三分之二的人都死在了这次战斗中，身边只有六千余人尚存。

此后，李继迁看见麟州守将就如同辽军看见杨延昭一样，只好避而远之。

然而，随着李继迁势力不断崛起，那些西域的诸多小国家就坐不住了。李继迁的存在已经威胁到了它们的安全。宋朝管辖灵州之时，它们尚且还能与宋朝和平相处，但党项可不是宋朝，李继迁的野心太大，他必将夺取河西之地。如此一来，它们就成了李继迁的附庸，任由李继迁宰割。

可是再小的国家也是国家，李继迁如果来攻取，它们将面临失去家园的

[①] 《西夏书事·卷七》："八月，大雨，河防决。雨九昼夜不止，河水暴涨，防四决，蕃汉漂溺者无数。"

威胁。

咸平六年（公元1003年）二月，宋朝与辽国刚刚休战。此时吐蕃六部的首领潘罗支便派遣咩逋族蕃官成逋到镇戎军（治所在今宁夏固原）向宋朝求助。

这里简单说一下镇戎军。此前这个地方没有守军，就是因为李继迁不断骚扰，宋朝才设置了镇戎军，防止李继迁进军。潘罗支的使臣到达镇戎军后，表达了潘罗支的请求，希望宋朝与吐蕃一起夹击李继迁。

成逋的话虽然重要，但宋朝守将还是持怀疑态度。因为他们没有看到吐蕃的官方文牒，担心成逋是假冒的。他们害怕成逋是李继迁派来的人，想通过这种办法来获取镇戎军的信任，进而谋取镇戎军。

宋朝守将询问成逋如何自证身份，成逋却没办法自证。守将们便让人带领成逋去休息，说联盟之事要与众将商议，成逋便退下了。

军营里的守将就是否有必要与潘罗支联盟围攻李继迁之事进行了商谈。那些武将觉得不能确定这个成逋的身份，因此不能相信他的一面之词。俗话说防人之心不可无，万一这个成逋是李继迁的人呢？或者他就是潘罗支的人，但如果潘罗支与李继迁联盟，派出这样一个人来麻痹镇戎军，到时候党项人和吐蕃人都来围攻镇戎军，问题就严重了。

这时候，身边有人建议，既然成逋不能自证身份，那就将其当作细作来对待，以观后效。

然而，逮捕成逋的消息却走漏了。成逋听说宋朝守将不相信自己的身份，便趁着夜色逃走了。宋朝守将马上派人去追击，但此时成逋只顾逃命，已经慌不择路，最终失足坠崖而死。

这时候，潘罗支才知道消息，宋朝也听说了这件事。但此时成逋已死，宋真宗便处罚了镇戎军主要领导，还令人将成逋厚葬于渭州。①潘罗支悔恨自

---

① 《西夏书事·卷七》："罗支遣咩逋族蕃官成逋至镇戎军，请会兵讨保吉。边臣以无文牒疑为诈，护送部署司，成逋惧而逸，马蹶坠崖死，真宗令渭州以礼葬。"李继迁被宋朝加封，赐名赵保吉。

己考虑不周全，导致自己的得力干将失足而亡。

这件事，不久就传开了。李继迁自然也听说了这件事。按照李继迁的观点，宋朝此举无疑得罪了潘罗支。潘罗支好心联合宋朝，最终被宋朝边将搞成这样，潘罗支一定想要报仇。

李继迁觉得自己的机会来了。于是，他派出使臣去拉拢潘罗支，希望潘罗支和自己联手，共谋大业。

李继迁放还了吐蕃六谷部归降党项的人，并派人再次送铁箭给潘罗支，希望与潘罗支结好。但李继迁的举动，并没有让潘罗支心动。潘罗支对于李继迁的热忱以待，也没有回应。①

对于潘罗支这种态度，李继迁不能容忍。既然不能为我所用，那就彻底消灭。

三月，李继迁便开始了与吐蕃潘罗支的较量。

李继迁兵犯吐蕃，潘罗支严阵以待。两个部落打了好几次仗，双方不分胜负。但因为李继迁是主动出击，而潘罗支则是严阵以待，几仗下来，反而是潘罗支的胜利更多一些。李继迁的一些百姓和牲畜，也都被潘罗支夺取了。②

即使这样，潘罗支还是不敢与李继迁进行大规模战斗。因为潘罗支有顾虑，他害怕宋朝到时候来攻打自己，他就会面临腹背受敌的局面。这对于党项人而言，也是致命的。

所以，当务之急，应该是与宋朝讲和，主动归附宋朝。这样一来，潘罗支面对的就只有李继迁一个敌人了。于是，潘罗支派遣吴福圣腊带着大批的财宝去面见宋真宗。

在见到宋真宗之后，吴福圣腊表明了吐蕃人的态度：愿意归附宋朝。而且吴福圣腊还带来了一个天大的好消息，那便是吐蕃已集中六万骑兵准备对

---

① 《西夏书事·卷七》："保吉闻之，引众自灵州出屯鏊子山，放还六谷投去蕃部，遣人复送铁箭罗支，称已纳款朝廷，愿与结好，罗支不答。"

② 《西夏书事·卷七》："潘罗支数与继迁战，夺人畜甚众。"

李继迁进行攻击。这次吴福圣腊出使宋朝，除了表示愿意归附宋朝外，当然还是想请宋朝发兵攻打灵州，到时候潘罗支自然也会攻击灵州，两方大军压境，灵州就会重回宋朝手中。[①]

吴福圣腊带来的这些消息，对宋朝而言，有百利而无一害。随即，宋真宗授潘罗支为朔方军节度、灵州西面都巡检使。当然也给这位出使宋朝的吴福圣腊加封了官职，授他为安远将军，并与其约定好时间，与潘罗支一起攻打李继迁。[②]

吴福圣腊得到了宋朝的许可，便兴高采烈地回去了。

这次，宋朝与吐蕃的关系确定了下来，即使宋朝不出兵，潘罗支也可以放心攻击李继迁而不用担心宋朝在背后袭击自己。

不巧的是，吴福圣腊带着吐蕃人在回去的途中路过西平时，被李继迁的斥候看到了。随即，李继迁派人袭击了吴福圣腊，并将宋朝奖赏给吴福圣腊的所有东西都抢走了。那些跟着吴福圣腊的随从也被李继迁诛杀，只有吴福圣腊侥幸逃脱。李继迁打开抢夺来的东西一看，原来是宋朝授予潘罗支的官印和官告。[③]

这件事让潘罗支抓狂不已，对李继迁的仇恨也加深了一分。李继迁与潘罗支的缠斗，就此展开。

不过此时，李继迁总想着不断扩张地盘，为党项人争取更多的生存之地，没有时间顾及潘罗支的感受。此前攻打麟州被阻，南下和东进攻宋的愿望落空；北方是辽国，兵强马壮，人力物力远非党项人所能比，也不敢惹。李继迁便将目光投向了河西地区。这些地方沃野千里，而且直通西域，只要拿下了河西诸地，他的疆域面积就能翻一番。

但是河西地区那么大一片，到底从何处入手，一时难住了李继迁。此时，李继迁的谋臣张浦给他提出了建议：先拿下凉州。因为凉州是西域要

---

① 《西夏书事·卷七》。
② 《西夏书事·卷七》。
③ 《西夏书事·卷七》。

塞，历来都是扼守中原的门户。况且，只要夺取了凉州，潘罗支也就失去了河朔一带的控制权，对党项人而言，有百利而无一害。

李继迁觉得张浦说得非常有道理，看来还是读书好，读了书方知天下大势，方能运筹帷幄之间。这些年来，在与宋朝不断的战斗中，让李继迁明白了一个道理：要想强大，就得有长远打算。而做长远打算的基础，是文化。

于是，李继迁把目光投向了凉州。但是李继迁很清楚，如果直接兵出西平府，势必会引起宋朝的注意，也会引起潘罗支的警觉。这种情况下，就得声东击西，打乱宋朝和潘罗支的视线，这样他才能夺取凉州。

所以，李继迁制订了一个声东击西的计划。他派出一部分大军去攻打庆州、环州[①]，给外界造成他要攻打环、庆的假象，麻痹宋朝，也麻痹潘罗支。宋朝因为失去灵州，不敢轻易出兵，只能被动防守。李继迁派出的这支大军，并不是真正想要攻打环、庆两州，只是骚扰两州，让这两个地方的宋军将士不能休整。李继迁给部队下达了命令：他攻下凉州之前，不能撤掉攻打环、庆的军队，一切事情由张浦和李德明全权负责。

这支队伍就与环、庆地区的宋军相持不下。李继迁亲自带着党项大部队去了凉州，把西平府交给了儿子李德明和军师张浦。

这招声东击西明显起了作用，宋军主力被吸引住了。

趁着空当，李继迁率领大军星夜奔向凉州。而这时候的潘罗支，也在关注着党项部队攻打环、庆地区的情况，根本没有料到李继迁会来攻打凉州。

当李继迁的大军到达凉州时，守在凉州城墙上的吐蕃人傻眼了。他们没想到，李继迁竟会忽然从天而降。

随即，李继迁命人攻打凉州。凉州城虽然坚固，但面对党项人的猛烈进攻，依然无法抵抗。不久，凉州城就被攻破。潘罗支肠子都悔青了，他早该预料到李继迁会来这么一招。当时李继迁命人攻打环、庆时，他就有过隐隐的担心，怕李继迁是佯攻。没想到，李继迁果然是做戏，其真正目标是

---

① 《西夏书事·卷七》："攻环州，围洪德寨。"

凉州。

凉州已失，潘罗支后悔莫及。①

无奈之余，潘罗支决定率领吐蕃人投降。不过这不是真正的投降，而是潘罗支的一招"诈降"。

事情的经过大概这样的。

李继迁破了凉州之后，大喜过望。尽管此前他对偷袭凉州的战争做了预估，也有充分准备，但没想到会这么容易得手。获胜之后，李继迁在凉州犒赏三军。

但凉州陷落，对潘罗支来说可是要命的。李继迁这一招，打乱了他的部署。但潘罗支不甘就此沦为李继迁的俘虏，于是，他心生一计：投降。

潘罗支派出亲信去凉州找李继迁，拿着自己的降书，希望李继迁接纳自己。

看到潘罗支的降书，李继迁喜出望外。此前，他多次派人拉拢潘罗支，希望潘罗支弃暗投明，归到自己麾下，可这个潘罗支和李继迁一样，是个不愿意被人领导的主儿，只想自己当家做主。此后，两人相互之间打了几仗。不承想，随着凉州的陷落，潘罗支终于认清了形势，主动请降。②

李继迁很高兴，对潘罗支的使臣款待了一番，并表示，他接受潘罗支的归降，还会给潘罗支重要的领导岗位。

于是，一场投降的事宜就此展开。潘罗支与李继迁就归附之事，进行多次交涉。那些代表双方意愿的使臣，也都奔走于通往双方营帐的路上。不久，潘罗支又派出了使臣去面见李继迁，商谈具体投降事宜。按照潘罗支的意见，他会在自己的驻地举行隆重的仪式，邀请李继迁来招降吐蕃六部的人。

---

① 《西夏书事·卷七》："是时，境内日窘，抄掠鲜获，尽籍五州丁壮，大会诸族于盐州，声称分屯橐驼、车箱峡两路入攻环、庆。而潜移兵取西凉，袭破其城，执惟清杀之，悉逐居人城外，据其府库，复府名为州，兵势复振。"

② 《西夏书事·卷七》："罗支见势盛，伪使请降，保吉坦受之。"

听到潘罗支的意见，被胜利冲昏了头脑的李继迁马上就答应了。但这时候，李继迁身边的人规劝李继迁提防有诈，李继迁却觉得，潘罗支已经没有任何理由来对抗党项人。

此时，从后方赶来前线的军师张浦也告诫李继迁，这极有可能是潘罗支的诈降之策，万不可草率行事。张浦还拿出吐蕃人的习俗警告李继迁，说吐蕃人素来以忠义著称，如果在战斗中有人投降，那么他们一家人都会因此受到羞辱，几辈子都翻不了身。而这个时候，潘罗支还没有到山穷水尽的地步，他这次主动请降，到处透露出诡异。①

李继迁对此却不以为然，他觉得潘罗支已经没有资格和自己较量了。现在的党项人，随时都能灭了潘罗支。潘罗支这一刻主动请降，是为了保住他的部众和百姓。②

张浦规劝不了李继迁，只能让他万事小心。李继迁大笑着去招降潘罗支，不过众人对他的规劝，让他还是格外警惕。

李继迁带着随从到达了约定归降的地方，潘罗支亲自迎接，并表达了自己的请降意愿，这让李继迁很高兴。随即，潘罗支又举办了一场大型宴会，以此庆贺吐蕃对党项的归附。在这场大会上，李继迁得到了前所未有的尊重，他放松了警惕。

接受归降仪式结束后，潘罗支请李继迁先回凉州，而他则收拾整顿人马，随即率大部队到凉州归附。李继迁因为受到了潘罗支的极高礼遇，便同意了潘罗支的请求。

于是，李继迁便带着亲信回去了。

潘罗支列队恭送李继迁上路。李继迁便在微醺之中，被众人裹着往回

---

① 《西夏书事·卷七》："张浦曰：'兵务慎重，贵审敌情。罗支倔强有年，未挫兵锋，遽尔降顺，诈也。不若乘其诡谋未集，一战擒之，诸蕃自伏。若悬军孤立，主客势殊，未见其可。'"

② 《西夏书事·卷七》："保吉曰：'我得凉州，彼势已促，力屈而降，何诈之有？况杀降不祥，尔勿疑，以阻向化之心。且先返西平，我当抚安余党，以免后患。'"

走。腊月的寒风，吹刮着众人，李继迁有些清醒，便命人快马加鞭回凉州。

看着李继迁率部而去，潘罗支的嘴角扬起了一丝奇怪的笑容。

李继迁走出吐蕃的地域没多久，让他意想不到的事情发生了。就在他率军走到半路时，天空中忽然飞来一阵箭雨。李继迁的一些随从躲避不及，瞬间落马，其余人都向李继迁身边靠近，保护李继迁的安全。然而，箭雨并未停歇，而是更密集地落向了李继迁。

李继迁身边的人不断被箭雨射翻在地，即使是李继迁本人，也中了数箭，血流如注。李继迁最终被几个生死护卫从箭雨中掩护着逃走。潘罗支的箭雨，依然一阵紧过一阵。①

几个人护送着李继迁回到凉州时，李继迁已然奄奄一息。李继迁命人赶紧往西平府赶，因为潘罗支一定会追到凉州来，众人从命。李继迁命令赶紧将儿子李德明召至跟前，交代后事。

李德明听说父亲遇伏，便快马加鞭从西平府奔来。最终，这对父子见面了。李继迁强撑着最后一口气，开始交代后事。当然，李继迁跟前，还有那位他非常器重的军师张浦。这个人是他的托孤大臣，也是他留给儿子的财富。

李德明素有大志，李继迁对此很放心。他死之后，李德明一定会将党项的事业不断巩固拓展。但他还是有些体己话，需要交代清楚。李继迁几十年的戎马生涯，让他看清楚了党项人的处境，那些用鲜血换来的经验，必须对儿子交代清楚，否则他不放心。

面对泪眼婆娑的李德明，李继迁苦笑着，让儿子不要哭，俗话说老子不死儿不大。李继迁对儿子嘱咐了以后与宋朝的相处之策。李继迁说，我死之后，你要统领好党项人，把这份家业守护好。我相信你的能力，我把张浦留给你了，凡事多向他请教。对于与辽国的关系，辽因为与党项有姻亲，也从

---

① 《西夏书事·卷七》："于是罗支阴集六谷诸豪及者龙族兵数万，合击之于三十九井，保吉大败，中流矢，奔还灵州。"

未在边境上发动战争，只需要逢年过节时给辽国上贡就好了。但对于宋朝，一定要表示出自己的态度，他们听说我去世后，一定会大兵压境。等我死后，你就给宋朝上书，主动请求投降。如果宋朝不同意，你就一次次上书，直到他们同意为止。①

最终，李继迁对托孤大臣张浦也交代了后事：我们是一起起事闯荡事业的，这二十几年来，我们一直亲如兄弟，相互扶持，才有了这份家业。如今党项人依靠定难五州，盘踞在西域之地，已然与辽、宋形成了鼎立之势。我死之后，你要全心全意辅佐德明，守护好咱们老兄弟打下的这份家业。张浦感激涕零，不知所言，只是不断地点着头。②

如此，一代枭雄李继迁死了。他把家业，留给了儿子李德明。

李德明继位之后，执行了李继迁的政策。他主动向宋朝请和，西夏与宋朝之间，有了一段几十年的和平期。

当然，李继迁死之后，李继捧还健在。宋真宗便重新给了李继捧永州别驾之职，但对他依然不放心，毕竟他是党项人高级别的首领，因此派出监军监视李继捧的一举一动。到了景德元年（公元1004年），一生碌碌无为的李继捧去世了。③

至此，宋朝与西夏二十多年的战争告一段落。

然而，宋朝的边境依然不平静。那些隐藏的力量，正在逐步显露出来，威胁着宋朝的根基。

---

① 《西夏书事·卷八》："保吉创势日增，自度孤危，嘱德明曰：'尔当倾心内属，一表不听则再请，虽累百表，不得请勿止也。'"
② 《西夏书事·卷八》："又谓张浦曰：'公等并起等夷，谊同兄弟，孺子幼长兵间，备尝艰苦，今俾以灵、夏之众，虽不能与南北争衡，公等戮力辅之，识时审务，或能负荷旧业，为前人光，吾无憾矣！'"
③ 《宋史·列传第二百四十四》："景德元年病剧，上言有子永哥不肖，乞配春州。帝以其病语，乃授永州别驾，诏监军察之。寻卒，赠威塞军节度使。克文亦死，赠岳州防御使。"

第四章　风起云涌

天下大势，浩浩汤汤，顺之者昌，逆之者亡。

——孙中山

潘罗支遣使入宋

在射杀了李继迁之后,潘罗支盘踞在凉州。虽然声名大振,威望空前提高,但潘罗支很清醒,他的实力还不足以与党项或者宋朝为敌。这次偷袭李继迁成功只能算险胜,从此,党项人与他之间将会成为不共戴天的仇敌,直到某一天,党项人以同样的方式将他诛杀,这段恩怨才能了结。可是,潘罗支也无可奈何,大争之世,谁不是一手提刀,一手提头。他若不杀了李继迁,李继迁就会将他的族人全部收编。

因此,在诛杀了李继迁后,潘罗支害怕党项人报复,更加强了布防。

此时的潘罗支害怕李德明,也害怕宋朝。跟李德明是世仇,是因为他杀了李德明的父亲李继迁。而吐蕃与宋朝的关系,也非常微妙。这种微妙,也不是一天两天形成的。一定程度上讲,吐蕃与宋朝应该算作故交,宋朝是老大哥,而吐蕃是小弟。潘罗支带领着吐蕃人,也一直认宋朝为老大哥。

然而,一直以来,尽管吐蕃与宋朝的关系不温不火,可潘罗支知道,自己不强大,依靠谁都不现实。大争之世,哪有真正的朋友。尽管此前宋朝已封他为朔方军节度、灵州西面都巡检使,可谁又能保证,宋朝不会惦记凉州。在他看来,必须清楚一个事实:不管是盘踞定难地区的李德明,还是自己领导的吐蕃人,在宋朝眼中,都是外邦。他们所占据的地方,对于一直想要一统天下的宋朝而言,都是隐患,都是需要收编的国土。

如果此时只有李德明一个对手，潘罗支倒也不怕。即使党项人倾巢而出，吐蕃人也不会坐以待毙。关键是还有一个强大的宋朝，谁能保证宋朝会一直与吐蕃人和平共处下去呢。

思来想去，潘罗支觉得还是应该先与宋朝修好，不管自己依靠的宋朝这棵大树会不会一直让他依靠下去，吐蕃人都要和宋朝交好。即使是短暂的朋友，也需要维持；即使是利益相同的盟友，在最关键的时刻，还是应该做出应有的让步。

于是，潘罗支延续了之前的策略，继续对宋朝称臣示好。他派出使臣出使宋朝，将吐蕃与宋朝的关系拉得更近了一些。

这次，潘罗支派出的人是他的外甥厮陇完。[①]这个人，似乎只是为了出使宋朝而出现，在史籍资料中，以后便再也找不到他的踪迹。[②]

厮陇完出使宋朝的目的，主要还是探听宋朝对吐蕃人的态度。这一点将直接决定吐蕃人最终向哪里靠拢。若宋朝无意再次接纳吐蕃人，那么潘罗支就得早做打算，为吐蕃人谋求出路。李德明的复仇之心，一直会持续燃烧，直到杀死潘罗支为止。可潘罗支一个人死了不要紧，如果将吐蕃人都卷入灭族的危险中，潘罗支就成了吐蕃的罪人。

厮陇完不是空手而来，他给宋真宗上贡了西域良驹。这些都是千里挑一的好马，宋真宗虽然不善骑射，但对良驹还是很喜欢的。况且，自从宋朝建立以来便一直缺马，这也导致了宋朝的骑兵严重不足。送礼必须送到人家心坎上，这样才能讨得对方的欢心。

马自然是宋真宗喜欢的，反正是自己不花钱就得到的良驹，谁都喜欢。而厮陇完带来的李继迁死已死的消息，比什么都更值得高兴。

李继迁之死，算是结束了这些年来党项与宋朝的较量。如果李继迁继续活着，宋朝与党项人的斗争将会无休无止地持续下去。如此一来，不管是党

[①] 《宋史·列传第二百五十一》："景德元年二月，遣其甥厮陇完来献捷。"
[②] 《续资治通鉴长编·卷五十六》："潘罗支遣其甥厮陇完来献捷，且贡名马，诏奖之。"

项人，还是宋朝人，都不愿意看到这种情况。辽与宋打了二十多年仗，与党项也是如此。这种事搁谁身上，都恨不得彼此的对手有一个先消亡。当然，党项和辽都不会轻易消亡，但如果他们的最高统治者去世，必然会影响两国之间的关系。

只是让宋朝上下想不到的是，李继迁竟然是以这种方式终结了生命。

听到这则喜讯，宋真宗对这个一向听话的吐蕃就有了几分好感。如今辽宋关系日益紧张，宋朝现在抽不出更多的精力顾及西北战事。只要有吐蕃人存在，李德明就别想乘机作乱。尽管此时宋朝上下都明白，辽与党项人早就已经互通消息，可对于宋朝来说，多一个帮手就多一份力量。

既然吐蕃人诚心归附，以求族人在党项、宋、辽三方的夹缝中得以生存，宋朝也乐意成全他们。宋朝扶持吐蕃人，就如同辽国扶持党项人一样。

于是，宋真宗赏赐了厮陀完，同意了潘罗支归附的请求。宋真宗还专门派接待的大臣带着厮陀完在汴京体验生活，喝好酒，听妙曲，看美景，享美女。可以说，在汴京逗留的日子是厮陀完在凉州从未经历过的。宋朝的富有程度，已经远超那些西域商贾口中描述的样子。汴京那高大的楼宇，那鳞次栉比的商铺，远非凉州可比。这次出使宋朝，让厮陀完眼界大开，并且感受到了宋朝的强大国力。

厮陀完在汴京逗留了数日，便打算回去向潘罗支复命。如果不是使命在身，他倒愿意在汴京待一辈子，过汉人的舒适生活。

听说厮陀完准备回去复命，宋真宗便对潘罗支赏赐了一番，并表示宋朝对潘罗支非常信任，也非常重视这个藩属国，希望潘罗支继续守住河西那一片地方。厮陀完便带着宋真宗的赏赐回去了。

从此以后，宋朝将与吐蕃六部和谐相处。潘罗支与宋朝的关系，也最终确立。从这方面来说，党项臣服于辽，而吐蕃臣服于宋，都无须解释，只是当时这两个地方势力首领的权衡之法。

不久，李德明遣使至辽，并献上其父李继迁的遗物，表示愿意与辽继续修好，归附辽国。辽对李德明这种态度甚为喜欢，因为有党项人的存在，宋朝在西北地区的防御就不能松懈。这时候的党项，就如同当年的北汉一样，成为辽制衡宋的一枚棋子。①

得到辽国的肯定后，李德明实施了一系列的改革之策：对内保境安民，恢复生产；对外又臣服于辽和宋，把注意力放在了西面。也许，河西走廊才是他大显身手的地方。如此一来，党项便得到了进一步发展。因为首领接替造成的不稳定局势逐渐消失，大家对李继迁这个儿子颇为认可。李德明继承了李继迁筚路蓝缕创造的基业，以身作则，为党项树立榜样。

景德元年（公元1004年）五月初，已在党项首领位置上干了几个月的李德明，开始了他雄心勃勃的复仇计划。他要击杀凉州潘罗支，为李继迁报仇。这已成了他当下最为紧迫的事情。不报此仇，枉为人子。

不过，李德明准备攻打潘罗支的消息被潘罗支的探子提前得知，潘罗支便联合兰州、龛谷、宗哥、觅诺诸族严阵以待，等待李德明前来攻打凉州。

等李德明率领党项大部队到达凉州时，潘罗支联合的诸部早已等在那里，这是李德明没有想到的。可既然来到了凉州，也不能就此撤退，还是要打一仗，看看结果如何。若党项部发挥优势，击败潘罗支合军，李德明也会乘胜追击，进而狙杀潘罗支；若吐蕃合军顽强抵御，到时候再撤军也未尝不可。否则不战而退，会成为天下笑柄。

随即，吐蕃与党项部在凉州城展开战斗。战争一开始，党项部和吐蕃部就派出了最精锐部队。厮杀声震天动地，潘罗支依靠坚固的凉州城墙，击败了李德明的大军。②

李德明第一次复仇计划失败，率部退回西平府。李德明虽然战败，但他与潘罗支之间的较量却正式展开。

李德明如此急于攻打凉州，也给潘罗支释放出了一个强烈信号：党项人不会就此罢休。

---

① 《西夏书事·卷八》："二月，告哀于契丹。契丹主赠保吉尚书令，遣西上阁门使丁振吊慰。"
② 《西夏书事·卷八》："德明遣兵攻掠，朔方节度潘罗支率蕃众御之，夏兵不胜而还。"

此时，潘罗支觉得应该再次与宋朝重申关系。只要傍上宋朝这棵大树，自己的生存就有了依靠，否则吐蕃人的处境就非常危险了。虽然潘罗支很清楚，于宋朝而言，谁对其有利，宋朝就会亲近谁，可如今自己实力不济，只有归附宋朝才能保全实力，哪怕是短暂的归附，给外界造成一种吐蕃是宋朝附属的感觉也就够了。真正遇到战争时，还得依靠自己。

如此，到了六月，潘罗支继续派使臣出使宋朝。[①]

这次，潘罗支派来的人是他的族兄邦逋支。关于这个邦逋支，史籍记载也很少，似乎他也是专门为了此次出使而存在。

邦逋支面见了宋真宗后，上表了吐蕃人最高的祝福，带来了最好的进贡之物。当然，也带来了潘罗支另外的想法。

原来，此时的潘罗支鉴于李德明刚刚即位，朝中政局不稳，便想联合回鹘族人，对李德明进行打击，进而达到消灭贺兰山周围党项军的目的。潘罗支派出兄长邦逋支出使宋朝，是希望在他率部攻打贺兰山地区党项人时，宋朝予以支持和帮助。也就是在他攻打党项人时，请宋朝派出一支队伍和吐蕃人两面夹击李德明，争取一举击垮李德明，让他和他的父亲李继迁一样，继续回到地斤泽去。

当然，这个邦逋支还希望宋重新赏赐给潘罗支牌印、官告、衣服、器械等，这些东西在去年被李继迁抢去，现在重新申领，也是对吐蕃人身份的重新定位。[②]

宋真宗对潘罗支消灭党项人的决定非常赞成，也答应出兵。但是，宋朝只是答应出兵，至于如何出兵，完全掌握在宋真宗手中。

宋真宗对邦逋支说，只要你们吐蕃人去攻打李德明，宋朝就召集泾原部署陈兴等人在石门策应，保证潘罗支后方没有党项人迂回过去。至于说那些

[①]《续资治通鉴长编·卷五十六》："丁丑，西凉府都首领潘罗支遣其兄邦逋支入奏，且欲更率部族及回鹘精兵，直抵贺兰山讨除残孽，请与王师会灵州。"

[②]《续资治通鉴长编·卷五十六》："邦逋支又言前赐罗支牌印、官告、衣服、器械，为迁贼劫掠。有诏别给之。"罗支，即潘罗支。

牌印、官告、衣服、器械等，本来就是给吐蕃人的，被李继迁抢去后，就当是丢了，重新给你们制作一套拿走。

邦逋支很高兴，潘罗支交给他的三项任务，他全都完成了。邦逋支在汴京逗留了数日，感受了汴京的富庶之后，便拿着宋朝为他准备好的牌印、官告、衣服、器械等物件回去了。

很快，潘罗支便准备联合凉州吐蕃、甘州回鹘等部，对贺兰山地区的党项部进行打击。

然而，潘罗支低估了李德明的实力。在李继迁死后，李德明顺利成为党项人的首领，并很快将自己的首领地位巩固下来，由此就能看出他绝非池中之物。当潘罗支率部去攻打贺兰山地区时，李德明早有准备。党项人一举击退了潘罗支的进攻。加上宋朝虽然派出陈兴等人对潘罗支进行支援，但宋军仅仅是意思了一下，没有尽全力。这样，潘罗支这次联合宋朝进攻李德明的计划失败了，潘罗支只能领兵回撤。

经过这几次短暂的较量之后，李德明继续以张浦为军师，分析眼前形势，开始对宋朝、辽、吐蕃进行综合考量，决定邦交之策。

诚如李继迁所说，李德明面对的现实决定他既要与宋朝处理好关系，也要与辽处理好关系。这是两大巨头，以党项目前的实力，还没办法与宋和辽为敌。

至于党项和吐蕃的关系，李继迁在世时就想收编吐蕃，现在吐蕃又杀了李继迁，党项与吐蕃自然无法共存，毕竟杀父之仇犹如锥子一般，时刻刺在李德明的心里，提醒这位党项新首领报仇雪恨。

所以，李德明继续向辽示好，也与宋亲近。辽是宗主国，不会轻易来攻打他，但宋与党项的关系，不如辽与党项那样亲密。而李德明要想对吐蕃人动手，就要先把宋朝笼络好。宋朝与吐蕃的关系虽然不稳固，但吐蕃一直都与宋朝交好。有了这层关系存在，只要党项攻打吐蕃，宋朝就有理由攻打党项后方。若此时李德明复仇，势必会让党项陷入腹背受敌的境地。

这时候，宋朝西北边境上的那些地方官也建议收编李德明。①不管党项与宋朝的关系最终发生怎样的变化，在党项看来，眼下还是与宋朝结盟，向其示好为上策。

于是，李德明派出使臣出使宋朝，表明了自己的态度，愿意从此与宋朝修好，不再发生战事。宋朝在智囊团的策划下，接受了李德明的意愿。②

当然，李德明这次派人出使宋朝，无疑缓解了党项与北宋的关系。不过，这也让宋朝与吐蕃的关系变得有些微妙。毕竟吐蕃一直以来都以宋朝的附属自居，尽管他们也非常想崛起，但宋朝在对待党项的态度上暧昧不明，让潘罗支对此事甚为郁闷。

与宋朝处理好关系后，李德明便将目光放在了吐蕃人身上。不过这次，李德明汲取了之前攻打凉州失败的经验，并没有直接去攻打凉州，而是选择了智取潘罗支。所谓智取，其实就是从潘罗支内部瓦解其势力，达到不战而屈人之兵的目的。

尽管李德明上次率部攻打凉州失败，但让他认识到了潘罗支的致命弱点。那便是潘罗支率领的吐蕃、回鹘诸部之间的关系，没有党项内部那么稳固。这些部众之间，不过是临时大联合，没有内在的凝聚力。他们虽然暂时联合在一起，只是觉得潘罗支可以暂时保护他们，不让他们的家园陷落，不让他们的族人在乱世中丧生，仅此而已。这种不稳定关系，一旦有利益冲突，就会土崩瓦解。

而这正是李德明所需要的。李德明充分掌握了人性的弱点，找到了击破潘罗支的方法。

李德明派出得力干将去联络灵州的者龙族部分部落，意图从内部瓦解潘罗支的势力。李德明让人给灵州者龙族首领极高的礼遇，也给了他们从未有过的好处，向他们许诺，只要联系到凉州的者龙族，一起破了凉州，高官厚

---

① 《续资治通鉴·卷二十四》。
② 《宋史·列传第二百四十四》。

禄应有尽有，荣华富贵享之不尽。这些者龙族人原来都是党项人的奴隶，干着粗重的活，不受党项人的待见。可自从李德明打算从内部瓦解潘罗支后，者龙族的地位一下子提高了不少。

这种被重视的感觉，让这些者龙族人如堕五里雾中，不觉飘飘然。如果他们成功策反凉州者龙族，他们的地位将整个地改变。

李德明身边的那些策反之人，看着凉州西平府这些者龙族人，不由暗自发笑。他们的计划，正在一步步施行着。

这些者龙族享受了几天极高的待遇后，心情越发激动了。不管是李德明还是潘罗支，都不是他们最期望的统治者。他们当然希望者龙族可以自己强大起来，做自己的主人，可当下的现实是者龙族人在短时间内无法做到。这种情况下，不管谁统治者龙族，只要能保住他们，他们也就满足了。

看到者龙族里那些人心动了，党项人趁热打铁给他们好处。党项人还表示，如果事成，回来就会有比这更大的荣华富贵。因此，这些者龙族人火速深入凉州城内，与凉州城内那些者龙族人相互走访，共同密谋着一起重大的事件。

然而，潘罗支对此毫无察觉，一无所知。

经过多日秘密走访联络，凉州者龙族的迷般嘱、日逋吉罗丹部答应作为内应，与党项人共同谋取潘罗支。

不久，便有消息称李德明带领人攻击凉州吐蕃者龙族驻地。这一消息让潘罗支大惊，不过潘罗支还是觉得这是个假消息，因为李德明一旦来攻打凉州，势必会浩浩荡荡而来，可李德明偷袭者龙族，就让人觉得这件事不是真的。但不管是真是假，潘罗支都要去看一看。于是，潘罗支带领百余名侍卫到者龙族之地了解情况。

当潘罗支到达者龙族后，才发现李德明根本没来攻击者龙族。者龙族人见首领来驻地视察，便举行盛大宴会欢迎潘罗支。潘罗支看到没有党项人入境，也就放心了。潘罗支加入者龙族的宴会中，喝美酒，看舞姬。现场气氛热烈，大家都为潘罗支祝酒。

然而，这正好是者龙族人设下的圈套。酒过三巡后，者龙族的迷般嘱、日逋吉罗丹两族控制了宴会。随即喊杀声四起，潘罗支还没反应过来，便被冲上来的迷般嘱、日逋吉罗丹两族人砍杀了。这场蓄谋已久的谋杀活动，潘罗支自始至终都蒙在鼓里。哪能想到李德明竟然会用釜底抽薪之计来对付他呢？[1]

一代吐蕃枭雄，就此被杀死。[2]正如他当年偷袭李继迁一样，让李继迁死得毫无尊严。这次，李德明利用吐蕃人之间的关系，也让潘罗支死得毫无颜面。

潘罗支被刺杀，使得吐蕃六谷部陷入慌乱之中。这些年来，吐蕃人一直在寻找着伟大的首领，能带领他们走出困境，恢复吐蕃人昔日的辉煌。潘罗支上位后，大家对潘罗支这位首领还是颇为佩服。潘罗支与宋朝交好，带领吐蕃人发展农桑，受到了吐蕃各部的接受和认可。潘罗支杀死李继迁之后，他的地位也一下子提升了许多。

可谁能想到，李继迁刚刚死了没几个月，潘罗支竟然被自己人暗算。而这一切的幕后操纵者，就是李德明。

潘罗支死了，吐蕃人一下子失去了精神领袖。那些六谷部各部长官看到了问题的严重性，他们不希望吐蕃再一次陷入混乱之中。若真如此，吐蕃将会在各种势力的夹击下，最终被消灭掉。当务之急，是选出首领来领导这支队伍。

随即，那些族里有威望的老人出面，提议推选潘罗支的弟弟厮铎督为吐蕃人的首领。大家觉得，潘罗支虽然死了，但他的英灵还在，由潘罗支的弟弟接任首领之位再合适不过。这时候，即使是那些强大的折逋游龙钵势力，也答应臣服在厮铎督的领导之下。[3]

---

[1]《宋史·列传第二百五十一》："是月，会迁党攻者龙，罗支率百余骑急赴，将议合击，遂为二族戕于帐。"

[2]《西夏书事·卷八》："六月，发兵攻者龙族，杀朔方节度使潘罗支。"

[3]《西夏书事·卷八》："潘罗支死，西凉大乱，六谷诸酋共推罗支弟厮铎督为首领。"

由此，凉州政权新一任领袖也就诞生了。

然而，厮铎督的首领接任之路，并未像预想的那样一帆风顺。

首先跳起来鸣不平的，就是吐蕃另一位有威望的首领折逋游龙钵。这一股势力，在潘罗支时代，自认没有潘罗支的功业显赫，甘愿位居人后，做一个辅臣。潘罗支死后，他们便觉得，吐蕃人的首领之位，从他们这一族人里选出最为恰当。折逋游龙钵本想着潘罗支死后，吐蕃有威望的大臣们会拥立自己为吐蕃的首领，却没想到首领之位被潘罗支的弟弟夺取。这就让折逋游龙钵产生了反叛之心。

如今，厮铎督既然已经成为大家公认的首领，折逋游龙钵再想夺取首领之位就是僭越，就是谋反。

可当不上首领又心有不甘，这让折逋游龙钵陷入痛苦之中：是继续跟着厮铎督走，还是选择一条新的出路？折逋游龙钵最终选择了离开厮铎督。既然当不了首领，那就另起炉灶。

折逋游龙钵这一举动，出乎厮铎督的预料。他自认能力不输哥哥潘罗支，可事实上，他的确没有战功，也就没有让人服从的权威。

不久，折逋游龙钵开始秘密联络党项人，想投靠李德明。此举得到了李德明的许可。如果吐蕃人都投降了党项，那么整个定难地区和吐蕃人的领地，都将成为党项人的疆域。届时，李德明就不用忌惮宋朝，也不需要向辽卑躬屈膝了。

不过李德明没有让折逋游龙钵立即率部投降，而是让他们在凉州作为内应，与党项人一同谋取凉州。此时的折逋游龙钵已经完全被李德明掌控，只能按照李德明部署的情况等待党项大军杀到。

旋即，李德明带领党项大军对凉州发动了攻击，折逋游龙钵也乘机帮助李德明。

这次，厮铎督没有抵挡住李德明大军，凉州失守。而折逋游龙钵，也趁机带领部众投靠了李德明。①

当撤退中的厮铎督听说折逋游龙钵投靠了党项李德明后，大为光火。可这时候，即使厮铎督再怎么发火，折逋游龙钵投靠李德明已经成为事实。这对吐蕃而言，无疑是巨大的打击。

厮铎督只能暂时撤退，从长计议。厮铎督派出亲信，到处去收编分散的吐蕃、回鹘等部落。这些西域的人，在厮铎督的号召下，陆续回到了吐蕃的大营中。

到了十月，已经缓过神的厮铎督准备夺回凉州。这个大本营是在他手中被李德明攻取的，他必须亲手夺回来，才算是守护祖宗家业。随即，厮铎督率领吐蕃各部，以迅雷不及掩耳之势，对凉州进行了攻打。这次，李德明也没有防御。

凉州再次回到厮铎督手中。

从此，厮铎督以凉州为根据地开始盘踞，并不断壮大自己的实力。不过，他对吐蕃人的管束比之前严格，他再也不允许自己人在眼皮底下投敌卖国。折逋游龙钵之事，一度成为厮铎督的耻辱，钉在他的心中。

平定了凉州以后，厮铎督着手准备外交事宜。哥哥潘罗支因为诛杀李继迁，与党项人结下了世仇，最终被杀。所以，党项人与吐蕃人永远不会成为朋友。不管这两股势力以谁为首领，这一点已成定局。

厮铎督延续了潘罗支的策略，与宋朝交好。他也经常派使臣出使宋朝，不断给宋朝上贡河西战马，宋朝的骑兵因此逐渐成形。

然而，到了景德四年（公元1007年），李德明（赵德明，宋朝曾赐其祖姓赵）又动了攻打凉州的想法。②这一消息，被宋朝派出的斥候得知，并火速上报给了宋朝枢密院。枢密院又将此事上报给了宋真宗。

这时候，宋朝面临着两种选择：其一，不给厮铎督报信，任由党项攻打

---

① 《西夏书事·卷八》："德明乘人心未定，率兵复攻西凉，取之。"
② 《宋史·列传第二百五十一》："四年，边臣言赵德明谋劫西凉，袭回鹘。"

凉州；其二，将此事通知给厮铎督，让他提前着手准备。

朝堂之上，总有人持不同意见，以此来凸显自己的见识非凡。坚持前一种观点的人觉得，让李德明去攻打凉州，等到吐蕃与党项两败俱伤时，宋朝坐收渔翁之利。但也有重臣提议，要迅速将此事通知给厮铎督，让他及时准备。原因是，如果党项偷袭凉州成功，那对宋朝来说不是好事。这几年来，吐蕃与宋关系交好，整个河西的贸易也迅速恢复，这对宋朝提升国家收入大有益处。况且，有厮铎督在凉州，宋朝也不用担心整个河西会失控。若李德明占据凉州，对宋朝而言，有害无益。李德明表面上向宋示好，可实际上却在谋取河西之地，意图与宋形成对峙之势。

最终，宋朝采取了通知厮铎督的意见。有厮铎督在，凉州地区就不会乱。[1]

得到宋朝的通知后，厮铎督便开始防御党项的进攻。没过多久，李德明果然带兵来攻打凉州。因为厮铎督早就收到了宋朝的通知，李德明的大军不能实施偷袭计划，只能与厮铎督在凉州对峙。

厮铎督派人在凉州城外来回巡视，让党项人不知厮铎督意欲何为。党项人与吐蕃人之间，就这样展开了消耗战。

但对峙不能长期存在下去，总得有个解决的办法。这时候，厮铎督想出了一个绝佳招数：偷袭。辽进攻宋的时候，经常使用这一招，而且屡试不爽。厮铎督便现学现用，将这一招用在了与党项人的对峙上。当然，偷袭的不是军队，而是粮草辎重。

前文所述中，萧挞凛就是利用了这一招，赢得了望都之战的胜利。这次，厮铎督便派出一支机动部队，偷袭了李德明屯集粮草辎重的地方。

这让李德明猝不及防。所谓"兵者诡道也"，就是这么出人意料。厮铎督的偷袭成功后，李德明大军瞬间就乱了。毕竟粮草是维持大军作战的根

---

[1]《宋史·列传第二百五十一》："上以六谷、甘州久推忠顺，思抚宁之，乃遣使谕厮铎督令援结回鹘为备。"

本，如今没了粮草，该如何是好？李德明看到吐蕃士气高涨，反观党项大军却士气低落，不得不命令部队撤退。

然而就在党项大军撤退之际，厮铎督却带领着吐蕃人进行追击。党项大军边退边战，边战边退，一时间队伍阵形乱了。厮铎督命人冲击慌乱中撤退的党项军，李德明部被吐蕃人砍杀者不计其数，武器辎重丢了一地。

此后，厮铎督与宋朝始终保持着联系，加深了吐蕃与中原的交流。同时，他又将吐蕃与西域回鹘等部落形成了攻守联盟，时刻保持防御，让李德明不敢轻易攻打凉州。

直到公元1032年，李德明的儿子李元昊在位时，才一举占领了凉州。

一个女人引发的"奇案"

世间之事，都不是孤立存在的，而是相互关联的。那些看似毫无关系的事情，往往在潜移默化地影响着世界的进程。

就在宋朝不断发展的时候，开封府竟然发生了一桩奇案。而这桩奇案直接牵扯了宋朝四个宰相：薛居正、张齐贤、向敏中、寇准。

除了薛居正早亡之外，此案在一定程度上影响了其他三个人的仕途，最终导致朝廷罢免了向敏中，贬谪了张齐贤，为毕士安和寇准登上宰相之位创造了条件。若不是发生了这件事，寇准能否顺利登上宰相之位，进而影响中国历史的走向，都很难预料。

而接收这个案子的人，就是寇准。当时寇准刚到开封府任职。

这件看似极其普通的案子，对宋真宗统治阶层人员的调整，具有极其重要的意义。因此，非常有必要介绍这桩奇案。

咸平五年（公元1002年）秋天，一个叫薛安上的人状告自己的母亲（其父薛惟吉的偏房）柴氏。儿子状告母亲，实在匪夷所思。但对于一百万人口居住的汴京来说，任何奇事的发生，都不足为奇。

不久，这件事就在开封府传遍了：不孝子薛安上竟然状告自己的母亲。尽管柴氏没有生养他，但也是他父亲的女人，也是薛家仅存的与薛安上最亲近的人。即使柴氏对他不如自己亲生父母对他好，可她也是家里的长辈，薛安上一点儿人伦道德都不讲了吗？[①]

但薛安上既然敢状告柴氏，就一定事出有因，他不会无缘无故状告柴氏。民间诉讼案件，原因无外乎权、钱、色。那么，薛安上状告柴氏，究竟是为什么？

猜测行不通，只能对整个事件进行调查，摸清楚事件的来龙去脉，才能定性这件事。

于是，寇准叫人去调查此事。

薛安上本是个小人物，没有这次事件，历史都没有记载他的必要。可因为他状告母亲一案，牵扯出几个重要人物，他才被历史记住。

薛安上的父亲是薛惟吉。这个人说起来也让人感觉比较陌生，因为在宋代群星璀璨的文人群里，薛惟吉实在太没有名气。他最高的官职，也只是做到了左千牛卫大将军。当然，这也是凭借着他父亲的影响力才有的职位。

薛惟吉年轻的时候，是个纨绔子弟。[②]后来，他被一个大官收养，而这个大官，就是前宰相薛居正。

那么，薛居正作为堂堂宰相，为何没有儿子呢？

据说，薛居正为官清正、手段高明，处理政事也非常到位。可在处置家庭事务上，他却没有在政治上的强硬手段。他老婆比较强悍，以至于他连个偏房都不敢娶。[③]这个强悍的老婆并未给薛居正生下一儿半女，薛家就这样断了香火。所谓"不孝有三，无后为大"，这在古代是极为严重的事情。薛居

---

① 《宋史·列传第四十一》："故相薛居正孙安上不肖，其居第有诏无得贸易，敏中违诏质之。"
② 《宋史·列传第二十三》。
③ 《宋史·列传第二十三》："居正妻妒悍，无子，婢妾皆不得侍侧，故养惟吉，爱之甚笃。"

正虽然官拜宰相，却没有儿子，这成为他难以在人前抬起头的苦楚。

无奈之余的薛居正，只能将养子薛惟吉作为继承家业的人来培养。这样一来，薛惟吉便从一个浪荡公子哥摇身一变，成了宰相的公子，身份地位随之水涨船高。但薛惟吉成了薛家的养子后，他原来那些毛病并没有改变，继续吊儿郎当，玩世不恭。薛居正虽然看不惯，可薛惟吉与薛居正的老婆关系处理得比较好，所以，薛惟吉便继续在薛家肆意妄为。

后来，薛居正去世，朝廷为了表示对薛家的照顾，便给薛惟吉封了一个官。因此，薛惟吉便进入了宋朝官场。[①]不过，他能力一般，又没有特别出众的功绩，朝廷也没有给他提升多大的官职。直到后来，才让他担任了左千牛卫大将军。

薛惟吉有两个夫人，原配夫人给他生了两个儿子薛安上、薛安民。偏房或者妾室，就是上文提到的柴氏，并没有生下一儿半女。若柴氏给薛家生下子女，那么她的身份地位也可能会改变，也就不会有这个案子了。

薛惟吉寿命不长，正值壮年，便一命呜呼了。[②]后来，他的原配夫人也随之去世。家里的一切自然就落到了两个儿子和偏房柴氏身上。按说，这时候薛惟吉的两个儿子应该善待柴氏，做好为人子的本分。可薛惟吉的两个儿子似乎继承了薛惟吉少年时代的纨绔习性，他们不学无术，变卖家产，到处招摇撞骗。没几年，便将薛家的一点儿家业折腾完了。[③]

这便引出了薛安上状告母亲柴氏的事情。其实，都是因为利益。天下熙熙，皆为利来；天下攘攘，皆为利往。

当寇准听说薛安上状告自己的母亲时，便来了兴致：为什么一个儿子要

[①]《宋史·列传第二十三》："及居正卒，太宗亲临，居正妻拜于丧所，上存抚数四，因问：'不肖子安在，颇改行否？恐不能负荷先业，奈何！'惟吉伏侧，窃闻上语，惧赧不敢起。自是尽革故态，谢绝所与游者，居丧有礼。既而多接贤士大夫，颇涉猎书史，时论翕然称之。上知其改行，令知澶州，改扬州。"

[②]《宋史·列传第二十三》："至道二年，移知延州，未行，卒，年四十二。"

[③]《宋史·列传第二十三》："然御家无法，及其死，家人争财致讼，妻子辨对于公庭云。"

状告母亲呢?

按理说,薛惟吉夫妇去世后,家里自然是柴氏说了算,毕竟她是家里唯一的长辈。有她在,家里也就有主事人。即使是在皇宫,官家也要听从皇太后的意见。

然而,寇准通过侧面了解,才发现薛惟吉的两个儿子与柴氏相处得并不好,经常发生矛盾。兄弟两人为了一点儿家产,动辄就与柴氏发生口角。三个人生活不到一起,柴氏便有了离开薛家的打算。毕竟薛安上兄弟不是她亲生的,没有直接血缘关系,她长期待在薛家,只能让薛安上兄弟难受,也让她自己难受。

俗话说,养儿防老,可她自己没有儿子。对于薛安上兄弟,她已经看透了,他们不是能养活她的人。于是,柴氏开始为自己的将来做打算。

在柴氏看来,离开薛家,离开这个是非之地,成了她迫切需要解决的事情。

可她一个妇道人家,出路在哪里?思来想去,只有改嫁这一条路可走,找一个条件比较好的人家,把自己嫁了,才是最正确的选择。否则等自己老了,连个收尸送葬的人都没有。

在宋朝,改嫁是可以操作的,并不触犯律法。可是已经嫁过一次的柴氏,不能与黄花大闺女相比,只能选择失偶之人去嫁。

年纪大点儿没关系,只要对自己好就行了。况且柴氏还有个制胜法宝,那便是她这些年在薛家积攒的私房钱,有两三万贯。有了这个钱,柴氏就有了底气。

柴氏便寻找那些失偶之人。她打定主意,这次的改嫁对象必须是官员或者家底殷实的人家。如果是穷苦人家,那就要受苦了。

不知由谁牵的线,柴氏竟然与前宰相张齐贤[①]会面了。张齐贤丧妻,也正在独身。他虽然已经被罢相,但还是高官。柴氏若嫁给张齐贤,她的生活

---

① 宋真宗时期宰相,后因醉酒失仪被罢免。参考《宋史·列传第二十四》。

这一最大的问题就会得到解决。柴氏也不是空手嫁人，而是带着丰厚的"嫁妆"。这一点，肯定让张齐贤家里动了心。否则，即使柴氏再有姿色，也是嫁过人的，难免会跌价。①

至于说柴氏与张齐贤之间的各种纠葛，史籍资料中并无记载。但柴氏一定和张齐贤家里人建立了某种关系，因为在不久的将来，随着案件的不断深入，柴氏会听从张齐贤的大儿子恷惠，状告向敏中。由此就能看出，张齐贤与柴氏这两个人，不仅仅是一个娶妻、一个嫁人这么简单。这里面应该还有更深层次的利益关系。

柴氏为自己选择了如意郎君张齐贤。当然，这种改嫁在更大程度上，应该还是现实因素在驱使。张齐贤有权有势，柴氏可以继续享受荣华富贵。

于是，柴氏便准备改嫁。

这本来也无可厚非，既然薛惟吉的两个儿子没办法与柴氏在同一屋檐下生活，柴氏选择离开，给他们腾出空间，任由他们分配祖宗家业，都与柴氏无关，可一听柴氏要改嫁，薛惟吉的两个儿子坚决不同意。②

为什么坚决不同意？因为在薛安上兄弟看来，柴氏改嫁时要带走她这些年来积攒的私房钱，这些钱是薛家的钱，不是柴氏的钱。若柴氏不嫁人，他们兄弟两人没有办法阻止柴氏使用私房钱。可现在柴氏要改嫁，带走属于薛家的钱，从此与薛家断绝关系，薛安上兄弟两人就不乐意了。

如果柴氏仅仅是改嫁，不带走薛家的这些家产，薛安上兄弟求之不得，可拿了薛家的钱再改嫁，这让薛安上兄弟两人极不甘心。

如此一来，薛安上便将柴氏告到了开封府。薛安上状告柴氏的理由是，柴氏利用改嫁之机，意图将薛家几代人积攒的财富（约三万贯）全部卷走。除此之外，还有家里多年收藏的一些古董字画、名人墨宝，什么也没留给他

---

① 《宋史·列传第二十四》："时薛居正子惟吉妻柴氏无子早寡，尽畜其货产及书籍论告，欲改适齐贤。"

② 《宋史·列传第二十四》："惟吉子安上诉其事，上不欲置于理，命司门员外郎张正伦就讯，柴氏所对与安上状异。"

们兄弟。

薛安上理直气壮地问：她凭什么？

寇准作为开封府长官，负责这件案子的审理。

看到薛安上一副盛气凌人的样子，寇准本来想先给这个年轻人点儿颜色看看。对于薛惟吉这两个儿子争夺财产之事，他早有耳闻，这件事甚至传到了宋真宗耳朵里。无奈之余，宋真宗下令禁止薛惟吉两个儿子私分家产。

薛家乃名门，当年的薛居正是多么勤俭节约，多么清廉刚正，谁能想到他家里会出现这样两个不肖子孙？

寇准对薛安上说，你不要慌，把事情说清楚，不要隐瞒，也不要刻意去夸大事实，只说你们了解的。宋朝的律法也不是相信一面之词，凡事都要讲究证据。

寇准还告诉薛安上，一家之言，难以断案，我们还得找柴氏了解案情。

当然，这如果仅仅是家庭财产纠纷案，处理起来也不麻烦。寇准做了二十多年的官，什么样的案子没有经手过？在地方任职那些年，碰到过的匪夷所思的案子，比这难处理得多，从没有难倒过寇准。此次这样简单的案件，一眼就能看出是利益分配不均所致。

但寇准在审理案子时发现，这件事并不简单。这个看似简单的家庭财产纠纷案背后似乎还有故事，而这也是寇准所关心的。

刚直不阿、秉公执法的寇准，总喜欢将事情搞清楚。

薛安上的证词里说，柴氏准备卷钱嫁人。他要求开封府调查柴氏，让柴氏把钱还给他们兄弟两人。然后，再不干涉柴氏，任其嫁人。寇准便将柴氏也请到了开封府，要求柴氏交代清楚这件事的来龙去脉。柴氏对自己藏有私房钱的事情供认不讳，不过柴氏说这些钱是她的个人财产，是她这些年来一点点积攒的，根本不是薛家的财产。

但薛安上坚持认为这是柴氏拿着薛家的钱财去向张齐贤献"投名状"。这件事本来是财产纠纷案，最终却把张齐贤牵扯了出来。

这让寇准来了兴致。寇准没想到这个案子背后，竟然还有这么多故事。

案子变得复杂了。张齐贤虽然罢相，可依然是朝廷高官。这种事，寇准不能直接将张齐贤也叫到公堂前来当面问讯。

这就让问题有些棘手了。

审案就怕拔出萝卜带出泥。这次偏偏牵扯出了张齐贤。薛安上状告柴氏的理由是柴氏要将全家的财产带走，嫁给已经六十岁的张齐贤。这让人忍俊不禁，又非常惋惜。

寇准觉得这件事不宜扩大范围，毕竟牵扯朝廷重臣，案子如何进展，都会对国家形象有损。薛居正虽然去世了，但他也是朝廷追赠的太尉、中书令，又配飨太宗庙庭。如今张齐贤还活着，继续在朝为官。

这件事情牵扯出了很多人，寇准也不敢继续往下审理了，他害怕还会带出更多人来，这样会让很多人因此而受牵连。于是，寇准便将此事上报给了宋真宗。

宋真宗能怎么办，只能让寇准按照朝廷律法来处理。不管牵扯谁，牵扯哪个层面，都要一查到底。

当然，宋真宗也给寇准交代了，这种事不宜公开审理，让案件的几个关键人参与受审就行了。不过案子审理的进度，要尽快上报给朝廷。

于是，此案便进入了正式审理阶段，审案人员对薛安上和柴氏进行了单独谈话，了解案情。但让审案人员大跌眼镜的是，薛安上和柴氏各执一词，而且反映的情况截然相反。

很显然，开封府已经没办法再进行审理了。毕竟这种事需要各种证据，且双方都没有退让的意思。寇准只好将审理过程上报给了宋真宗。就连宋真宗本人都觉得，这件事背后还有更深层次的问题，或许涉及干部贪污腐败和生活作风问题。于是，宋真宗将此案交给了御史台，让御史台参与审理。

按道理说，这个案子进行到这种程度，已经有些眉目了。涉及张齐贤的问题，也初见端倪，涉及柴氏卷去薛家财产的问题，已经落实，就等着进一步的审理了。

然而,这时候,柴氏却坐不住了。或许柴氏知道,此事一旦查实,她定会受到朝廷的重责。

不日,身为被告的柴氏却敲响了登闻鼓。柴氏当然不是状告自己的非亲生儿子薛安上,而是曝出了另外一件事,涉事人正是当朝宰相向敏中。

这个案子就有些意思了。就连寇准都觉得,涉案人员级别之高,前所未有。柴氏理直气壮地表示,当朝宰相向敏中向她求婚,被她拒绝了。向敏中一计不成,又生一计,向她恩威并施,最终从她手中低价购买薛惟吉的住宅。她拿的那些钱,就是向敏中给的。而且柴氏还声称,向敏中本人心胸狭窄,对向她求婚被拒之事耿耿于怀,最终唆使薛安上状告她。柴氏还坦白,这才是事情的源头。①

寇准一听,就知道事情不简单。如果只是牵扯出了张齐贤,事情还有转圜的余地。如今,柴氏又牵扯出了向敏中,这便成了朝中大臣乱作为的案件。本来只是一个因家产分配不均引起的小矛盾,没想到却生出了如此多的枝节,涉及这么多人。

寇准不敢再审理了,毕竟涉及当朝宰相。他一个开封府的长官,还没有资格审判宰相。于是,寇准便将整个案子的经过上报给了宋真宗。

宋真宗十分震惊。一向做事严谨的向敏中竟然也参与到了这种纠纷中来,实在匪夷所思。不管柴氏状告向敏中是真是假,这都不应该是一个宰相的所作所为。

既然案子已经审到了这种程度,还是有必要将向敏中叫来解释一下。于是,宋真宗宣向敏中进宫来解释这件事。②

宋真宗便将这个案子与向敏中对质,希望向敏中坦诚以待,如果做了,

---

① 《宋史·列传第四十一》:"会居正子惟吉嫠妇柴将携赀产适张齐贤,安上诉其事,柴遂言敏中尝求娶己,不许,以是阴庇安上。"

② 《宋史·列传第四十一》:"真宗以问敏中,敏中言近丧妻不复议婚,未尝求婚于柴,真宗因不复问。"

就勇敢承认；如果没做，也要给出一个满意的答复。

对于柴氏的状告，向敏中却一万个不承认。向敏中陈述说自己的妻子刚刚去世，他还没有从悲痛中走出来，怎么会向柴氏求婚？至于说购买薛家祖宅这件事，倒是事实，但这事他并未打压柴氏，而是按照市场价，给了柴氏五千贯钱财，价格并不低。向敏中还声称，这是柴氏诬告，故意向他泼脏水，进而转移整个案件审理的方向和视线。

看到向敏中一副真诚的样子，宋真宗选择了相信他。这个人经常在宋真宗的身边，宋真宗对他最起码的信任还是有的。宋真宗说，既然这件事与爱卿无关，朕也就不再追究了。不过，身为朝廷宰相，竟然被一妇人状告，这种事总归好说不好听，有损国家形象，以后处事要谨慎，常有如履薄冰之感，才能尽职尽责。向敏中当即认罪，表示以后再也不干这种事了。

朝廷便再未追究向敏中的责任。事情到了这一步，案子按理来说也该了结了。况且朝廷的态度也很暧昧，能大事化小、小事化了的，就不要搞得满城风雨。

然而，柴氏对朝廷调查向敏中之后做出的决定并不服气。没过几天，她再次敲响了登闻鼓。①

这样三番五次敲登闻鼓，着实让审案人员很被动，也让朝廷对此事改变了态度。本来是一件小事，非要闹成大事不可。于是，御史台继续彻查此案。涉案人员都回到了案子当中。

经过审案人员的深入了解，他们发现了一个重大秘密。

这便是柴氏如此纠缠不放的原因。她之所以揪住此事不依不饶，原来是因为受到了张齐贤儿子张宗诲的暗中教唆。张宗诲害怕案子牵扯到张齐贤，便故意让柴氏多次敲响登闻鼓，打乱案件的主审方向。

---

① 《宋史·列传第四十一》："柴又伐鼓，讼益急，遂下御史台，并得敏中质宅之状。"

如此，张齐贤的事情就这样坐实了。①

随着张齐贤的儿子浮出水面，张齐贤也作为幕后黑手被摆在了众人面前。一个六十岁的老宰相，竟然因为娶柴氏惹出这么大风波，即使张齐贤并没有直接参与这件事，但他纵容儿子这么做，也有失责之罪，难逃律法制裁。

案子已经到了这一步，只能继续审理，挖出那些不为人知的真相。

这就让向敏中又牵扯了进来。本来向敏中向柴氏求婚之事，并没有真凭实据，朝廷也不打算追究。至于购买薛家祖宅之事，本是你情我愿，也不好再追究，加上向敏中做这事的时候，都不是他本人出面的，这样向敏中就规避了这个案件。

然而，事情并没有结束。这时候，向敏中在朝中的那些政敌找到了机会，开始对向敏中发难。

随着案情不断深入，向敏中的第一个政敌跳了出来。此人叫王嗣宗，一直与向敏中不合。之前向敏中是宰相，他没有找到向敏中的弱点。此次，柴氏揭发的这件事，正好是一个借力点。王嗣宗直抵向敏中的要害，务必做到亮剑就能让对手一败千里。

那么，王嗣宗到底做了什么呢？

其实，王嗣宗也没做什么。他只是对宋真宗说了一件事，称向敏中犯了欺君之罪。对此，宋真宗颇为意外，不明何意。于是，王嗣宗便将他知道的事情和盘托出。他对宋真宗交代了另一个事实，那便是向敏中已向驸马都尉王承衍提亲，希望王承衍将其妹嫁给他。而且，王承衍也答应了。②

这就又将向敏中拉回了案子中心。

这次，宋真宗很生气。向敏中不久前还信誓旦旦地说，他刚刚死了妻子，没有再婚的打算。可转眼他就向王承衍提亲了。这到底是个什么人，竟

---

① 《宋史·列传第二十四》："下其事于御史，乃齐贤子太子中舍宗诲教柴氏为词。"
② 《宋史·列传第四十一》："时王嗣宗为盐铁使，素忌敏中，因对言，敏中议娶王承衍女弟，密约已定而未纳采。"

然连皇帝也敢欺瞒！

这次，宋真宗还是为了保全向敏中的颜面，派人专门去驸马府询问了这件事。对于向敏中想要迎娶王承衍妹妹一事，驸马爷家里人竟然说是真的。

那么，向敏中之前说他刚刚丧妻，没有心思结婚，现在又被曝出与王承衍结亲，这是一种什么样的行为呢？只有四个大字能定性——"欺君之罪"。王嗣宗为自己弹劾宰相找到了事实依据。

向敏中此举一下子让宋真宗对他不信任了。他嘴上说一套，实际行动又是一套，这就成了表里不一的双面人。这也让宋真宗联想到柴氏说向敏中向她求婚之事的可能性。总之，这个向敏中不老实，而且对皇帝也耍小聪明。宋真宗一下子就不喜欢这个人了。

案子审理清楚了，可处理结果还没有出来。至于说薛家财产纠纷案，薛居正和薛惟吉已死，也没办法追究他们管教不严之罪，只能对当事人进行处罚。

可问题是，这里面还牵扯了张齐贤和向敏中。他们被一个柴氏整得团团转，为财为色想尽了办法，出尽了奇招。利益、感情、欲望相互纠缠，这不应该是朝廷高层领导干的事情。

在宋真宗看来，这简直就是败坏朝纲，此风断不可长，否则，以后还不知道会发生怎样难以想象的事情。必须严肃处理涉案几个人，肃清社会风气。

于是，处理结果来了。首先要罢免向敏中的宰相之职，他身为堂堂宰相都这样，底下的官员们一定在看笑话。处理向敏中已经是定局，朝廷让人拟诏书，宣布向敏中的罪责。这时候，有个叫宋白的翰林院学士，他正好负责拟写贬黜向敏中的圣旨。这个宋白早期因主持科考受贿被贬，后来在宋真宗时期被重新起用。本来这件事他可以处置公正，可偏偏向敏中与他也有些恩怨。当年他向向敏中借十锭银子，向敏中没有借给他。这件事就在他心里埋下了怨恨的种子。这次，他巧妙地运用自己的长处，对贬谪向敏中的诏书进行"润色"。他用"对朕食言，为臣自昧"①指责向敏中在这次事件中的行径。这招借刀杀人之法，做得不显山不露水。据说，向敏中看到诏书后，眼泪就下来了，悔恨当初不应该得罪宋白这种小人。向敏中最终被罢相，贬为永兴军节度使。②

而张齐贤、张宗海父子的下场也好不到哪里去，朝廷将张齐贤贬到了西京去任职。③这也预示着汴京再也容不下他了。当年他因为醉酒罢相，却不思悔改，继续鼓动儿子做出如此之事，实在有失身份。朝廷将张齐贤的儿子贬到了更远的海州。

柴氏所拿薛家家产重新分配，不过朝廷并没有过度处罚柴氏，只是罚铜八斤。至于薛安上，他不讲人伦，并掀起这么大的风波，一定要重责。朝廷给薛安上兄弟两人下了重要的通告。他们的老房子是太祖皇帝所赐，赐房子时，太祖皇帝就严令不得变卖。这时候，朝廷继续执行太祖的决定，禁止薛安上兄弟恣意妄为。

至此，宋朝一个女人引发的奇案告一段落。但这对朝廷的打击也是空前的，朝中几位大臣陆续受到了处分。

接连处理了向敏中、张齐贤等人，朝中宰相是吕蒙正和李沆。而吕蒙正此时病恹恹的，什么工作也干不了，最终辞职不干了。朝堂上只剩下李沆一人独力支撑。

可李沆也是个病秧子，身体经常出现各种小毛病。宋朝的宰相，已经无法支撑整个国家的运转了。

此时，作为这个案子主审官的寇准（此时寇准已经担任了三司使），便逐渐显露出高超的行政能力。

---

① 《续资治通鉴·卷二十三》。
② 《宋史·列传第四十一》："真宗询于王氏，得其实，以敏中前言为妄，罢为户部侍郎，出知永兴军。"
③ 《宋史·列传第二十四》："齐贤坐责太常卿、分司西京，宗海贬海州别驾。"

寇准开始走向了他人生真正意义上的舞台。他将和毕士安携手共治天下。

宰相李沆意外去世

景德元年（公元1004年）七月，宰相李沆去世了。此事，震动了朝野。

几个月前，李沆就上书说自己身体不适，已经不适合继续担任宰相一职，请求辞去宰相职务，但宋真宗不允，还派去了御医，专门会诊李沆的病情。①

御医回来后，只报告说李沆之病是长年累月劳累所致，需要长期休息，慢慢调理或许会好。宋真宗便给了李沆特权，让他多休息，没有重大事情可以不上朝。但宰相职务还不能辞，毕竟这时候到了宋朝最关键的一年，很多事情还得仰仗李沆。而且此时朝廷只有李沆一个宰相，没有其他人。如果李沆辞职不干，整个中央部门就空了。

于是，李沆只能继续担任宰相，处理相关政务。一个国家，每天都会有各种各样的事情需要宰相处理，李沆决不能待在家里做甩手掌柜。而且，但凡上报到宰相手中的事情，一般都是紧急之事，不能拖延，也不能敷衍塞责。皇帝把那么大的担子压在他身上，他哪怕只能干一天，也得好好干，以报皇帝的知遇之恩。

李沆便继续干着工作，呕心沥血，鞠躬尽瘁。而且这种呕心沥血，只能凭借毅力支撑。

可到了七月初，李沆再一次病倒了。症状和上一次一样，病因也如上一

---

① 《宋史·列传第四十一》："景德元年七月，沆待漏将朝，疾作而归，诏太医诊视，抚问之使相望于道。"

次。但这次，李沆的病似乎比上一次重得多。①

宋真宗亲自去看望了李沆，君臣间说了一阵体己话。宋真宗对李沆好生安慰，让他好生休息，保重身体要紧。但李沆知道自己时日无多，很多话也都是交代性质的劝告。②

宋真宗还试探性地问李沆，该由谁来担任李沆的职务比较合适。李沆说出了两个人的名字：一个是毕士安，另一个是王旦。毕士安处事稳重，长于行政，是宰相的不二人选。王旦也是老成持重，又跟随李沆多年，对宰相的事务也颇为熟悉。宋真宗若有所思，但没有表态。

等到了七月中旬，李沆的病就越发严重了，甚至出现不能言语的状态，整天都昏昏沉沉，甚至不能下床。宋真宗又去看望了李沆。但这次，宋真宗明白，李沆已经病入膏肓。李沆快速消瘦的躯体、痛苦扭曲的面容，无不在预示着他大限将至。宋真宗继续宽慰李沆，还问李沆对家人是否有交代事宜，比如，孩子们出仕为官，家里是否需要人照顾等诸如此类的话。但李沆总是摇头，他没有任何事给国家添麻烦。他在宰相之位上兢兢业业，这就够了。家人的生活，虽然不算太富贵，日子也绝不会过不下去。但宋真宗似乎动了恻隐之心，赏赐了李沆白金五千两，让李沆继续好好养病。李沆感恩戴德，但不肯接受皇帝的赏赐。最终，宋真宗以"君无戏言"加以劝说，李沆这才收下了皇帝的赏赐。③

但这次，成了君臣之间的诀别。宋真宗回去后不久，李沆就去世了。

听说李沆去世的消息，宋真宗万分悲痛，亲自到李沆家里吊唁。面对李沆的灵位，宋真宗恸哭不已。这种痛哭，不是给外人看的，而是出自一个君

---

① 《武夷新集·李沆墓志铭》："景德元年秋七月乙酉，大丞相、仆射陇西公早朝至待漏舍，不俟钥出而归，疾故也。"
② 《武夷新集·李沆墓志铭》："粤翌日，车驾幸其第，亲至卧内，存抚甚厚，赐白金三百斤。既还宫，以不起闻，上又临哭出涕。"
③ 《宋史·列传第四十一》："明日，驾往临问，赐白金五千两。"

王真诚的内心。①从此，李沆这位亦师亦友的人，将与宋真宗再无瓜葛。李沆生前说的那些话，全都在宋真宗的脑海里闪现。宋真宗的恸哭，既是哭自己痛失臂膀，也是哭世道之不公，这让在场的人无不动容。②

毫无疑问，李沆的去世也让宋真宗陷入某种恐慌状态。虽然他已经预料到李沆可能熬不过景德元年（公元1004年），可当李沆真正去世后，他还是难以接受这个现实。

李沆是宋真宗的老师，又是他从太子向皇帝转变的领路人，李沆用一生履行了一位老师的职责。

李沆与宋真宗两人携手共治天下，让宋朝走向了第一个繁荣时期。大凡盛世，君臣和谐，统治者对他手底下重要的岗位人员深信不疑。尤其是统治者对首辅之臣的信任和重用，无不造就强大国力、太平盛世。古有秦孝公与商鞅，秦惠文王与张仪，汉高祖刘邦与萧何，唐太宗与魏徵……这种君臣之间的相互信任，为国家的繁荣奠定了牢固的基础。

在宋真宗时代，皇帝赵恒与宰相李沆之间，也是这种相互信任。当然，宋真宗时期的五位宰相，均与宋真宗建立了某种深厚的亦师亦友关系，这在一定程度上为宋王朝的兴盛铺好了第一段路基。

宋真宗时代，因为李沆的勤政、宋真宗的信赖，两人共治天下，形成了"咸平之治"，让后世津津乐道。宋真宗与李沆的关系，也超出了一般君主与宰相的关系，成为宋朝后世延续的楷模。宋仁宗时期，正是充分汲取了这一做法，让国家走向了另一个大发展、大繁荣的时期。

然而，正当宋真宗对李沆越来越依赖时，他却撒手人寰，把整个天下交给了宋真宗。这让宋朝第三位君主的大国之路，面临着前所未有的考验。

---

① 《宋会要辑稿·礼》："七月四日，幸宰臣李沆第临奠。先是，幸，问疾。既还，沆以不起闻。即日，复临奠，哭之恸。"
② 《续资治通鉴·卷二十四》："丙戌，右仆射、平章事李沆寝疾，帝临问，赐其家白金五千两。车驾方还宫而沆卒，趣驾再幸其第，哭之恸，谓左右曰：'沆忠良纯厚，始终如一，岂意不享遐龄！'言毕泣下。"

在这里，我们有必要回顾一下李沆的一生。

李沆的政治生涯，应该以至道二年（公元996年）为界限，分为前后两段。至道二年之前，李沆是进士及第的政坛新秀，一步步从地方官做起，最终进入中央，深得赵光义的赏识与喜爱。这也让李沆的仕途一路平步青云。基本上，他每年都要晋升一个级别。至道二年以后，他成为太子宾客，常年扶持太子，这为他当上宰相奠定了基石。[1]

应该说，李沆的人生是充满了传奇色彩的一生。在他幼年时，其父就称赞他有宰辅之才。太平兴国五年（公元980年），他进士及第，成为宋朝年轻官员里的新秀，他和王旦、寇准等人，为宋朝的官场注入了一股新鲜的血液。[2]

随即，宋朝便派遣他们到地方任职——这是宋朝锻炼初入仕途的进士的常规做法。但进入地方任职后，能力是否出众，是需要国家考核后才能定性的。

李沆在地方任职时，结识了赵昌言与何承矩两人，他们对李沆的地方工作大为赞扬，最终给朝廷推荐了这个三十几岁的年轻人。赵昌言曾称赞李沆"有台辅之量，表闻于朝"[3]。而当时李沆的上级长官、长沙知府何承矩也"厚待之，以为有公辅器"[4]。

加上李沆才气不凡，在干好工作的同时，还能写一手好文章。这在士大夫阶层中，成为美谈。这种士大夫阶层的赞誉，就一传十十传百地传到了朝廷中央。一定程度上讲，李沆的成功之处是在意识形态领域，为自己造足了势头。当然，这并非有意贬低李沆，他本身颇有才干，这毋庸置疑。在文人

---

[1] 《宋史·列传第四十一》："真宗升储，迁礼部侍郎兼太子宾客，诏东宫待以师傅礼。"

[2] 《武夷新集·李沆墓志铭》："太平兴国五年，举进士得高第，解褐将作监丞、通判潭州。郊祀，迁太子右赞善大夫。"

[3] 《宋史·列传第二十六》。

[4] 《宋史·列传第三十二》。

主政的宋代，一个官员如果没有各种关系网或者舆论褒扬，只是一味埋头苦干，是没有人看得见的。自古以来，老黄牛式的干部普遍干不到高级官员。人往高处走，但高处也是苦寒之地。

如此，朝廷便把目光投向了这个年轻人身上。自此，李沆的仕途顺风顺水。在地方上仅仅干了短短三年，便被调到了中央机关任职。

太平兴国八年（公元983年），朝廷重要部门让他拟写约束边将的诏书。李沆正值青年，大有指点江山激扬文字的豪情壮志，便为朝廷写了诏书，最终相府将这份诏书上报给了赵光义。看到李沆写的诏书，赵光义大为赞赏，让李沆以原职在弘文馆当值，还给李沆赏赐了五品官服。①

李沆德才兼备的品性被赵光义发现后，便有了初期的顺利仕途。

雍熙三年（公元986年），王化基上书自荐，希望担任要职。赵光义接受了王化基的自荐，随即对王化基、李沆、宋湜等三人进行了召试。

这里捎带解释一下召试。这是宋朝特殊人才选拔的方式，召试的主考官是皇帝，可见其规格之高。三人参加了召试，对赵光义出的各种题目都应对自如。赵光义便起用了他们三人。据说第二天，赵光义就让一向低调的李沆为右补阙、知制诰，并赏赐每人金钱百万。得知李沆一直固守清贫后，赵光义还额外给李沆赏赐了三十万贯的钱财，让他打理家用。②

次年，也就是雍熙四年（公元987年），赵光义又让李沆与翰林学士宋白知贡举，也就是主持进士考试。因为前一年宋朝举行北伐，史称"雍熙北伐"，科举之事也就没有进行。到了次年，国家自然把科举考试当成一件重要事情来做。宋白与李沆在主持考试结束后，对那些士子上交的试题答案进行了审阅，极尽努力为国家选拔人才，其审题之严谨，为宋代以来所未有。当然，此举也让很多人落了榜。很多士子不服气，对朝廷公布的榜单不

---

① 《武夷新集·李沆墓志铭》："中谢日，太宗命中贵人送丞相府试文一通，以本官直史馆，赐五品服。"
② 《宋史·列传第四十一》。

满意。①

一时间流言四起，有人声称这是李沆与宋白两人背后操纵，故意不让士子们入仕为官。科考这种事，对整个朝野都会造成重大影响。宋初就因为考试中有舞弊行为，处理了一大批人。这时候，这帮士子对考试结果不满意，自然也是担心其中有人做手脚。还有朝中那些唯恐天下不乱的大臣，也都借机发挥，想对李沆等人进行弹劾。

赵光义过问了此事，李沆据实以答，甚至用宁缺毋滥的说法来解释。没想到赵光义不但没有处罚李沆等人，还对他们这样秉公考试的行为大为称赞。

端拱元年（公元988年），赵光义任命李沆为翰林学士。自从担任翰林学士，李沆与赵光义见面的机会就多了，这为李沆与赵光义建立亲近的关系创造了机会。一个人如果总是在皇帝眼前晃悠，皇帝注意他的时间自然就多一些。当然，在任职翰林学士期间，李沆并未想方设法往上爬，而是尽一个士大夫之责，不断劝谏赵光义。只是李沆的劝谏水平很高，他巧妙地将一些见解灌输给了赵光义，而不让赵光义有排斥之心。

正是因为李沆在政治上的成熟，才让赵光义对他格外青睐，这也为李沆后来不断升迁打下了基础。史籍记载："天子知其才可以缉熙帝载，察其德可以镇厚风俗，乃有意于大用也。"②

不久，赵光义又让李沆兼任同判吏部流内铨。这个官职听起来有点儿复杂，其实就是吏部负责考察提拔官员的职位，应该与今天的组织部部长有些相似。这样一来，李沆实际上就进入了宋朝官场的核心。选拔人才之职，可不是一般人能胜任的。在宋朝官场，要想做到不被各种外在因素影响，又要为朝廷选拔出有用之才，没有高洁的品格是行不通的。

淳化二年（公元991年），李沆再次被赵光义提拔为给事中、参知政事。

---

① 《宋史·列传第四十一》："四年，与翰林学士宋白同知贡举。谤议虽众，而不归咎于沆。"

② 《武夷新集·李沆墓志铭》。

这个参知政事在宋朝初期是没有的，后来赵宋王朝为了分割宰相的权力，防止宰相大权独揽，这才设置了参知政事，也就是副宰相。①

李沆在参知政事的职位上一干就是两年。时间到了至道元年（公元995年），朝廷却意外地将其以本职罢参知政事，任奉朝请，对李沆进行了罢免。这里需要说明一下，朝廷虽然罢免了李沆，但只是罢免了他的参知政事，他的行政级别并未改变。而"奉朝请"则是古代专门对闲散高官的一种安置方式。也就是说，这时候朝廷并未将李沆贬出京城，只是没有给他具体的官职，有意让他闲居而已。

可《宋史》里的记载却并未说明罢免李沆的原因，只是说恰好此时李沆因为母亲去世而离职。按照古人守孝的礼节，此时已经闲居的李沆回家丁忧应该满三年才符合规定，可朝廷却还未等到李沆服丧期满，便将他调回，让他担任升州知州。李沆在升州知州任上没干几天，赵光义便又将李沆调任河南知府，兼留守司事。②

其实朝廷罢免李沆的参知政事，也不是偶然的。赵光义这次几乎对整个执政集团的旧有成员进行了一次大换血。与李沆一起被罢免的官员，还有宰相李昉、参知政事贾黄中、同知枢密院事温仲舒。相反，赵光义起用了参知政事吕端、知枢密院事柴禹锡、同知枢密院事刘昌言等人。

不久，在罢免了李沆等人之后，赵光义重新对调整的中央核心人员进行了任命，以吕蒙正为相，以赵镕、向敏中同知枢密院事，苏易简、赵昌言为参知政事。

至此，高层的人事调整完成了。

有学者认为，这次赵光义调整中央高层人事，是宋朝官僚机构里另一派人在作怪的结果，可以理解为最初的朋党之争。但笔者以为，这是赵光义有意为之。赵光义在北伐时受了箭伤，多年来一直饱受折磨。尤其到了这段时

---

① 《续资治通鉴长编·卷三十二》："翰林学士贾黄中、李沆并为给事中、参知政事。"
② 《宋史·列传第四十一》："四年，以本官罢，奉朝请。未几，丁内艰，起复，遂出知升州。未行，改知河南府。"

间，他产生了一种宿命感。此时的赵光义内心焦急万分，为皇位的继承人选问题忧心忡忡。他这次罢免这么多中央高层人员，我们不妨将其看作他为皇储铺路的一种举动。

至道元年（公元995年）八月，在腿疾折磨和两个儿子不幸遭遇的打击中，赵光义终于决定立三皇子赵恒为太子。为国家选择储君，选定了接班人，就得为接班人选一批谋臣，让他迅速成长起来，准备承担国家大任。

此时的李沆，便被升任礼部侍郎，与李至同兼太子宾客。①

赵光义还对赵恒做了交代，那便是每次遇到李沆等人，都必须以师傅之礼对待他们。至于说赵光义为何要让赵恒做这些，也无从考证。不过，我们从各类史籍中似乎能找到蛛丝马迹。赵光义一生长于行政，也算半个武夫。在宋朝三百多年的历史中，除了赵匡胤，他是唯一文武兼备的皇帝。但在他执政的这些年里，他似乎一点点意识到了自己身上的缺点：太强势。所以，在接班人的性格培养上，他选择了另一种方式，那就是让赵恒尽量更温和一些，更仁德一些，少一些强势。让士大夫用儒家治国理政的思想，来改变他们所处的时代那些不利于国家发展的因素。

因此，赵光义选择了李沆等人担任赵恒的老师，让他们对赵恒言传身教。李沆受到了重用，便开始了辅佐赵恒的生涯。在这个过程中，李沆与赵恒两人相处非常融洽。李沆总是巧妙地运用各种办法塑造着赵恒，也在磨炼着赵恒的性子。

对于赵光义给他的这个职务，李沆深知责任重大，不敢有丝毫马虎。如果说将来赵恒在接替皇位之后没有一番作为，甚至出现各种祸国殃民的举动，那责任全部都将是他的。世人不会怪罪一个统治者，只会将这些算在他的头上。圣人也说，"事虽小，不作不成；子虽贤，不教不明"，况且，只要这个皇帝没有磨炼出优良的品质，李沆便担心皇帝会胡作非为，进而改变一个国

---

① 《宋史·本纪第六》："淳化五年九月进封寿王，加检校太傅、开封尹。至道元年八月立为皇太子，改今讳，仍判府事。"

家的走向。这种事绝不能在李沆的身上发生。他给赵恒列出书单，让赵恒系统学习儒家治国之策，并从宋朝的大局出发，拟定出可以辅佐赵恒的办法。

李沆在担任赵恒老师期间，不断给赵恒指明帝王需要注意的事项。李沆用自己的一言一行，影响着这位未来的君王。从国家大政方针制定，到处理君臣之间的关系，再到与外邦建立各种关系，诸如此类，李沆都竭尽所能。如此一来，李沆对赵恒的影响，也就显而易见了。

两年之后，赵光义去世，赵恒成为宋朝第三代皇帝。三月，赵恒即位，是为宋真宗。赵恒继位之后，自然要起用一批自己身边的潜邸旧僚。此时，一直在赵恒身边的李沆就被起用为参知政事，也就是前文所说的副宰相。而此时的首相是吕端。因为吕端对宋真宗有拥立之功，用吕端也是必需之举，不能含糊。

可是吕端在宋真宗继位后，仅仅干了一年半的宰相便辞职不干了。[1]这时候，宋真宗面临着选择宰相的问题。那么，到底是直接选李沆为宰相，还是另选他人呢？此时已经不年轻的宋真宗，表现出了卓越的政治眼光——选择了李沆为相。

在执政以来的短短几年里，宋真宗再一次体会到了与宰相合作的重要性。虽然皇帝拥有无上的皇权，但太祖设立依文治国的政策，给了宰相无比大的权力。纵观伯父和父亲的从政生涯，无不是与宰相机构密切合作，将国家不断向前推进。这应该是经验，宰相机构是一个大到干预皇帝废立，小到无所不统的强大权力机构。

咸平元年（公元998年）十月，李沆以本职与兵部尚书张齐贤同任平章事[2]，李沆兼任监修国史，参与重修《太祖实录》。在宋朝有个不成文的规

---

[1]《宋史·列传第四十》："明年夏，被疾，诏免常参，就中书视事。上疏求解，不许。十月，以太子太保罢。在告三百日，有司言当罢奉，诏赐如故。车驾临问，端不能兴，抚慰甚至。"

[2]《续资治通鉴长编·卷四十三》："户部尚书张齐贤加兵部尚书，与户部侍郎、参知政事李沆并平章事。"

定，一般监修国史的宰相，就是首相。也就是说，这时候李沆已经官至首相了。李沆与张齐贤有过一段时间的合作，宋真宗希望他们两个人合作愉快，不断将宋朝推向繁荣发展的大道。可是，李沆与张齐贤相处得并不和谐。

咸平三年（公元1000年），契丹大兵压境。前线频频传来宋军失利的战报。如京使柳开上书提议皇帝亲征，鼓励士气："臣蒙陛下自代州移知忻州，每见北界归明人言契丹排比南侵，又闻河北边上屯结甚众，数侵犯雁门、宁化等军，度其阴谋，必不轻退，深恐大寒之际，转肆冲突。臣愚，乞陛下速起圣驾，径至镇州，躬御六师，奋扬威武，勿生迟疑之虑，勿听犹豫之谋，周世宗及我太祖、太宗近事，皆可法也……"①

还有一些主战派也纷纷上书。宋真宗思虑再三，决定御驾亲征。第一次亲征宋真宗就需要人来动员，可想而知，后来景德元年（公元1004年）第二次亲征，宋真宗是多么不情愿。此事暂且不表。

既然宋真宗决定御驾亲征，就得选择留守大后方之人。但选择谁为汴京留守，难住了宋真宗。因为此时大哥赵元佐尚在，如果自己御驾亲征，赵元佐身边的那些人，会不会趁此间隙在京城发动政变，拥立赵元佐为帝？这一点难以预料。当年他继位之时，王继恩伙同胡旦等人就想发动政变，拥立赵元佐为皇帝。只是当时宰相吕端早有防御，以至于那次宫廷政变胎死腹中。所有涉案人员，其他人全都处理了，唯独大哥赵元佐被囚禁在宫中。

宋真宗最终选择让李沆担任汴京留守②，原因也很简单，留守汴京之人必须是自己最信任的人，其他人若被赵元佐一派的人利用，拥立赵元佐也不是没有可能。而李沆就不一样了，宋真宗对他知根知底，即使赵元佐身边的人再怎么希望拥立赵元佐为皇帝，李沆也绝不会与他们勾结在一起，对于这一点，宋真宗有十足的信心。所以，选择李沆为汴京留守，最合适不过。

这次亲征，宋真宗还未到达前线便听说宋军获胜的消息，旋即便回到了

---

① 《续资治通鉴·卷二十一》。
② 《续资治通鉴长编·卷四十六》："庚子，车驾至自大名府，李沆为东京留守，不戮一人而辇下清肃。"

朝廷。听说宋真宗班师回朝，李沆率领群臣列队欢迎。宋真宗也很高兴，李沆在汴京留守期间，一切如常。

李沆担任宰相时，协助宋真宗实现了国家大治。君臣之间的深度信任，也是这时候建立的。他们把治理国家的第一条放在吏治上。前文所述的《文武七条》便是从国家层面来制定官员应该遵守的制度。《文武七条》均是廉政之举，是宋真宗苦心孤诣的安排，也是百姓们的热切期望。这在中国历史上可谓首开先河。

对待官员的任职，宋朝也有非常完善的制度。熟悉历史的人都知道朱元璋在建立明朝之后，对官员的贪腐问题尤为痛恨，也出台过许多政策来扼制官员贪腐。实际上，宋代特别是宋真宗时代，对官员的贪腐就已经有相关制度进行制约。

在李沆等人的帮助下，宋真宗还在社会经济、财务、外交等方面进行了大刀阔斧的改革。他沿袭了赵匡胤、赵光义时代好的做法，废弃了一些不适宜的政策和制度，使得宋朝各个行业蓬勃发展，国家综合实力突飞猛进，一些行业出现了前所未有的成果，一些领军人物呼之欲出。

宋真宗对狱法制度也进行了改革，尽量少用严刑酷法，充分尊重人权。

通过这一系列的改革，宋朝一度出现了繁荣局面。手工业、商业蓬勃发展，贸易盛况空前。这时候的宋朝经济已经占到了世界GDP的百分之八十，疆域不大的宋朝出现了令人兴叹的繁华。

在抑制皇权上，李沆也想尽了办法。他经常用身边的事情来警示宋真宗时刻注意周边的情况，李沆成了一个报忧不报喜的官员。这一点，与宋真宗身边那些近臣形成了鲜明对比。

有一次，参知政事王旦对于李沆这种报忧不报喜的行为提出不同意见，但李沆对王旦说，我们的官家还是个少年，很多事他还不懂，也难以想象维持整个国家的艰难之处。我之所以不断对官家说这些事，就是要官家明白治理好一个国家的艰难。否则官家每天处于形势一片大好的太平中会迷失自我，沉溺于声色犬马之中不能自拔，到时候大兴土木，开展各类封禅祭祀之事，国家就麻烦了。当时，王旦还不认可李沆的话，可等到王旦担任宰相之后，宋真宗便开始了封禅祭祀的活动，而且一发不可收，这也成了王旦一生的遗憾。此为后话。

当然，李沆作为首相，凡事都非常谨慎。看似一人之下万人之上，其实一直如履薄冰。他不能独揽大权，也不能排斥异己，作为百官之首，他的一举一动都被所有人关注着。李沆恪守古道，以身作则，在官场中树立了榜样，这为后来的宰相毕士安、王旦都树立了很好的榜样。

李沆对干部的考察也非常灵活。用人不为私，善于察人，也乐于推荐和提拔人才，曾举荐了张咏、晁迥等人。他不拘一格起用真正有本事的人，让他们为朝廷效力，但对于那些钻营之人，一概不重用。比如，对于丁谓这个人，李沆就觉得他有能力，但品行不好。这样的人不适合大用，否则德不配位，会给国家带来灾难。丁谓后来担任要职后，果然如此。[①]

尽管李沆在工作岗位上兢兢业业，仍有人对他的执政心存不满。这期间，便有朝臣上书，指责李沆的工作过失，要求对李沆进行罢免。宋真宗看到弹劾宰相的奏折后很不高兴。他自己对李沆是非常满意的，李沆执行的所有政策，其实都代表了他。有人指责李沆，一定程度上也就是指责宋真宗。宋真宗认为这些人只顾自己在皇帝面前表现，却不知道朝廷各种运作的良苦用心。宋真宗将李沆召来，并将弹劾李沆的折子递给李沆看。

宋真宗对李沆说，对于这种人，朝廷就应该严厉处罚，贬到边远地方去。但李沆有不同意见，他觉得，自从宋真宗继位以来一直都广开言路，充分听取士大夫的意见，可如果为了他个人而堵塞言路，那将是他的莫大罪过。况且上书之人指出的问题本身存在，只要在工作中不断改正就可以了，没必要对上书之人进行惩处。否则就会让人觉得朝廷故意堵塞言路，这对朝廷很不利。宋真宗听了李沆的话，良久不语。或许宋真宗觉得，李沆看到有人弹劾他，一定会对弹劾之人进行严肃处理，不承想李沆不但不要求处理弹

[①]《宋史·列传第四十一》。

劲之人，还表示这种事对朝廷的风清气正大有益处，因此只能作罢。

在李沆为相的几年里，辽宋关系一直很紧张，但正因为宋朝君臣之间没有嫌隙，才让宋朝各个方面迅速发展，产生了盛世的雏形。

其实，自打李沆主政后，宋真宗对李沆的话几乎言听计从。这是中国历史上少有的王朝，也是中国历史上少有的君臣关系。

然而，就在这时候，李沆却去世了。

这让宋真宗措手不及。这么大的基业，没有李沆，犹如失去了主心骨。宋真宗除了感觉痛失依靠外，别无他法。他不止一次去吊唁李沆。[1]由此，也能看出李沆与宋真宗之间关系的亲密程度。

但李沆对宋真宗的影响并未结束，李沆死后很多年，宋真宗依然记得李沆对他的教诲。[2]

寇准、毕士安双宰相诞生

随着李沆去世，宋朝最高行政机构面临着换人的局面。不管宋真宗愿不愿意，这都是摆在他眼前的事实。

此前，吕蒙正也辞职不干了[3]。如此一来，宋朝的两个宰相之位都空了出来。若此时还有个宰相，宋真宗也不至于这么惊慌失措。

宰相是国家行政权力的最高领导，肩负着国家机器的运转重任，对国家的稳定、时局的把控都意义非凡，大大小小的事情都需要宰相亲力亲为。这种岗位不能长期闲置，必须尽快选择合适的人选，填补空缺。

---

[1]《宋会要辑稿·礼》："七月四日，幸宰臣李沆第临奠。先是，幸，问疾。既还，沆以不起闻。即日，复临奠，哭之恸。"

[2]《东坡志林》："真宗时，或荐梅询可用者，上曰：'李沆尝言其非君子。'时沆之没，盖二十余年矣。"

[3]《宋史·列传第二十四》。

可是选谁呢？这个问题难住了宋真宗。

李沆去世前，一直看好王旦，不止一次在宋真宗面前提起他。一直以来，王旦尽管身处中央，却鲜有让人记住的政绩，留给外界的唯一印象是治家严格，素有仁德之风。①若选王旦，那么与王旦同一批提拔起来的这些人该不该用？特别是寇准，他和王旦是同科进士，又在赵光义立赵恒为太子时出过力，寇准该不该用？

宋真宗觉得，王旦虽然有大才，行政能力也很强，可王旦的资历不够。朝廷的很多事情，虽然看品行、看能力，但也看资历。越是到最高权力机关，越讲资历。贸然起用王旦，会不会难以服众？当年宋真宗在任用李沆和张齐贤的时候，也遇到过类似的局面。

这次，又面临这样的抉择。

宋真宗在那些副宰相人选里筛选合适的宰相人选，可是无论选谁，他似乎都有些不满意。李沆给他造成的影响尚在，选宰相自然就以李沆为标准，可宋朝再也找不出一个李沆那样的人了。不论王旦还是向敏中，或是张齐贤，都无法和李沆相比。

不过向敏中、张齐贤这两个人也不是不可以考虑。这两个人曾经与李沆搭过班子，张齐贤是因为与李沆不合导致被罢相，向敏中性格内敛稳重，两人都因为柴氏一案被贬。

是否再次起用向敏中、张齐贤？宋真宗一直拿不定主意。这种最高人事调整，他也不能与人商量，只能自己思考。

此时，宋真宗就把中央最高层的这些人在脑海中一一列出来。每个人都代表一种声音，宋真宗脑海中就有好几种声音。这些声音相互争辩，似乎都想说服宋真宗。

宋真宗纠结万分，便开始询问身边太监的意见，可太监表示自己不能干预国家大事，宋真宗让太监们畅所欲言。有人提示宋真宗，可以从最熟悉的

---

① 《宋史·列传第四十一》。

人身上入手，寻觅宰相的最佳人选。

这个提示犹如一道灵光，让宋真宗茅塞顿开：是啊，为什么不从自己身边最熟悉的人当中选呢？

最终，宋真宗的目光落在了毕士安身上。

其实，毕士安在宋真宗还是太子时，便与宋真宗交好。应该说，毕士安也是他当太子时的幕僚，给宋真宗出过不少良策。

宋真宗也知道毕士安勤于政务，治学严谨，知人善任。这些稳重的性格，是做宰相的最佳素质。可宋真宗转念一想，这些也不足以成为担任宰相的必要条件，那些参知政事，还有各个重要部门的人，都有这些品格。宋朝哪一个宰相不是同时拥有这些能力？

更为严重的是，毕士安此时只是吏部侍郎、翰林学士。虽然也算是高官，可终究连个副宰相都不是。在这样的情况下，如何贸然提拔任用他？论资历，毕士安应该不如王旦；论能力，毕士安远不及李沆。

犹豫不决的宋真宗开始闭门思考。他需要一个起用毕士安的理由，可皇帝做什么事，既可以需要理由，也可以不需要理由。既然心里已经认定了起用毕士安，其他人也就不再考虑了。

最终，宋真宗下定了决心，起用毕士安。毕竟，他对毕士安知根知底，而且毕士安有很多方面与李沆相似。这对于延续李沆执政以来的方针政策，大有益处。

但是，起用毕士安就得先把他提拔成副宰相，然后顺利过渡成宰相，这样才能顺理成章。

于是，宋真宗首先提拔毕士安为吏部侍郎、参知政事。① 这其实就是给官场释放出了信号，朝中大臣一定可以看出宋真宗这么做的原因，也可以看出他的态度——毕士安成了宰相的不二人选。可除了毕士安，应该还有个次

---

① 《续资治通鉴长编·卷五十六》："庚寅，迁翰林侍读学士、兵部侍郎毕士安为吏部侍郎、参知政事。"

相。同时确定两个宰相人选，许多事情也就名正言顺了。

毕士安再次被宋真宗提拔，便进宫感谢知遇之恩。于是，宋真宗和毕士安有了一次短暂的对话。宋真宗表示，如今两个宰相之位都空出来了，今天朕起用你为首相，可还有个次相的位置空着，以你这些年的为官经验来看，谁最有能力担任次相一职？

毕士安首先感谢了宋真宗的皇恩浩荡，对于宋真宗询问的话题，他并没有从正面回答，而是从宰相之位的重要性说起。他对宋真宗说，为宰相之人，一定需要综合协调能力强，忠义公正，能断大事，政治站位要高。而这些品质却不是我所具备的，因此我不敢自视甚高，去当这个宰相。

看到宋真宗似有不解，毕士安又说，我虽然不能担任宰相，可我保举一人，他有我说的以上品行。他高风亮节，刚正不阿，忠君事主，是难得一遇的良臣。

宋真宗一听，顿时眼前一亮：我大宋还有如此人物？毕士安便对宋真宗说，我个人觉得，三司使寇准是宰相的最佳人选。[1]

史籍记载，毕士安说寇准"忘身徇国"[2]。这个词不难，字面意思就是立志为国捐躯。那么，毕士安为何用了这样一个词来形容寇准呢？这其实如上文所述，宋朝一直以来都受外敌侵扰，许多仁人志士都立志到前线报国，即使是那些手握如椽巨笔的文人士大夫，也都有这个志向。毕士安认为，此时宋朝的边患吃紧，起用寇准是最明智的选择。

宋真宗对于这个人选大为意外：你说谁？寇准？

毕士安点了点头，目光坚定。毕士安推荐的人是寇准？宋真宗确定自己的耳朵并没出问题，听到的就是寇准。

寇准这个人，宋真宗也不是没有想过。当年他被确立为太子时，赵光义就是听从了寇准的建议，才最终做出的决定。后来，又加封寇准为三司

---

[1]《续资治通鉴长编·卷五十六》："士安入谢，上曰：'未也，行且相卿，谁可与卿同进者？'士安因言：'准天资忠义，能断大事，臣所不如。'"

[2]《宋史·列传第四十》。

使。所谓三司使,就是分管盐铁、户部、度支的部门,三司使有另一个称呼:计相。朝廷的所有财政都归这个部门管理,比今天的财政部职权更大。寇准在这个职位上,也算是高官了。没承想,毕士安竟然向宋真宗推荐了寇准。

可寇准这个人,秉性耿直,处事也不够圆滑。他没有李沆的智慧,也缺乏毕士安的聪慧机敏,实在不是宰相的最佳人选。也正是基于这个原因,刚刚继位的宋真宗并没有起用寇准。寇准的个性太强,宋真宗觉得自己不一定能够压制得住他。所以,宋真宗选择了李沆,而不是寇准。

这时候,毕士安如果推荐的是王旦,宋真宗或许都会用。可毕士安却向他推荐了寇准。毕士安素来以识人著称,他与寇准私底下的交情也不深,谈不上为个人谋取某种利益,可他偏偏选中了寇准。

那么,就只有一种可能,毕士安看到了寇准身上别人没有的某种东西。事实证明,毕士安是独具慧眼的。正是因为他这次推荐了寇准,最终寇准才力排众议,动员宋真宗亲征。这是后话。

宋真宗对毕士安说,我听说寇爱卿素来强硬,也喜欢意气用事,让他担任宰相,恐难以服众。

宋真宗这么说,就说明寇准在宋真宗眼中是个饱受争议的官员。虽然没有人否定寇准的能力,但寇准处事不够圆滑,也是事实。而宰相要和各种官员打交道,也要解决各种疑难杂症,以寇准的性格,做起这些事来有难度。①

对于宋真宗的疑问,毕士安有不同意见。他对宋真宗说,寇准这个人,性格的确有强硬的一面,也有处事不够稳重的毛病,可他大公无私,品行端正,又高风亮节,疾恶如仇,见不得有损国家利益之事,一向以为国效力为毕生追求。这些德行,看似强硬偏激,其实不过是不与世俗之人同流合污罢了。朝中的大臣,刚刚出仕为官时,哪一个不是立志为国鞠躬尽瘁死而后

---

① 《续资治通鉴长编·卷五十六》:"上曰:'闻准刚,使气,奈何?'"

已？可当他们进入官场，沾染官场的风气后，就丧失了原来那些宝贵的品格，逐渐变成老于世故的官油子。他们圆滑无比，喜欢随波逐流，即使有些高贵的品质，也都表现不出来。可寇准不一样，他为官这么多年，一直坚持着自我本性，一直坚持精忠卫国，不被世俗所影响。让这么一个有个性的人担任宰相，可谓大宋之福。况且，尽管如今天下四方平定，百姓安居乐业，可国家的边患问题一直没有解决。党项人经常侵扰边关，烧杀抢掠，辽宋关系也一直很紧张，这个时候起用寇准是最佳选择，也只有寇准可以御敌保国。[1]

看着毕士安一副郑重其事的样子，宋真宗知道，毕士安是拿定了主意才向他推荐的寇准。要想让毕士安转变态度，很显然做不到了。毕士安和李沆一样，虽然没有寇准那么强势，可对于自己认定的事情一向会坚持到底。

宋真宗表态说，江山易改本性难移，寇准强硬执拗的性格不宜当首相，他需要你这样有威望、有德行的人压制，才能干好工作。否则，寇准如果大权在握，难免会制造出一些不必要的麻烦。听到宋真宗这么说，毕士安不再与宋真宗争论，因为宋真宗似乎已经采纳了毕士安的建议。

此刻毕士安的心情应该是愉快的。宋真宗由刚开始的不同意起用寇准，变成了勉强同意。看来毕士安的坚持举荐，起到了作用。

其实，这也很容易理解。寇准在朝为官时，赵光义就很喜欢寇准，只是寇准执拗的性子一上来，谁也拿他没办法。当年寇准上书，没有被赵光义采纳，寇准便拽着赵光义的衣服，要求赵光义采纳自己的意见，让赵光义很没面子。赵光义最终把寇准贬出京城，但后来，赵光义还是念及寇准的忠义，把他从外地调回了中央。即使在立太子这样的大事上，赵光义也是听了寇准的意见。

---

[1] 《续资治通鉴长编·卷五十六》："士安曰：'准忘身徇国，秉道嫉邪，故不为流俗所喜。今天下之民，虽蒙休德，涵养安佚，而北敌跳梁未服，若准者正宜用也。'"

这些事情，宋真宗也是参与者、见证者。对寇准这个人的品性，他还算是知根知底。可知根知底，并不一定就得重用。寇准虽然力荐他为皇储，但寇准与宋真宗的关系，远没有李沆、毕士安等人与宋真宗亲密。

所以，在对待寇准的问题上，宋真宗与毕士安有争议。当然，宋真宗最终还是接受了毕士安的举荐。或许，在宋真宗看来，毕士安举荐寇准已成定局，自己若执意驳回毕士安的举荐，会不会让毕士安就此不干？这些已经无从考证，总之，宋真宗同意了起用寇准。

可宋真宗的态度也很明确，首相还是要毕士安来担任。对寇准，宋真宗多少有些不放心。毕士安接受了宋真宗的安排，不管谁是首相，谁是次相，都是为了大宋。次相也是宰相，以后他就能与寇准一起支撑起整个宋朝了。

当初推荐寇准为相时，毕士安心里其实没底。他害怕宋真宗基于寇准强硬的个性而拒绝。一定程度上讲，如今的朝廷正需要寇准这样强势的宰相。也正是这个原因，毕士安才力荐寇准。现存的资料里，我们找不到毕士安与寇准私交甚密的记载。

在这里，有一点还是值得追问：毕士安为什么要力荐寇准为相？虽然有他所述的理由作为支撑，但笔者认为，更重要的一点，是毕士安看到了寇准身上某种品质：忠贞不渝，誓死捍卫国家尊严。这对于一直有边患问题的宋朝而言，是非常实用的。毕士安从寇准身上看到了自己身上没有的东西。文人士大夫这种相互欣赏而不是相互诋毁的交往，也只有宋朝才会有。他们不是朋党，甚至不是好友，可对于人才，对于忠君报国，他们的观点和态度是一致的。他们用自己的一言一行，践行着"君子和而不同"的原则。

当然，对于让寇准为相这件事，宋真宗和毕士安都有各自的站位和思考。也许，在宋真宗看来，毕士安和寇准两个人，一个稳重，一个大胆，正好可以相互弥补，扬长避短，这何尝不是一种很好的组合？如果这种组合能发挥出作用，甚至比起用两个都强势的宰相更好。

接下来，宋真宗便让人草拟诏书。

到了八月初，在一次廷议时，朝廷便下了诏书，让寇准和毕士安同时担任宰相，首相是毕士安，次相是寇准。①

由此，开始了两个人支撑宋朝天下的时代。毕士安虽然是首相，但更多的中书门下省的行政工作，是由寇准来完成的。毕士安只是为寇准排除了一切干扰，让他放开手脚去工作。毕士安这种甘当绿叶的高风亮节，也让后世津津乐道。

同时，宋真宗还起用了几个重要人物，这几个人物都将在以后的历史中，改变整个宋朝的走向。比如，朝廷以知枢密院事王继英为枢密使，以同知枢密院事冯拯、陈尧叟并为签书枢密院事。以工部郎中刘师道权三司使公事，自后三司除使，多用此制。②

申宗古状告寇准

在寇准与毕士安双双为相不久，汴京又发生了一件大事，一时间朝野震动，人心惶惶，在刚刚平静下来的官场上，再一次掀起了轩然大波。

而参与这件事的主角，正是刚刚为相的寇准。

那么，到底是件什么事，让宋朝整个官场都震惊不已呢？

事情得由一个叫申宗古的人敲登闻鼓说起。此人是一介布衣，史籍中除了记载他本次敲响登闻鼓之事，再也找不到任何关于他的文字。③

这里补充一下登闻鼓。这是历朝历代都设立的信访接待之物，只是每个

---

① 《宋史·列传第四十》："景德元年，以毕士安参知政事，逾月，并命同中书门下平章事，准以集贤殿大学士位士安下。"

② 《续资治通鉴长编·卷五十七》："宣徽南院使、知枢密院事王继英为枢密使，同知枢密院事冯拯、陈尧叟并为签书枢密院事，仍诏拯、尧叟俸秩恩例并同枢密副使。继英小心谨靖，以勤敏称，上倚爱之。旧制，枢密祖母、母止追封郡太夫人，特诏悉加国封。"

③ 《宋史·列传第四十》："准为相，守正嫉恶，小人日思所以倾之。有布衣申宗古告准交通安王元杰。"

朝代设立登闻鼓的作用不同。清代著名学者黄本骥在《历代职官表》记载："唐代于东西朝堂分置肺石及登闻鼓，有冤不能自伸者，立肺石之上，或挝登闻鼓。立石者左监门卫奏闻，挝鼓者右监门卫奏闻。"此时，宋朝还未改制，诸多制度沿袭了唐朝，因此这个解释最为合理。登闻鼓到了宋代，就具有了某种权威性。非大案子，不能敲登闻鼓。只要敲响登闻鼓，那肯定不是一般的案子。

这个申宗古敲响登闻鼓，绝非一般之事。负责案件诉讼部门的负责人，接待了申宗古。布衣申宗古上了堂，便声称要状告当朝宰相寇准谋反。

负责审理此案的官员一听大惊失色，当下就对申宗古诉讼案有了几分重视。此人一介布衣，竟然信口开河，要状告当朝宰相？这不是找死吗？审理案件之人以为遇到了神经错乱者，起初还不相信，但问了几句，这个人便牵扯出安王赵元杰。申宗古表示，寇准曾经联合安王赵元杰意图谋反，自己手里还有一些他们一起密谋的证据。随即，申宗古便开始了状告寇准的陈词。

审理案子的人半信半疑，却也不得不重视这宗案件，毕竟申宗古状告的不是一般人，而是宋朝的一个已故王爷和当朝宰相。

案子便在此处发生了重大转变，审案之人不敢再往下审了。况且，这么大的案子，自然也超出了他们工作的权限。他们受宰相领导，可没有去调查宰相的权力。即使敢于去调查，可如果弄错了，那可不仅仅是丢饭碗的后果，还有可能掉脑袋。

案件的负责人也不是一般人。在他看来，既然申宗古敢敲响登闻鼓，这么信心十足，此人一定是掌握了某种证据，才会如此有恃无恐。否则诬告朝廷大臣的后果，非一般人能够承受。况且，这人一上来就直指亲王和宰相，这事不管真假，都引起了人们的强烈关注。即使此事是真事，如果牵扯出更多的人来，也是一桩麻烦。

审案之人便赶紧将此事上报给了主管部门。接着，就是层层上报。毕竟谋反罪可是重罪，谁也不敢接这个烫手的山芋。这件事若处理不好，谁都没有好果子吃。

然而，好事不出门，坏事传千里，谁都想看看事态的发展。宋朝那些大臣，都以旁观者的冷淡态度注视着本案的进展情况。最终，案件上报到了宋真宗手里。

此时，也只有宋真宗能处理。

当然，这个消息寇准也知道了。毕竟，天下没有不透风的墙，况且他是涉案人员，又是次相，得到的消息一定比别人多。只是，这件事对寇准而言，也是有口难辩。谋反之罪，何患无辞？寇准根本没办法解释，也解释不清楚。试看历朝历代那些被冠以谋反罪名的人，哪一个有好下场？

事情已经到了超出寇准把控的范围，他不能预测事态究竟会朝哪个方向发展，只能在家里等候消息。①

看到申宗古的诉状，以及整个案子的初审记录，宋真宗有些惊讶，也有些担忧。令人惊讶的是，为什么偏偏是这个时候，申宗古状告寇准？他完全可以在寇准与安王谋反时就上告。可他偏偏选择了这个时机，是不是有另外不可告人的目的？这也正是宋真宗所担忧的，他听从毕士安的意见，起用寇准为相，如果这个案子是某些人别有用心之举，那么宋朝的官场就太可怕了。

这是不是寇准一向强硬的手腕招致的祸端？此时宋真宗也没有更好的办法进行辨别，但既然这个案子受到的关注度极高，就得妥善处理，否则带来的负面影响将不可想象。

宋真宗想起了毕士安，这时候，或许只有毕士安才是解开这道难题的人。于是，宋真宗召见了毕士安，与他商量此事的处置办法。

宋真宗将诉状和提审记录交给毕士安看，并说出了自己的担忧。寇准刚当上宰相，宋朝就出现这样的事，绝不简单。况且，一介布衣，是如何知道寇准与安王勾结谋反的？这种一下子就点到人死穴的做法，也绝非一般人能够想出来，哪怕这个人是宋朝的宰相。

---

① 《宋史·列传第四十》："准皇恐，莫知所自明。"

其实毕士安早就知道此事了。对于此事，毕士安似乎与宋真宗有着同样的疑惑。毕士安极力为寇准辩解，担保寇准绝不是这样的人，他一直忠于朝廷，忠于官家，从未想过叛变。毕士安还提及当年寇准推荐宋真宗为太子的往事，如果寇准有意谋反，何必要在先帝面前推荐官家呢？宋真宗觉得毕士安说得有理，但这件事整个天下都在关注，必须要谨慎处理。毕士安请求宋真宗将此事交给他，让他去审理，保证给天下一个满意的调查答案。①

看到毕士安一副成竹在胸的样子，宋真宗答应了。他相信毕士安的为人，也相信毕士安的能力。

毕士安回去后，便立即提审了申宗古。既然这个申宗古一口咬定寇准谋反，那就得听一听申宗古的状告，让申宗古把该说的都说了。至于毕士安联想到的某些不该说的，也得让申宗古说了。

为了将此事的影响减到最小程度，这次毕士安做得比较隐蔽。他害怕消息走漏，也害怕牵扯出更多的人，便将申宗古秘密押解到一个地方，身边全部换成自己的人。这样，整个审理过程都成了一个谜，外界根本不知道如何审理此案的。那些高度关注这件事的人，也只能就此却步。毕士安很清楚，这件事责任重大，牵涉多人，他要对这一切负责。

对于此事，毕士安在听到后便能猜出背后的操纵者，这与胡旦当年鼓动翟马周之事十分相似。这时候，毕士安问申宗古，是谁指使他干的？起初，申宗古还执意说这件事是他自己做的，背后没有人。毕士安笑了，那笑容让申宗古猜不透这个首相要干什么。

可毕士安也在地方上任过职，尽管此时他是宋朝宰相，但他是从地方官一步步干到这个职位的，任何案件在他面前，他都能看出其中的玄妙。对诉讼案件的处理，他自有其一套办法。看到申宗古躲闪的眼神，毕士安就知道这其中必有隐情。

毕士安对申宗古警告道，既然你不说，那就让你尝点儿苦头，你再决

---

① 《宋史·列传第四十》："士安力辩其诬。"

定说不说。随即,那些狱卒便动起手来,用刑罚让申宗古享受了一番。不承想,还没动用最严酷的刑罚,申宗古就坚持不住,放下了不扳倒寇准决不罢休的劲头,招供了。

可是具体招出了谁,史籍资料中没有记载,我们也无从知晓。史籍中记载的是,毕士安审理完案子之后,得出了一个结论:申宗古诬告朝廷重臣,所谓寇准谋反之说,纯属子虚乌有。[①]

不久,毕士安便对申宗古判了刑,择日斩首示众。[②]

可事实真的是这样吗?或许宋真宗的担心成了某种现实,因为在寇准后来的为官生涯中,随着与他为敌的力量一点点地显现出来,宋真宗最终罢免了寇准的宰相。当然,这是后话。

应该说,在处理申宗古状告寇准与安王赵元杰谋反案件中,毕士安顺藤摸瓜,一定找到了主使申宗古诬陷寇准的人,也就是那位幕后黑手。这一定是个有组织的犯罪团伙,他们组织严密,分工细致。而且这个组织涉及的人,一定是朝中高官。

当年,对于寇准因为过于强势而得罪各种势力的事情,毕士安早有耳闻,甚至亲眼见过寇准的强硬。可这个寇准是他推荐的人,这时候,他总不能自己站出来说寇准确实有问题。当然,如果寇准真有问题,毕士安也绝不会手软。可申宗古案状告寇准谋反一案,就是一个彻头彻尾的诬告案。而且参与这件事的人,手段之高明,无人能及。他们诬陷寇准和安王赵元杰谋反,在他们看来,是一步绝妙的好棋。

这一招,直接将寇准逼到了山穷水尽的境地,因为安王赵元杰已经于一年前去世,这个案子,也就成了死无对证的铁案,任由状告方怎么说都有理,而寇准偏偏百口莫辩。若安王赵元杰还活着,只要将赵元杰和寇准两人叫到一起,当面对质,此事的真相便可大白于天下。可谁能让死人开口呢?

[①] 《宋史·列传第四十》:"下宗古吏,具得奸罔。"
[②] 《宋史·列传第四十》:"斩之,准乃安。"

这样一来，毕士安的处理就显得非常高明了。他在审理申宗古时，申宗古一定交代出了这场诬告背后的主谋，而且一定是寇准的政敌，可毕士安选择了息事宁人的做法。他没有将案子审理的真正结果上报给宋真宗，只是说申宗古诬告朝廷重臣，被他杀了。宋真宗听说这件事的处理结果后，便不再过问了。

但毕士安将申宗古斩首后，也未将审理的结果公之于世，这一步棋显然是以退为进，也给那些意图在背后搞垮寇准的人发出了警告。毕士安的意思很明确，若再出现此类情况，想扳倒寇准，申宗古的下场就是前车之鉴。

此后，虽然寇准一如既往地强势，但毕士安总是能游刃有余地解决掉寇准身边的一切问题，让寇准没有后顾之忧。

那些暗中的力量似乎看到了毕士安的手段，只能躲在暗处，等待时机。因为只要有毕士安在，他们就别想着动寇准。

如此，毕士安和寇准便开始了强强联合，推动宋朝经济、社会的发展。而这一年，注定了毕士安和寇准会成为主角。

第五章　举国南侵

汉家烟尘在东北，汉将辞家破残贼。男儿本自重横行，天子非常赐颜色。摐金伐鼓下榆关，旌旆逶迤碣石间……杀气三时作阵云，寒声一夜传刁斗。相看白刃血纷纷，死节从来岂顾勋。君不见沙场征战苦，至今犹忆李将军！

——［唐］高适《燕歌行》

震动朝野的消息

就在毕士安和寇准担任宰相不久,前方便传来消息称,有边关守将发现经常有一小股一小股的辽军,穿过辽宋边界,在宋朝境内大肆抢掠。但当宋军追击时,他们又无心恋战,很快便消失了。

当收到这些消息后,寇准对眼前的形势有了几分警惕。于是,寇准便给宋真宗上书:辽军如此做,是故意挑衅侮辱我们,希望官家您挑选一些有才能的将领,让他们分别在关南各处要塞布防,以防辽军突然袭击。[①]

对于寇准的进言,宋真宗持赞成态度,但没有立即采取行动。因为朝廷之前已经对整个关南地区的布防重新做了调整,况且此时的辽军只是小部分在骚扰边境,大军并没有动静。宋真宗觉得,当务之急是继续密切关注辽国大军动向,小部众就任其骚扰,只要边境守将们做好防备即可。

但是在寇准看来,辽军这样骚扰宋朝边境,绝不仅仅是为了骚扰,一定有更大的目的,只是这个目的,宋朝并未发现罢了。宋真宗觉得寇准神经过敏,但寇准还是忧心忡忡。

寇准当即就让北方前线的守将们加紧巡逻,及时收集情报,将最新最准确的消息上报给朝廷,让朝廷随时都能调整前线的部署。

---

① 《续资治通鉴长编·卷五十七》:"是狃我也,愿朝廷练帅领,简骁锐,分据要害地以备之。"

宋朝边境的守将接到命令后，便派出更多斥候在辽宋边境巡视辽国的动静。

但他们并未收集到辽国出兵的消息，不知是辽国严格保密，还是辽国本身就无出兵的打算。宋朝派出的斥候，多日之内竟然没有探听到任何消息。

这时候，寿州①受灾，颗粒无收，到处都是灾民。朝廷接到地方上报的灾情后，开始想办法救灾。此时，寿州知州陈尧佐②便将自己囤的粮食用来煮粥施饭，那些寿州的官员富豪也都纷纷效仿，救活了数万人。此事被上报朝廷后，朝廷对陈尧佐进行了一番奖赏。③

然而，此事过去不久，一拨蝗虫便袭击了宋朝北方的陕、滨、棣等州④，毕士安和寇准马上组织人员进行抗虫救灾活动。

然后，在全国各处都有各种事情发生，中书门下时常会收到各处地方官的奏折，需要解决各种问题。朝廷也就把此前契丹小股兵力入侵边境的事情忘了。

但满朝文武都只看到眼前的灾情，似乎只有寇准一个人在密切注视着北方的辽国，他让那些边境守将继续密切关注辽国动静，一有消息迅速上报。

宋朝守将们只能继续派出斥候打探消息。这次，他们派出了更多人去打探，一些斥候甚至乔装打扮渗入辽国边境以内，了解辽国的动静。

这次大面积撒网，还真探听到了消息：辽国正在秘密训练部队，也重新起用了一些将领，准备大举南侵，欲夺回关南之地。

前线的战将们迅速对消息的真伪展开分析。经过商量，他们一致认为辽国此时南侵应该是真的。望都之战后，辽宋两国都没有再次发动战争，按照

---

① 今安徽省淮南市寿县。
② 陈尧佐进士及第，咸平初年，任潮州通判。三年后，被召还朝廷，任直史馆，知寿州。参考《续资治通鉴长编·卷四十九》。
③ 《续资治通鉴·卷二十四》："庚申，知寿州陈尧佐，自出米为糜以食饿者，而吏民皆争出米，共活数万人。尧佐曰：'吾非行私惠，盖以令率人，不若身先而使其从之之乐也。'"
④ 《续资治通鉴长编·卷五十七》："陕、滨、棣州言虫蝝害稼。"

辽国这几年的攻势，每隔一段时间必然会率部南侵。从公元999年到公元1003年，几乎年年都要打仗。现在辽军已经休整了近一年，他们有理由也有实力再度南下[①]。

于是，边境守将们迅速将这件事上报给了朝廷。

接到前线战报，朝廷火速召集群臣商议此事。朝堂之上气氛很凝重，大家都在窃窃私语。

宋真宗将事实摆出来，想听听群臣的意见。尽管他知道这会让大臣吵成一锅粥，可也要让他们说一说。或许就在这种争论当中，能够找到解决的办法。

于是，大臣们开始各抒己见。很多人都对辽国南侵的行为先来一通斥责。可斥责并不能阻挡辽军南侵，宋真宗不想听这些抱怨之声，抱怨根本不能解决实际问题。他让大家多提意见，最好能提出有效的防御之策。

有些人想标新立异，发表一些另类意见；也有些人根本不表态，站在群臣当中，静观其变。

朝廷内部形成了几种不同的意见，这也是在宋真宗意料之中的。每次遇到大事都需要讨论很多次，才能达成一致意见。

主战派以寇准为主，建议主动出击，截杀辽军。若能主动出击，胜负尚未可知；若能实施斩首行动，更能彰显国威。狭路相逢勇者胜，不能总是被动防御。

保守派鉴于多年与辽军周旋，并未取得实质性胜利，反而让宋朝因战争无休无止致使国库空虚，所以不建议主动出击，只做好防御即可。他们甚至列举出这二十多年来辽宋每次战役的结果，用来警示那些主战派不要轻举妄动。

然而，宋真宗毕竟是在深宫庭院长大的皇帝，对战争非常陌生。之前那次亲征，他还没有到达最前线，战争就结束了，他很快就回到了汴京。真正

[①]《续资治通鉴·卷二十四》："甲戌，边臣言契丹谋大入。"

意义上，宋真宗并没有参与过战争。尽管朝廷每年都会在金明池举行军事演习，但那也仅仅是演习而已。

所以，当意见分成两派时，宋真宗更倾向于保守派这一边。

宋真宗依稀记得，父亲赵光义那么强势，做了那么周密的部署，依然没办法击退辽军。雍熙北伐可谓是不败的战役计划，但宋军依然惨败。

这次，他能胜过父亲赵光义，力挫辽国吗？对此，宋真宗没有丝毫信心。

宋真宗觉得，既然没有信心击败辽军，就还得在防御上做文章。辽国多次南下，所图无外乎关南十县，只要派出重兵守住这些地方，辽军南下攻宋就不会顺利。况且这些年来，宋军在前线各个重镇的布防已初见成效，辽军并没有讨到多少便宜。

宋真宗对不主动出击、以防守为主的战略进行了拍板。所有人都只能服从，即使寇准全力主战，也孤掌难鸣。

宋真宗对文武大臣说，防御之策既定，就请各位爱卿提供防御策略。

武将们开始分析当前战局，但所有人都不能确定辽军会从何处发动进攻，所以防御之策也就没有重点。当然，也有善于观察的大臣提出，根据最近几次辽军进攻的方向判断，定州一定是辽军的目的地。他们分析定州的作用、地势以及对宋辽的意义，定州一定首当其冲。

寇准看到宋真宗没有主动出击的决心，只能退一步做打算。他也认为辽军会攻打定州，因为定州是整个宋朝在北方防守的重心。不过辽军的意图向来不明确，寇准也实在很难预测，只能按照战时情况再做决定。

此时有人提出，让镇州广锐军以及旁边的南州军到定州驻扎。如此调动，还是为了稳住定州大阵，只要这个以唐河为界列出的大阵不乱，辽军就别想轻易南下。宋真宗深以为然，准了这个办法。[1]

---

[1] 《续资治通鉴长编·卷五十七》："诏镇州所屯河东广锐兵及近南州军，先分屯兵并赴定州。"

其实，宋朝这样做也是有道理的。毕竟只是听说辽军要攻宋，但辽军还未行动。在不知道辽军意图的情况下，以不变应万变的策略无疑是正确的。

朝廷还让前线将士继续派出斥候探听消息，不断收集情报，密切注意辽军动向，随时随地掌握情况给朝廷上报。

如此一来，整个关南之地的宋军将士，便处在一种紧张的气氛之中。

然而，辽军并未迅速在边境集结。不过派出去的斥候不断传来消息，辽军攻宋已成定局。宋朝上下都知道了这件事。萧太后带着辽圣宗已开设祭坛，祭祀祖宗，准备举国南侵。

辽国已经对全国各处的兵力进行了调遣，只在几个关键处留了兵马，其他地方的人马都在向幽州聚拢。

情况越来越明晰。宋朝这边接收到的消息越来越多，也不断地加强部署。这段时间内，宋为了防御辽军南下，做了多次战略调整。

首先，朝廷让代州副部署元澄抓紧时间部署，做好抵御辽军从雁门关一带南下攻宋的准备，并及时牵制辽军。宋朝高层认为，辽军这次的主要进攻方向一定是关南之地，雁门关处辽军或许不会去。代州一带有天然地理优势，易守难攻，有元澄便足以抵抗辽军。①

既然整个关南之地才是防务的重点，那么就得在关南之地不断加强防御，阻挡辽军南下。于是，朝廷让并、代两州副部署雷有终带领着大部队离开代州驻扎地，从土门路出发，到镇州与大军会合，屯兵于平定军②。

随即，朝廷又让北面缘界河部署康进、邢州路刘用两人率所部到沧州、邢州屯守，并给了他们大权：辽国军队若在沧州、邢州入境，就请康进和刘用率军进行阻击，阻止辽军入境。③

没过几天，朝廷又给天雄军下了一道圣旨，让天雄军以北及滨、棣、

---

① 《续资治通鉴长编·卷五十七》："俟戎人南牧，即率所部于境上御备牵制之。"
② 北宋太平兴国四年（公元979年），宋朝在此置平定军，治所在平定县（今山西省阳泉市平定县境内）。
③ 《续资治通鉴长编·卷五十七》："戎人入寇即邀击之。"

德、博等州加强城内巡视，注意对城中人员的识别和防范，以防辽国细作渗入城内。圣旨还事无巨细地交代，若有辽兵想要入侵这些地方，掠夺百姓财产，或者伤害人命，不管是否发现赃款赃物，都可以先斩后奏，具体可由天雄军自行裁夺。①

这便给了天雄军处置边患的权力。宋朝边境上的每件事向来都隶属于朝廷管理，这次，朝廷给了天雄军这么大的职权，可见朝廷也预测到了辽宋之间即将到来的大战。

不久，朝廷让原马军都指挥使、感德节度使葛霸为澶州修河都部署，还给葛霸派了两个助手：一个是崇仪使张利涉，一个是内殿崇班王怀昭，让他们一起在澶州防守。

没过几天，朝廷又降下圣旨。这次是下达给北面都部署王超等人，命他们率军驻扎在唐河一带，并在唐河边上修建临时防御工事，防止辽军从唐河入境。②

看这部署，就知道宋朝也绝不仅仅是以静制动，该部署的地方一样都没有落下。朝中的那些智囊也没有休息，每天分析着眼前的沙盘，推测辽军会从何处来。

九月底，朝廷又对天雄军驻地的主要领导职位进行了调整，任命永清军（治所位于今河北清河县）节度使周莹替代王显为天雄军驻军都部署，主管军府事，将王显调到了河阳担任总负责。

这时候，精神高度集中的宋朝边境守将们得到了消息：辽圣宗不日便会到达幽州，对幽州的辽军进行检阅。

宋朝边境守将们开始紧张起来：难道辽圣宗这次来就是要过长城口，入侵大宋吗？但辽圣宗并没有继续南下的意思，只是在幽州城里待了几天便

---

① 《续资治通鉴长编·卷五十七》："令天雄军以北及滨、棣、德、博等州警察部内，有因敌骑入寇，警劫民户资财，情理切害者，不限有赃无赃，首从并处斩讫奏，自余禁系取裁。"

② 《续资治通鉴长编·卷五十七》："北面都部署王超等引大军顿唐河，树营栅以备寇。"

离开了。①宋朝将士们猜不透辽圣宗这次到幽州的意图，只能命人继续加强布防。

二十万铁骑压境

景德元年（公元1004年），有个闰九月。

此时已是深秋，天气逐渐变凉，青草开始泛黄。正是在这样的背景下，辽军开始了南侵的步伐。

为了这一刻，辽国已经筹备了一年多，上上下下备受时间煎熬，如今终于要付诸行动了，精神却反而格外紧张。

可以想象，辽这次以举国之兵南下，必然抱了胜败在此一役的决心，不成功便会继续留下隐患。辽宋关系已然影响到两个国家的发展。

但是，南下虽然既定，辽国却并没有迅速付诸行动，他们似乎在等待着时机。毕竟这次南下和以往任何一次都不同。此前，辽宋有过多次战役，各有胜败。可这么大规模的战役，是二十五年来第一次。

闰九月初，萧太后和辽圣宗主持了盛大的祭祀仪式，邀请全族最有威望的人参加。当然，那些大将也都在参与者之列——这次南下，他们是主角。

祭祀的这一天，天气很好。

供桌上摆满了祭祀之物，青牛、白马②放在供桌最中央，后面是契丹各位君主的灵位，旁边还有些草原上少有的果蔬之类。一只硕大的香炉，赫然立在最前面，三支香散发出的缕缕轻烟，随风飘散。

百官衣衫整齐，庄严肃穆。萧太后亲自主持这场祭祀，整个祭祀过程显得格外隆重。

---

① 《续资治通鉴·卷二十四》："丙午，辽主如南京。"
② 《辽史·地理志一》："每行军及春秋时祭，必用白马青牛，示不忘本云。"

萧太后虔诚地给祖先牌位上香祭拜，然后轮到辽圣宗率领百官祭拜。

祭拜完天地、祖宗，穿着怪异的萨满便在众人面前跳起了大神。萨满嘴里念念有词，念着别人听不懂的话语。辽圣宗和萧太后等着萨满探听天意，占卜卦象。这种依靠迎接天神的制度，一直在辽国延续着。

一场庄严的祭祀过后，萨满向辽圣宗和萧太后传递了天神的意思：这次辽军南下，是天神向契丹人发出的讯号，是恢复契丹人的威望之时。萨满还信誓旦旦地表示，有天神的保佑，辽军一定会凯旋。

等这一切做完后，萨满将辽军出发之日选在了闰九月十二。

这是天神给契丹钦定的日子。萧太后和辽圣宗再一次拜谢天神，也拜谢辽国列祖列宗，希望他们保佑辽国这次取得成功。

随即，萧太后命所有辽军在幽州驻扎，准备攻宋。辽圣宗命弟弟楚王耶律隆祐[①]留守京师[②]。如此，整个部署已经妥当。

闰九月初八，在幽州城里，萧太后再次组织了一场小规模的祷告仪式。她让辽圣宗向上天表明自己的态度，也表明辽这次举国南下的决心。毕竟此行意义非凡，这次辽动用了全国之力去攻打宋朝，不敢有丝毫马虎，辽国也失败不起。

萧太后和辽圣宗在三军将士之前训话，给所有人统一思想。这一场面显得尤为宏大，士兵们的呐喊声响彻云霄。

至此，萧太后和辽圣宗的这次准备工作才告一段落。

到了闰九月十二这一天，按照之前的部署，所有辽军将领都率领部队在固安[③]集结，做战前准备工作。

[①] 耶律隆祐（979—1012），又作隆裕，契丹名高七、胡都堇。辽国皇族，辽景宗耶律贤第三子，母亲萧绰。

[②] 首都上京，今内蒙古巴林左旗南。

[③] 隋开皇六年（公元586年）设固安县，治所在原方城故城，因与阳郡之方城县同名，故借用北魏时固安之名，隶属幽州涿郡。辖境含现境和永清西部、霸州北部、高碑店市东部及雄县一部分。靖康之变后，金国在这里设立析津府。

萧太后和辽圣宗再一次召集文武群臣商议南下的部署。尽管这个部署已经论证过多次，但最后还是要给每位重臣将领讲清楚事态。

那些辽军高级将领早就跃跃欲试。这其中有很多年轻的面孔，透露着初生牛犊不怕虎的神情。但萧太后为了稳妥起见，还是决定起用萧挞凛等人为主要行军长官。打仗不是处理一般事务，有它的特殊性。

这些年轻的将领各抒己见，提出南下攻宋的策略。萧太后很欣慰，这些人将来都是辽国的栋梁。

那些投降辽国的汉臣，也都表达了意见。许多汉臣自然不愿意辽攻宋，所以，很多话都有保留，但韩德让父子似乎对这次南下信心满满。他们已经成了地地道道的辽国人，不像那些后期投降过来或者被辽军掳掠过来的汉人。

最终，萧太后询问了王继忠的意见。王继忠虽然也是汉臣，但他与一般的汉臣有区别。一是他文武双全，二是他慧眼独具。另外，王继忠与宋真宗的关系也不一般。这些因素组合在一起，就是萧太后在望都之战中俘虏王继忠后没有杀他的原因。由此可以看出萧太后的远见卓识，了解她的能力和手段。

对于辽国这次举国南侵，王继忠既不希望看到，也无可奈何。毕竟宋朝是自己的故乡，怎么能忍心眼睁睁地看着辽去攻宋？

可谁又能改变萧太后的主意？王继忠作为降将，唯一能做的也只有提示萧太后，一切只有到了战场才能验证部署是否得当。战争瞬息万变，谁也不敢保证战前部署一定会万无一失。

王继忠的话像一盆冷水泼向那些主将，很多人已经不愿意搭理他，有些辽国将领甚至怀疑他是因为与宋朝私下勾结，才会说出这些给辽国泼冷水的话。但萧太后觉得王继忠说的话有道理：王继忠在战场上这么多年，周旋于辽宋两军之间，对战争形势肯定看得更透彻一些。

最终，萧太后决定把王继忠带在身边。王继忠最熟悉宋军，可以给她当参谋，也可以在她失去理智时及时制止她，不让她犯错。汉人常说，以人为镜。①况且此时萧太后并未想着要灭宋，辽宋之间的和谈已经成为一种趋势。带上王继忠，可以让其与宋朝交涉，很多棘手的问题也能找到解决的办法。

经过一系列论证，辽国南下攻宋已经有了一整套方案。于是，辽国开始选择南下攻击的目标。

这次，辽军的目标还是关南之地十县。这里是辽宋多年来一直争论的焦点，也是非常重要的地方。虽然这次举国南下，可孰胜孰负，萧太后心里没底。只能先迈出第一步，然后根据实际情况，再做出战略调整。另外，这十县距离幽州最近，如果能顺利拿下这十县，进能攻，退能守，南下的路也就顺畅多了。即使日后辽国强盛，要统一全国，也应该以此为基础。

辽国要拿下这十县，绝非易事。因为宋朝也知道这十县的重要性，因此在定州、瀛州部署了大量兵力，防守极为森严。辽国要拿下这十县，首先得拿下定州、瀛州这两个重要的市镇，才能稳步推进。否则，这片地方到处都是宋军驻扎，辽军会处处受到掣肘，时刻都有被袭击的可能。

此时，萧太后派出的探子探听到了宋朝在定州驻扎着十五万大军的消息，得知其守将是王超，周边还有威房军和北平寨、保州等地的宋军，与定州、银州形成掎角之势，随时都可以支援定州。

在萧太后看来，定州大战一定是非常艰难的一战。可再怎么艰难，都得先迈出这一步，在边境线上燃起战火，让宋朝上下先忙起来，再调整具体部署。

时间到了九月十五日，一切准备妥当的萧太后和辽圣宗亲率二十万（号称三十万）大军举国南侵。整个固安，辽军铁骑杀气腾腾。

辽国先派出统军使兰陵郡王萧挞凛、奚六部大王萧观音奴为先锋，率领数万辽军直逼边境线上的那些市镇。而萧太后和辽圣宗则带领着大队人马，后续推进。

---

① 《墨子·非攻中》："君子不镜于水而镜于人。镜于水，见面之容；镜于人，则知吉与凶。"

辽军在固安集结这么大规模的军队，定然会引起宋朝边境上斥候的注意。此前，宋朝虽然探听到了辽军南侵的消息，但并没有见到辽军集结的影子。尽管这样，宋朝也一直在备战，甚至动用了雷有终并州、代州的人马。[1]

这次，听说辽军在固安集结，前方守将迅速将消息上报给了朝廷。廷议之后，宋朝决定调拨二十万军粮给河北各路，以待时机。不过宋朝并未探听到辽国最机密的消息：辽军会从哪里南下。因此，宋朝只能静观其变，随机应变。

如今，宋辽刚刚交上火，宋朝那些熟知战争的智囊一眼就看出了辽国的目标地：定州。这是辽军南下必须要攻打的地方，也是宋朝防守最为关键之地。

既然洞悉了辽军目标，宋朝的防御也就有了侧重点。

这次，宋真宗效仿他父亲赵光义的做法，将提前准备好的阵图派人八百里加急送到了前线。赵光义战前每逢不能亲临战场，就给前线将士规划阵图。在多年跟随赵光义的过程中，宋真宗潜移默化地学会了这一招。

这个阵图的大致内容如下：宋军派出六千名骑兵，由魏能、白守素、张锐等将领率领，驻扎在威虏军所在地。另外派出五千名骑兵，由杨延朗、张禧、李怀岊等人率领，驻扎在保州。同时，还派出五千名骑兵，由田敏、张凝、石延福等人率领，驻扎于北平寨。[2]

朝廷也给前线的各位将领下了命令：不要轻易与辽军缠斗，只要拦住他们即可。

宋朝这次除了对威虏军、顺安军、北平寨、保州等地进行部署之外，还对有可能发生的战役做了安排。若是辽军不攻打这三处地方，而是直接从保州穿过，那就将威虏军与保州杨延朗的大军合兵一处，对辽军进行前后夹

---

[1]《宋史·列传第三十七》。

[2]《宋史·列传第八十三》。

击，让辽军腹背受敌，以解定州之围。但辽军若不攻打定州，而是直接绕过定州，向南推进，那田敏就绕到辽军背后，烧掉辽军的粮草辎重，再攻打辽军后方，让辽军首尾不能相顾。同时，为了防止辽军掉转方向，攻击西边，宋朝又命令孙全照、王德钧、裴自荣率兵八千屯宁边军区，李重贵、赵守伦、张继旻率兵五千屯邢州，扼东西路。若辽军不敌，想要逃走，定州大军就与以上三路骑兵进行追击。宋朝还让石普在莫州屯兵一万，等待辽军南下。为了防止辽兵攻击大名府，宋朝设置重兵把守，让石保吉担任指挥。[①]

如此一来，整个北方的部署就非常全面了。

之所以如此安排，正是基于对定州的防守。辽军若攻打定州，首先得拿下威虏军、北平寨、保州。

以上部署，无疑是正确的。在后来宋辽对峙的过程中，这些部署发挥了极大优势。这么一来，辽军要想从此处经过，很显然不现实。

果然不久，萧挞凛和萧观音奴各自带了一队人马，渡过拒马河，扑向威虏军和顺安军。[②]

这次，辽军如果不击败威虏、顺安两军，南下之举只能成为一个梦想。因此，萧挞凛就把主要攻击目标设定为顺安军，而让萧观音奴攻打威虏军。

此时，驻守在威虏军的主要负责人是魏能。他是老将，多年来周旋于宋辽之战中，对辽军各种战法颇为熟悉。景德元年（公元1004年）三月初，辽军就曾派出一部分兵力来攻打威虏军，试探宋军虚实，最终被魏能击败，只能撤回辽境。

这次，老对手重逢了。魏能与辽军之间，已经知己知彼。

魏能迅速组织人员准备对辽军进行攻打。魏能对当前的局势进行分析，认为辽军这次来，一定是希望速战速决，而不是形成对峙之势。威虏军在此屯兵多时，就是为了防止辽军从此南下，攻击定州。威虏军是阻截辽军的第

[①] 《宋史·列传八十三》。
[②] 《续资治通鉴·卷二十四》："癸酉，辽主与太后大举南下，以统军使兰陵郡王萧达兰、奚六部大王萧观音努（即萧观音奴）为先锋，分兵掠威房、顺安军。"

一道关卡。不过这次,是萧观音奴主攻威虏军。魏能作为守将,本来希望与萧挞凛来一场势均力敌的对决,可辽军却派出了萧观音奴。

随即,萧观音奴命辽军先锋部队冲击威虏军。

宋军早已掌握辽军南侵的消息,各路人马早有准备。当萧观音奴率大军攻打威虏军时,魏能早已严阵以待。不过,魏能并未直接列出大阵,与萧观音奴展开一场势均力敌的战斗,而是拒不出战,故意晾着萧观音奴,消耗着他的斗志和耐心。可萧观音奴自然不愿意这么虚耗时间,因为这样对后方的辽军主力非常不利。

于是,萧观音奴命人对威虏军进行攻击,辽宋两军展开了厮杀。

这次,双方还是骑兵对骑兵。战争一开始,双方都出动了精锐。不过,相对于远道而来的辽国骑兵,宋朝这边以逸待劳,占了优势。萧观音奴等人带领的仅仅是辽军先锋部队,所以,战争一开打,宋朝骑兵却能有条不紊,锐不可当。①

辽军被击败,萧观音奴自己也没有预料到,第一次与宋军开战,辽军竟然就败了。这给了宋军无比大的信心。

想来萧观音奴也不想与威虏军死磕到底,在兵败之后,他便率领辽军先锋部队转向了其他地方。这时候,有人建议乘胜追击,消灭辽军先锋部队。但魏能等人觉得,这只是辽军先锋部队,辽军主力肯定在先锋部队后面,穷寇莫追。

紧接着,魏能派出亲信将辽先锋部队攻打宋朝边境的消息,传递给了各个驻军之地,让守将们提前做好防御。

再说萧挞凛攻打顺安军之战。萧挞凛带领辽军先锋部队攻击顺安军,当时驻守在顺安军的主要将领是石普,此人没读过多少书,但胸中素有韬略。这也是一位身经百战的将领,他能在武将中脱颖而出,自然也有其过人之处。这次,朝廷让他在顺安军防守,也能看出朝廷对他的信任。石普在萧挞

---

① 《续资治通鉴·卷二十四》:"魏能、石普等帅兵御之,能败其先锋。"

凛到达之前,就收到了魏能的书信。石普派出斥候前去打探萧挞凛的动静。不久,石普便摸清了萧挞凛率领的大军底细。

当萧挞凛到达顺安军时,石普已经严阵以待。随即,萧挞凛命人攻打顺安军,意图突破顺安军,夺取第一个据点。石普有着丰富的作战经验,他分析敌我双方优劣,利用地形优势,对前来攻打顺安军的辽军进行了精准打击。

萧挞凛率领的辽军先锋部队,在顺安军受到宋军的顽强抵抗,辽军和宋军均有死伤。顺安军尽管有劣势,可士气高涨,辽军一时半刻根本破不了顺安军。

萧挞凛心里憋着一口气。这次攻宋,辽国已经筹备了一年多,举国上下都在看着这场战役的结果。可他作为先锋官,竟然连一个据点都没拿下。不过,萧挞凛到底不是一般将领,能保持理智,控制自己。若换成一般将领,或许在威虏军、顺安军就要不惜一切打击宋军,可能会拿下这两个地方,给辽军主力壮威,但萧挞凛在前期还是选择了保存实力。为了这样两个小地方,损失掉全部辽军先锋部队,得不偿失,况且也会给辽军主力带来麻烦。

所以,在与石普的对峙过程中,萧挞凛再一次放弃了对顺安军的围攻。宋朝这些早有准备的驻军之地,着实让辽军有心无力。①

于是,萧挞凛又转变方向,去攻打其他地方。这次,石普的做法和魏能一样,只守好自己的管辖之地,不去追击萧挞凛。因为辽军能想到的地方,宋军都做了部署,不必担忧。

萧挞凛带领的辽军先锋部队,本来是想攻城拔寨,为辽军后续部队开路,可这一路而来,这条南下之路并没有他们预想的那么顺利。

萧挞凛率领着辽军又开始攻击北平寨。等在这里的宋朝守将是田敏等

---

① 《续资治通鉴·卷二十四》:"魏能、石普等帅兵御之,能败其先锋。"

人。田敏也是宋朝老将，在曹彬①时代就初露锋芒。雍熙北伐时，他就已经是高级将领。多年来，田敏都在河北战场上与辽军周旋。

这时候田敏驻守在北平寨，早就想与辽军一决高下了。

当田敏听说萧挞凛亲自率军而来，让他对这次战役有了几分期待。在这些年与辽对峙的过程中，他与耶律休哥和耶律斜轸等人多次交手，但还没有与这位生擒杨业的萧挞凛真正打过仗。

这些日子以来，田敏每天都会站在城墙上观望远处。他在等待着萧挞凛前来。

当萧挞凛率领大军到达北平寨时，站在城墙上的田敏嘴角扬起了一丝笑容。他看到不远处烟尘滚滚，便命人做好准备。田敏知道，萧挞凛已经在威虏军和顺安军吃了败仗，自然想攻打北平寨解气，攻下一座城池以壮军威。

可田敏不会给萧挞凛机会。即使如此，田敏也不敢马虎，毕竟来的人是萧挞凛，不是一般辽国将领。萧挞凛有勇有谋，能屈能伸，堪称大丈夫，只是他们各自为主，也就成了对手。况且此时萧挞凛率领的辽军，远远多于田敏所部的北平寨守军，田敏不敢掉以轻心。

这时候，有副将建议设伏兵，等萧挞凛前来，两面夹击，保证一举击退萧挞凛大军。田敏觉得此计尚可，不过北平寨城池较小，还是将全城士兵都集中在北平寨，等待萧挞凛前来。

不久，萧挞凛率领的辽军便向北平寨靠近，这次田敏选择了主动出击。辽宋两军在北平寨不远处的杨村相遇，随即两军在杨村开展了一次战斗。

田敏知道萧挞凛想速战速决，可他不会让萧挞凛这么快就结束战斗。不久，田敏派出的斥候们到处去收集信息，供田敏做出战略部署。这次，田敏命人不惜一切代价，不计后果，不计得失，挡住进攻的萧挞凛部。战斗一开始，辽宋双方便都使出了全力，战斗非常激烈。田敏命人猛烈攻击辽军，萧

---

① 北宋开国名将、外戚，宋仁宗曹皇后祖父，字国华。

挞凛率领的辽军竟然无法抵挡田敏所部,瞬间败退。①

辽军败绩,辽宋暂时歇战。这时候,田敏派出的探子探听到了辽圣宗在北平十里蒲阴驻寨。得到这个消息后,田敏脸上露出了一丝微笑,一个计划在田敏的心里油然而生。

他想到了偷袭。于是,田敏当夜便带领宋军精锐偷袭了辽军大营。

此时辽军完全没有料到田敏会偷袭,当下就慌了。萧挞凛带人赶紧掩护辽圣宗离开,惊魂未定的辽圣宗向萧挞凛询问是谁偷袭辽军大营,萧挞凛回答是田敏。辽圣宗说,田敏所部锐不可当,不如撤退。随即,辽圣宗便在一伙人的护卫下,逃出了蒲阴。②

田敏追击了一段,狙杀了一部分撤退途中的辽军,便回到了北平寨,继续镇守。这一仗,辽军再次以失败告终,但田敏等人都很清楚,辽军主力部队还没有到,不宜与萧挞凛进行殊死搏斗。

萧挞凛在北平寨受挫,只能绕过北平寨攻打距离北平寨不远处的保州城。

保州,是夹在定州与雄州之间的一个重要市镇。虽然算不上大市镇,但地理位置非常特殊。而此时驻守在定州的大将是杨延朗,也就是《杨家将演义》里的杨延昭。后因为宋真宗祭祀封禅赵公明③,杨延朗的名字与赵公明(赵朗)的名讳相触,因此改名为杨延昭。

咸平六年(公元1003年),为了防止辽军进攻,宋真宗命杨延朗屯兵保州。为了保住保州,不让宋军再出现望都之战中相互推诿的情况,宋真宗又让杨延朗领导宁边军(治所在今河北蠡城)。保州的宋军自为一军,直接隶属于朝廷领导,但也由河北防守长官王超统领。这便给了杨延朗很大权力。

这次,萧挞凛率领辽军攻打保州,实属判断有误。当年雍熙北伐时,萧挞凛活捉杨业,杨家便将萧挞凛列为头号敌人,一定要在战场上与之一决高

---

① 《续资治通鉴长编·卷五十七》:"敌复入寇,敏与战杨村,败之。"
② 《续资治通鉴长编·卷五十七》。
③ 本名朗,字公明,又称赵玄坛,道教四大元帅之一,为中国正财神,司掌世间财源。

低。此前因为杨延朗官位低微，不能直接与萧挞凛直接对峙，加上雍熙北伐之后，辽国派萧挞凛到东部战场去征伐高丽等地，杨延朗与萧挞凛之间一直没有对战的机会。

但这次不一样。杨延朗等这一天已经等了很多年。为父弟报仇，成为他毕生需要努力的事情。想不到这次，萧挞凛自己送上门来了。

萧挞凛到达保州时，杨延朗早已恭候多时。萧挞凛知道保州守城将士不多，可以作为攻击的重点。随即，萧挞凛便命人对保州进行攻击。可杨延朗不是一般的守将，咸平二年（公元999年）辽国十万大军攻打遂城，被杨延朗领导的三千宋军击败，杨延朗一时间名震天下。冰冻遂城也成了一种荣耀，挂在了杨延朗的头上。

这次，不仅仅是国仇，还有家恨。

辽宋两军一开战，宋军就以绝对优势扑向了萧挞凛率领的辽军，萧挞凛虽然知道守将是杨延朗，可他不知道这些守城将士都是杨家将的精锐。杀了萧挞凛为杨业报仇，不仅仅是杨延朗一个人的事情，也是整个杨家将的事情。

驻守在保州的宋军将士们与辽军进行了殊死搏斗。萧挞凛命人登天梯上城墙，结果都被宋军守城将士击退。辽军的箭雨也没有压住保州守城将士，萧挞凛所部辽军瞬间就被击退了。①萧挞凛看宋军人数虽然少，但都抱了必死之心，不敢恋战，于是下令撤退。这时候，有人建议乘胜追击，杀了萧挞凛。但也有人建议，驻守保州，穷寇莫追。杨延朗尽管非常想活捉萧挞凛，但朝廷的旨意不能违背，只能忍痛放走了萧挞凛。

---

① 《续资治通鉴·卷二十四》："东趋保州，攻城不克。"

兵分两路

四处受挫的辽军，开始重新部署南下的路线。

此时，辽国大军驻守在了望都县北侧，等待萧太后和辽圣宗的大部队前来。萧挞凛这样做是正确的，他作为先头部队，本来只想着先拿下几个据点，作为辽军休整和囤积粮草的地方，可谁能想到，这一路南下遭遇到了宋军的顽强抵抗，他和耶律诺衮率领的先头部队连一个像样的据点都没有拿下来。

萧太后得知萧挞凛兵败，让萧挞凛不要再轻易去攻打城池，等着她和辽圣宗率领的大军到来之后再做打算。

于是，萧挞凛便在望都之北驻扎，等待着萧太后。不久，便传来萧太后带兵过了保州，正向望都行军的消息。

听说萧太后和辽圣宗即将到来，萧挞凛又坐不住了。他把目光投向了遂城。这个地方是辽军的伤心之地。当年杨延朗冰冻遂城，十万辽军都没有击败六千宋军。之后遂城羊山之战，辽军又惨败。这次他想先攻打遂城，把遂城作为辽国在宋朝边境上的据点。

于是，萧挞凛带领先头部队掉转方向，沿着望都继续北上，迂回到了遂城边上。这个遂城虽小，却也是重要地方。萧挞凛攻打遂城的目的，也是希望尽快打下一个地方提升士气。另一方面，萧挞凛也希望等萧太后和辽圣宗到达宋境之后，能有个暂时落脚的地方。

于是，萧挞凛带领辽军冲向了遂城。此时，驻守在遂城的守将是王先知。不过这次，遂城的守军人数依然没有增多。或许在宋朝看来，遂城城小，不宜驻守大部队。另外，定州有十五万宋军，天雄军也有大部队驻守，所以忽略了遂城这个地方。而此时的王先知，也不是当年的杨延朗。再说，遂城的宋军也没有想到，萧挞凛一路南下，竟然又转回来了。

论综合实力，遂城实在无法与萧挞凛带领的辽军骑兵精锐相比。所以战争一开始，辽军就以绝对的优势压住了遂城宋军。尽管王先知命人全力抵御辽军的攻击，但遂城本身城池低矮，经不住辽军的轮番攻击。不久，遂城便被攻破，王先知被辽军俘虏。[①]

此时，攻破遂城的萧挞凛并没有乘胜继续攻打其他地方，而是命一部分人继续驻守遂城，而他自己则继续在望都北侧等待萧太后和辽圣宗。

不久，辽军主力便到达了望都县。萧挞凛的先锋部队与辽军主力在遂城会合。这时候，萧太后并未急着发兵南下。她对萧挞凛此前的各种失败进行了充分分析，觉得辽军不应该继续按照此前的计划攻打宋朝，因为萧挞凛和耶律诺衮不断受挫就是证明。

萧太后认为，应该换一种思维方式，放弃攻打宋朝的保州、北平寨、望都、高阳关等地。这些地方虽然是小市镇，但宋军也有精兵强将驻守，攻打起来比较费劲，况且这些小地方即使攻打下来，也不好防守，这样会分散辽军主力。辽军不如集中兵力，攻打宋朝的重要市镇。只要占据宋朝的一个大市镇，辽军就有了真正落脚之处。

当然，这时候萧太后又想来一招偷袭，从西边攻打宋朝的岢岚军，进而达到扰乱宋朝视线的目的，为辽军南下创造条件。于是，辽派出了一支骑兵精锐，绕过了前线，从朔州出发，攻打岢岚军。

辽国这支西路军以迅雷不及掩耳之势到达了岢岚军前线的草城川（岢岚县东北），随即，对草城川进行了猛烈攻击。草城川本是岢岚军防守之地，也在关南之地的外围，本没有机会参与辽军南下攻宋的战争，可这次辽军主动出击岢岚军，战争的火焰就燃烧到了岢岚军眼前。此时，驻守在岢岚军的守将叫贾宗。当辽军攻打岢岚军的消息传到贾宗耳朵里时，他甚至有些不相信，可派出去的斥候得到的消息不会错，而且很多消息都表明辽军来攻打岢岚军了。贾宗对辽军的突然而至有些吃惊，但他并未慌乱，而是赶紧带人开始布防。

不久，一万辽军主力到达了草城川。旋即，辽宋大军在草城川展开大

[①]《续资治通鉴·卷二十四》："丁卯，达兰攻遂城，擒守将王先知。"

战。这一战，辽军攻势猛烈，大有不攻下城池决不罢休的劲头，草城川宋军备受考验。这时候，贾宗便差人向统辖代州、并州两地军政大权的宋军统帅高继勋求援。高继勋听说辽军攻打草城川，马上带领驻军奔赴草城川支援贾宗。

如此一来，贾宗率领的岢岚军与高继勋率领的大军便开始共同围攻辽军，以强大的阵势将辽军压制住了。此战，辽宋双方相持不下，厮杀了一段时间。

这时候，高继勋看到辽军攻势不减，便与贾宗商量，准备给辽军设一个"雷"，也就是设伏兵。到时候宋军两面夹击辽军，定能够击退辽军。

随即，高继勋和贾宗召集将领们研究对策，高继勋对几个高级将领说，敌人虽然人多势众，可是我观察他们进攻时，看到他们队形混乱，这是他们的将领没有统御军队的能力。我们的军队人数虽然少，但是可以用智谋取胜。我们先在山下寒光岭设下埋伏，等到战斗开始，敌人一定向南方撤退，到时候我们突然发动袭击，敌人一定会溃败。①

于是，当辽军再一次攻击时，高继勋让宋军向草城川东面的寒光岭佯装败退。辽军见宋军退却，果然向南追击。当辽军追到寒光岭时，高继勋率领的宋军便严阵以待，随即，两军又在寒光岭展开激战。

就在战争进入最激烈的时刻，埋伏在寒光岭的另一支宋军突然冲出，围攻辽军。此时的辽军已然陷入了腹背受敌的境地。高继勋命宋军猛烈攻击辽军，辽军哪里想到高继勋竟然在这个地方设了伏兵，当下就慌作一团，首尾不能相顾。宋军两路兵马对这一万辽军进行了歼灭战。

辽军不敌，想要撤退，但后退之路被宋军在寒光岭的伏兵堵住，辽军只能背水一战。但这时候，宋军已经占了上风。辽军无法撤退，也打不过宋军，最终被宋军一点点蚕食掉。②

---

① 《续资治通鉴·卷二十四》："敌众而阵不整，将不才也。我兵虽少，可以奇取胜。先设伏山下，战合，必南去，尔起乘之，当大溃。"

② 《续资治通鉴·卷二十四》："敌兵果败，自相蹂躏者万余人，获马牛橐驼甚众。"

这也打破了辽军意图突破岢岚军东进的计划。萧太后最终决定，还是集中兵力攻打宋朝大市镇，放弃那些小地方。

这时候，宋军最大的据点是定州。可定州有王超率领的十五万大军驻扎，并依靠唐河这条天险，让辽军不能轻易进攻。宋辽两军便在定州南北驻扎，相互遥望。但因为之前宋朝给王超下发了阵图，让王超驻扎在定州之外的唐河南岸，不要轻易出兵，等辽军主动攻击定州时，王超才能抵御，否则定州大阵一旦松散，辽军势必会击败宋军。

朝廷的这种阵图，牢牢捆绑住了王超的手脚，让他的定州大军只能远远看着辽军在唐河以北驻扎。

两军谁都没有先发起进攻，战场上还没有动静，但宰相寇准这时候却提出了三条防御策略：

其一，辽军已经从深州①、祁州②等地继续南下，而宋朝的主要防守力量在定州大阵，如果辽军从贝州南下，宋朝可以从定州抽调三万余人，由桑赞等人率领在镇州部署，并让雷有终带领部众从土门会出发，到定州集结。定州的宋军要时刻关注邢、洺等地，一旦辽军攻打这些地方，就要顺势而动。

其二，如果辽军在镇州、定州等地修筑防御工事，或者到邢、洺以北的地方掠夺，宋军必须分出三路阻挡，再让魏能等人根据战场形势从东面而下，牵制住辽军，让辽军有后顾之忧，不敢贸然南下。

其三，如果以上两个策略都没能阻挡辽军，为了避免生灵涂炭，就请官家亲征，到达澶渊之地，现场处置辽宋战争事宜，或可能阻挡辽军。③

但辽国高层很清楚，定州这地方是关南之地的核心，如果能攻打下来，对辽军而言，将非常有益。然而，定州是宋朝关南之地防守的核心，对辽国而言，是最硬的一块骨头。到底打不打定州，辽国一时难以抉择。

最终，辽国决定试一试定州的虚实，于是对定州进行了围攻。可王超在

---

① 今深州市，为河北省衡水市下辖县级市。

② 今安国市，为河北省保定市代管的县级市。

③ 《续资治通鉴长编·卷五十七》。

定州早已严阵以待，扑向定州的辽军前锋部队瞬间就被王超部击退。

宋军的定州大阵发挥了重要作用，他们依靠唐河，让辽军一点儿便宜都没有讨到。这时候，萧太后又开始分析眼前的局势，当前定州兵力和辽军这次兵力差不多，还有北平寨、威房军、保州等处均有宋军重兵把守，若辽军执意攻打定州，定州后面的这些宋军势必会救援定州，到时候，辽军必将陷入宋军的包围之中。

萧太后决定放弃攻打定州，转而在阳城淀①屯兵，再考虑攻打其他地方。因为王超据守定州不出，在一定程度上影响了辽军士气，但宋军此时的士气却很高涨。②

辽军暂缓了攻打宋朝市镇的打算，辽国召开御前紧急会议，重新调整作战部署。经过一番论证之后，辽军兵分三路，准备南下：一路从高阳关、武强方向前进；一路往东南方向骚扰德州、滨州等地，以此牵制关南之地的宋军；而第三路是辽军主力部队，由辽圣宗、萧太后率领进攻瀛州。

---

① 在今河北望都县东南七里。
② 《续资治通鉴·卷二十四》："王超等阵于唐河，执诏书，按兵不出战；敌势益炽，乃师众东驻阳城淀。"

第六章　攻势不减

战争来临时，第一个倒下的是真理。

——［古希腊］埃斯库罗斯①

---
① 古希腊悲剧诗人，公元前525年生于希腊阿提卡的埃琉西斯，公元前456年去世，与索福克勒斯和欧里庇得斯一起被称为古希腊最伟大的悲剧作家，代表作有《被缚的普罗米修斯》《阿伽门农》《善好者》。

王继忠致信宋朝

随着辽军不断深入,宋军奋起抵抗的力量越来越大。此时,辽军虽入宋境数百里,但屡屡受挫。

辽国南下伐宋的计划,也在一点点被宋军粉碎。辽军不能如愿,如果撤兵回师,又耻于无名,更怕宋军乘虚攻打其后方。

在进退两难之际,和谈之意开始在辽宋最高领导集团之间悄悄酝酿。宋朝其实一直不想打,辽只是想获得谈判筹码。如此一来,议和成了摆在辽国最高层眼前的最迫切问题。

此时,辽国派到汴京打探消息的细作得知,在宋朝各位大臣的力争下,宋真宗准备亲征。

这对辽来说,可不是件小事,亦非好事。宋真宗亲征,势必会提振宋军士气,到时候,辽必将再一次受到宋军的打击。

这时候,萧太后是矛盾的,她想要的筹码,一个都没有得到。战争局势并没有因为辽国大军压境而有所好转。

于是,萧太后便找来宋朝降将王继忠商议对策。

王继忠表示,其实可以与宋朝和谈。既然和谈一开始就是既定之策,那么这时候与宋和谈,也是一种态度。

萧太后同意王继忠的意见,不过还是要先探听一下宋朝上下的想法。若宋有意和谈，一切尚有转圜的余地。若宋继续与辽对抗，和谈不一定促成。

王继忠提议，可以给宋朝皇帝写一封信，表达和谈的意思，看看宋朝收到信后的态度。

萧太后觉得王继忠的做法有操作性。反正写一封信，对辽而言不费一兵一卒，只是动动手指的事情。

于是，萧太后将此事交给王继忠去办。但信件的最终审核权在萧太后手中。

王继忠与宋真宗很熟悉，两个人关系非常好。他在宋真宗身边的那些年，对宋真宗宅心仁厚的性格也摸得很清楚。所以，他提出的和谈建议非常有道理，也非常符合辽宋当前的局势。宋真宗一直对辽宋关系非常担忧，他也希望能有一天，宋辽可以罢兵止戈。

正是鉴于这种情况，王继忠对自己提出的议和观点深信不疑。即使是宋太宗时代，也因为两次北伐失利，对辽的态度由主动攻击变成了被动防守。

王继忠对辽宋关系充分考量以后，便提笔给宋真宗写信。但这封信的分量，王继忠知道。他逐字逐句，再三斟酌，才写好了这封信。

随即，王继忠将信上报给了萧太后和辽圣宗，请他们提出修改意见。

看了王继忠的信，萧太后却以为辽虽然愿意与宋讲和，但言辞上还得突出辽国的强势地位。可王继忠却说，既然是和谈，就要尽量将双方都摆在平等的地位上，否则和谈很难进行。况且，现在辽国处处受挫，在书信中表达强势，也不是良策。

最终，萧太后认同了王继忠的意见。信写完了，但是如何交到宋真宗手里却成了问题。如今，辽宋两国正在打仗，送信就成了一种冒险行为。辽国的书信能够顺利送到宋真宗手里吗？万一前方的那些将士觉得这是辽军的缓兵之计，岂不是会贻误和谈之机？

思来想去，这封信件必须要交到一个可信之人手里，保证将辽国和谈的意愿能够顺利传达到宋真宗手中，否则和谈之事可能会搞砸。萧太后问王继忠如何才能办成这件事，王继忠心中其实早有人选。

王继忠对萧太后说出了一个人的名字。这个人叫石普，此时在莫州驻扎。萧太后问王继忠，此人是否信得过？萧太后预想的人选是在定州摆开大阵的王超。他是宋朝在整个北方部署的总指挥，这种两国之间的书信来往，还是交由最高领导传递更好。

但王继忠似乎有不同看法。王继忠说，如今辽宋关系尚不明朗，直接给王超书信，恐生变故。这次给宋朝传递书信，也只是试探宋朝有无谈判的诚意。这种事情，不宜让更多人知晓，尤其是不能让前线的辽宋将士知晓。他们会觉得，自己在前线舍生忘死，国家却在偷偷议和。

萧太后觉得王继忠分析得很有道理，在辽宋两国还没有最终确定和谈时，这种机密之事还是越少人知道越好。

王继忠说，他素与石普交好，相信也只有石普能做好这件事。

于是，以萧太后和辽圣宗名义写的信，被王继忠派出的四个小校送往莫州。①

不过这时候，他们不敢进城送信，毕竟辽宋关系正处在战争阶段。这时候去莫州城内送信，无异于寻死。那些宋军将士恨不得生啖契丹人的肉。

于是，这四名小校便在晚上直接通过信箭，将萧太后希望与宋朝讲和的信射入了莫州城内。

很快，莫州城里的巡视兵士看到了这支信箭，将其送交给了石普。

收到信后，石普便命人将信件读给自己听。得知这封书信代表着辽国最高统治者的意愿，石普半信半疑。更让他惊讶的是，这封信竟然是王继忠写的，难道一年前的望都之战王继忠没死？

石普对于王继忠在辽营继续为官之事，感到大为震惊。可这封信里又的的确确陈述了望都之战后王继忠的处境，不像伪造的，况且王继忠和他的关

---

① 《续资治通鉴长编·卷五十七》："时契丹母老，有厌兵意，虽大举深入，然亦纳继忠说，于是遣小校李兴等四人持信箭以继忠书诣莫州部署石普，且致密奏一封，愿速达阙下，词甚恳激。"

第六章 攻势不减

系，别人可能并不知晓。

对于王继忠这个人，石普还是相信的。只要王继忠确实活着，那么宋辽和谈的书信也肯定是真的。

石普觉得事情非他能决定，便命人将王继忠传来的书信火速送到了汴京。①

王继忠的信，在宋朝上下引起了不小震动。

朝廷高层一致认为这封信不可信，因为辽军还在不断地攻打宋朝那些市镇。况且一年前，宋朝收到前线战报，王继忠已死。这时候，他怎么又活过来了？这些巨大的疑问，困扰着朝廷里所有人。

很多人觉得，这件事颇为蹊跷。为什么辽军偏偏在这个时候送来了议和书信？而且，王继忠是否还活着，有待印证。

大家对这封信进行了深入解读。王继忠在信中首先表明自己有罪，他在望都之战中没有殉国，被辽军俘虏后，在辽国为官，如今又作为和宋朝联络的人，深感不安。

同时，王继忠也对望都之战他如何兵败之事做了说明。王继忠说，此前我奉诏担任定州路副都部署，不久就发生了望都之战。这一战，我带领着部队从早上一直战斗到晚上，将士们没有片刻歇息，送的军粮也没有到达，以至于军不解甲、马不刍秣，就这样，我还是坚持战斗到了第二天。第二天，战士们因为兵困马乏，战斗力已然不足。这种情况下，我还是带着剩余的人与辽军周旋。可到了这时候，我军将士的体力与毅力已经到了极限，无法再与辽军作战，最终我被辽军所俘获。这一战，不仅仅是王超等人轻敌寡谋，也是我的罪过。②

---

① 《续资治通鉴长编·卷五十七》："兴等言契丹主与母召至车帐前面授此书，戒令速至莫州送石帅，获报简即驰以还。是日，普遣使赍其奏至。"
② 《续资治通鉴长编·卷五十七》："臣先奉诏充定州路副都部署，望都之战，自晨达酉，营帐未备，资粮未至，军不解甲、马不刍秣二日矣。加以士卒乏饮，冒刃争汲，翌日，臣整众而前，邀其偏将，虽胜负且半，而策援不至，为北朝所擒。非唯王超等轻敌寡谋，亦臣之罪也。"

当然，王继忠也说了自己的处境。王继忠说，如今我在契丹做官，因为我熟悉边疆战事，备受契丹恩宠，享受和其他契丹大臣一样的待遇。我经常想起昔日与官家您辞别时的情景，向您敬上善言，希望官家您以天下百姓为念，休兵止戈。况且听说宋朝皇帝圣德，契丹也希望与宋朝重新修好，故而让我这个愚昧的人上书，表达诚意。①

这时候，首相毕士安觉得，王继忠应该还活着。而且，这封信一定是出自王继忠之手。

听到毕士安这么说，宋真宗还是很难接受这个事实。尽管他从书信字迹里，一眼就认出是王继忠，可在心里，宋真宗还是无法接受。他以为殉国的人并没有殉国，虽然活着，但已变节了。

王继忠表达了辽军和谈的意思。此时的宋真宗听说辽军要和谈，内心是不平静的。从这场战争开始，他就想尽快结束战斗。可辽军一路南下，并未表现出短时间内结束战争的意思。

如果王继忠确实活着，而且代表辽方与宋朝交涉和谈事宜，宋真宗也非常愿意。当然，王继忠在信中还表示，请宋朝尽快选择和谈之人，北上与辽洽谈。

看着争吵不休的文武大臣，宋真宗犹豫不决。那些主战派的意见非常尖锐：辽军既然想和谈，那为何还在猛烈攻击宋朝的城镇？这根本就不是和谈的态度。

主张和谈的人，似乎看到了辽军一边攻打一边和谈背后的"猫腻"：这不就是辽军以战逼和的策略吗？

宋朝上下的莫衷一是，影响着宋真宗的判断。宋真宗对几个重要大臣说，朕想到历朝历代无不是与各种少数民族处理好关系，才保证了盛世太平。朕刚刚继位时，吕端等人就规劝朕不宜与契丹再起战火。后来，为了休

---

① 《续资治通鉴长编·卷五十七》："北朝以臣早事宫庭，尝荷边寄，被以殊宠，列于诸臣。臣尝念昔岁面辞，亲奉德音，唯以息民止戈为事。况北朝钦闻圣德，愿修旧好，必冀睿慈俯从愚瞽。"

兵止戈，一些文武大臣也建议朕与辽国暂时处理好关系。当时，朕以为道路不通，不可强攻辽国，对待辽国必须要以大仁德的胸怀容忍，用强力武装镇压，才能制伏。非如此，辽国不会向我们示弱。如今，辽国国主来信表示和谈，但朕以为辽国本身就是凶悍的敌人，他们不会轻易与我们讲和。所以，王继忠的这封信不足为信。①

毕士安说，这几年从辽国归宋的那些人，常常说官家您英明神武，让宋朝国富民强。他们还说，那些边境上的臣民也非常渴望有朝一日，官家率兵攻打幽云，他们一定会加入战争中来。如今辽国看似大军压境，实际上他们在宋朝境内没有占到一点儿便宜，退又退不成，战又无法战胜。所以，辽国高层才会想出让王继忠来信商议和谈之策。②

宋真宗表示，爱卿们说得都对，但也不全面，你们只知其一，未知其二。如今辽国并未取得胜利却主动提出议和，对我们来说的确是好事。可答应了辽国议和的请求以后，辽国必然会有所图，他们不会无缘无故讲和。当然，如果仅仅是委屈我们自己，让天下百姓过上太平日子，我们应该派出使臣与辽国交涉，即使是给他们钱财，也未尝不可。但朕担心的是，关南之地曾经是辽国的地盘，如果和谈时辽国讨要关南之地，该怎么办？朕虽然没有开天创地的伟业，但"祖宗疆土，当以死守，不可以尺寸与人"的古训还是记得的。这样一来，谈判势必难以进行。为今之计，就是由朕带领大军前往战争一线，讨伐辽军。③

听到宋真宗这么说，毕士安不再争辩。

但既然辽国来信了，不管信件内容真假，宋朝都理应回信。宋真宗对拟写回信的官员申明了自己的意思：朕虽然是宋朝的皇帝，荣登大宝，但朕经常想的却是息战以安人，让百姓过得更好一些。对于穷兵黩武之事，朕是万万不敢干的。如今看到辽国的来信，感受到了你们的诚意，朕也是为人

---

① 《续资治通鉴长编·卷五十七》。
② 《续资治通鉴长编·卷五十七》。
③ 《续资治通鉴长编·卷五十七》。

父母，也希望四方安定。如若辽真有和谈之意，请派出人到汴京交涉和谈之事。①

于是，宋真宗命人以同样的方式，将宋朝的回信交给了辽国。这次回信的内容，代表了宋朝上下的态度。

虽然辽宋互相传送了第一封信，但双方似乎都不相信彼此，都在试探着对方。即使王继忠活着，但此时他已经是辽国的臣子，还被辽国赐予了国姓，他所做之事必然代表了辽国最高统治层的意思。

不过，既然和谈，还是要选出和谈之人。若辽国真有和谈之意，宋朝这边也应该及时和谈。

宋真宗让枢密院推荐一个人作为和谈之人。此时的枢密使叫王继英，他接到宋真宗让枢密院推荐和谈之人的诏令后，便在枢密院物色人选。王继英也是一位颇有才干的中央高官，对属下也知根知底。所以，当宋真宗让他选择一个人担任宋朝的使臣出使辽国时，他就想到了曹利用。

不久，王继英就将曹利用推荐给了宋真宗。曹利用本是一个小官，为鄜延路走马承受公事。②不过这个官，虽然位卑，手中的权力却很大。他们是皇帝派出去的公开"特务"。后来，曹利用几经周折，在枢密院任职，与之前一样，官职不是太高。③

宋真宗一听枢密院给他推荐的人竟然是小官曹利用，当下有些不高兴。也不知是因为曹利用官微位卑，还是曹利用本人让宋真宗不满意，总之，宋真宗看不上。

宋真宗对王继英说，两国邦交不是小事，你怎么能随便给朕推荐这样一个人呢？宋真宗让枢密院重新推荐一个人担任本次谈判的使臣，王继英对此并未解释。

对于曹利用，王继英也算是知根知底，这个人有本事，口才也好，而且

---

① 《续资治通鉴长编·卷五十七》。
② 《宋史·列传第四十九》。
③ 《续资治通鉴长编·卷五十八》。

又是主战派阵营里的人。曹利用经常说一些豪言壮语，来表达自己的心志。

这也是王继英推荐曹利用的一个重要原因。若给皇帝推荐一个主和派阵营里的人，那么宋朝在和谈中势必会被辽国牵着鼻子走，对于辽国提出的一切条件都会答应，这会对和谈带来不良后果。但曹利用不一样，他似乎就是为了这次和谈而存在的人。

宋真宗只看到曹利用官位低下，却并不知道曹利用的能力。因此，当宋真宗让王继英重新推荐一个人时，王继英还是坚持曹利用。

第二天，宋真宗召集几个朝中股肱之臣商议和谈之事，王继英继续给宋真宗推荐了曹利用。这次，王继英将曹利用的优点摆在了宋真宗面前。王继英尤其强调曹利用善辩，是出使辽国的不二人选。

听到王继英的叙述，宋真宗便对曹利用有了几分期待，也就认可了曹利用这个人。既然王继英坚持推荐曹利用，他还有什么不放心的呢？

但是曹利用的确官位卑微，这时候，曹利用要代表的是宋朝使臣，那就得给曹利用升官。至少在官位上，曹利用不能失了身份，否则辽国会轻视宋朝谈判使臣。于是，宋真宗授曹利用为阁门祗候、崇仪副使。[1]到了这个规格，曹利用出使辽国也就有身份了。

提拔了曹利用后，宋真宗便召见了他，并对其交代和谈需要注意的事宜。虽然，此时宋朝并不知道辽国是否真的和谈，但既然准备和谈，就得把许多事情提前先考虑好。

宋真宗对曹利用说，这次辽国举国南侵，不是想夺取土地就是想获得财物。此次，你代表宋朝与辽国交涉，记得一个底线，那便是国土一寸都不能割给辽国。关南之地从太祖皇帝开始，就是宋朝的疆域。辽军多次兵犯边境，也是为了这块地方。若此次和谈，辽军讨要关南之地，切不可答应。但若是讨要钱财，还有商议的空间。汉代为了安抚匈奴，也有给匈奴钱财的先例，这也不算是违背祖宗之法。听着皇帝的交代，曹利用心中早有了自己的

---

[1] 《宋史·列传第四十九》。

想法。曹利用对宋真宗说，此次和谈，辽国若贪得无厌，向我们索要关南之地，我是决不答应的。我若做不好和谈工作，决不活着回来面见官家。[①]看着曹利用一副成竹在胸的样子，宋真宗心里有少许宽慰。但曹利用的话，让宋真宗有些不悦。宋真宗从曹利用身上，看到了寇准的影子。

不久，曹利用便带着诏书前往辽国军中，准备与辽军和谈。

此前，宋朝派出信使八百里加急，拿着宋朝的回信，到辽国驻军处见辽国最高统帅萧太后和辽圣宗。不过，宋朝信使并未直接见到萧太后，而是钻进了辽国南院大王耶律善补驻军的地方。耶律善补见来人拿着宋朝皇帝的书信，也不敢耽搁，命人火速将宋朝信使拿着信来讲和之事汇报给了萧太后[②]。

萧太后会见了宋朝信使，宋朝信使把信件交给了萧太后。随即，萧太后命人款待宋朝信使，自己则单独召见了王继忠，对王继忠交代了和谈事宜，让王继忠与宋朝信使慢慢商量。

王继忠见了宋朝使臣，诉说了自己如何思念故土，希望能回到宋朝为国效力等。但这次宋朝派出的信使只负责送信，朝廷真正的谈判使臣还没有到达辽营。

不久，送信之人完成将信件交给辽国最高统治层的任务后，便回去了。

宋辽之间，算是建立了一种和谈的契机。不过这时候，辽国虽说要与宋朝和谈，但辽军的攻势并未减弱，他们继续南下攻打宋朝的重要市镇。

这种情况下，宋朝非常怀疑此次辽军讲和的诚意。寇准等人更是建议宋真宗亲征。如果辽军借此拖延时间，而他们的大军继续南下，宋朝北方的那些市镇就有可能会被辽军攻破。而整个关南之地的市镇任何一处被辽军攻破，都将是宋朝巨大的损失。

宋真宗本身也对这种边打边和的事情不看好，于是，在给辽国回了信之后，继续观察事态的发展。

---

① 《宋史·列传第四十九》。
② 《辽史·本纪第十四》："南院大王善补奏宋遣人遗王继忠弓矢，密请求和。"

不久，澶州知州张秉言调集了一些壮丁修缮城墙，此时向朝廷上书，一方面希望朝廷可以拨一些银子，另一方面也是向朝廷汇报这件事。但宋真宗不同意这么做，并将这个未请示汇报、喜欢自作主张的张秉言调离了澶州，而让引进使、英州团练使何承矩到澶州任知州。[①]

而宋朝的谈判使者曹利用则直奔辽宋前线，准备就辽宋和谈之事与辽国接洽。

瀛州攻防战

景德元年（公元1004年）十一月，天有异象：太白昼见。

什么是太白昼见呢？就是天上出现了两个太阳。太白就是太白星，也就是金星，被古人视为最亮的星星。早上太白星升起，恰巧这时候太阳也升起，就给人造成了天上有两个太阳的假象。

这是个不好的预兆。在古代史籍资料里，但凡太白昼见，必有大事发生。当年太祖在陈桥驿驻兵时，军队里的一个小军官就看到了这一现象，并声称天下将会出现一个新天子。后来赵匡胤果然在陈桥驿发动兵变，建立了宋朝。

此时太白昼见，让那些天文学家浮想联翩。宋代政治家王十朋就写过一首叫《太白昼见》的诗，说的就是天文之事。

若有此现象，天下必然会有大事发生。那么，是否意味着辽军会选择一个重要市镇进行猛烈攻击呢？没有人给出解释，但不久辽军攻打瀛州便是最好的解释。

在定州没有讨到便宜的辽军选择绕过定州城，继续南下。这次，他们把

[①] 《续资治通鉴长编·卷五十八》："知澶州张秉言已调集丁壮，修葺州城。上以戎寇在境，而内地遽有完葺，恐摇人心，亟命罢之。寻徙秉知滑州，以引进使、英州团练使何承矩知澶州。"

目光投向了瀛州。

辽军为什么选择了瀛州？

正如上文所述，辽军此时一个重要的据点都没打下来，势必会全力攻打某个据点，以提振士气。

辽军原先计划攻打的定州，因为有王超率领大军驻扎，只能放弃。这也是辽国高层的决定。若与王超部死磕到底，定州附近的田敏、杨延朗等人势必会回救定州。即使到时候拿下了定州，辽军也没有多少兵力可以继续与宋军周旋。

而且，此时辽军似乎已经看到了宋朝的重要部署全部都在定州，王超率领的大军在定州摆开大阵，其实就是为了吸引辽军主力，希望能够与辽军在定州对决，到时候，定州周围的各路兵马定会驰援定州，对辽军进行围攻。

尽管宋朝的定州大军是步兵和骑兵组成的大集团军，可也有十五万之众，所以对于辽军而言，舍弃定州是最明智的选择。

辽国高层一直在寻找着最佳攻打方案。毕竟开战这么久，除了在遂城和顺安军两个小地方有小胜外，辽军几乎是逢攻城必受挫。细数这些年与宋军的较量，辽军还没有遭受过如此大的失败。

辽国的智囊们甚至怀疑这次出兵的时机不合适，才导致辽军进退两难，但这已经是事后诸葛亮的做法。而且，此时的辽军只能进，不能退。若这次退回去，辽军这些年来给宋朝树立的常胜形象也会轰然坍塌。宋军会以此为战略转折点，改变对辽国的态度。况且辽国普遍贫穷，已经不起战争的折腾了。

于是，辽军主力把目光从定州转移到了瀛州。

首先，瀛州的驻兵不多，这是辽军攻打瀛州的主要条件。其次，瀛州并没有定州那么大，城墙也不如定州高，攻打瀛州应该比攻打定州容易得多。加上当时辽军斥候探听到驻守在瀛州的宋将是李延渥，这个人不是多么厉害的人物，之前也没有多少战绩，想必宋朝也是因为瀛州地理位置特殊，才派出了李延渥这样的守将。

在充分掌握了瀛州的情况后,萧太后和辽圣宗准备对瀛州实施猛烈攻击。此前派出的两路大军,已经将宋朝在关南之地的守军成功牵制住了,王超肯定不会轻易来援助瀛州,因为王超会害怕这是辽军的声东击西之计,只能驻守在定州,不敢轻易出动,否则阵形一乱,定州大阵也就乱了。

在各种因素的影响下,辽军攻打瀛州已成了定势。如此,驻守在高阳淀(也就是阳城淀)的辽军主力在辽圣宗和萧太后的带领下,直接迂回到了定州后面,向瀛州开拔。

不过,这个时候王继忠又开始对萧太后灌输讲和的意见。王继忠在充分考量了当前辽宋两军对垒的现实基础上,建议萧太后与宋朝讲和。

对于王继忠的具体分析意见,这位长于行政的女政治家萧太后还是非常认可的。王继忠说,二十五年来,辽宋双方为了边界问题一直战斗不休,其实都是为了解决问题,从而实现辽宋各自的长治久安。然而,这二十五年间,辽宋各有胜负,可战争带给双方的灾难显而易见。不说宋朝,就说辽国,总是担心宋朝会北伐,夺回幽云地区。这次战争已经持续了一段时间,双方一直相持不下,辽宋之间的战斗没有任何一次像这次一样,扑朔迷离。所以,必须清楚认识到此时的辽国吃不了宋朝,宋朝也奈何不了辽国。两国关系已经成了对峙之势,若要解决这个问题,只有讲和。

王继忠还指出了一个致命问题:辽军一路南下,整个补给线供应不上。若前期能够占得几座城池作为根据地,与宋军展开长期对峙,也不用担忧供给。但此时辽军的粮草辎重在整条战线上往前线运输充满危险,因为周围都是宋军,这让辽军的供给线备受考验。

萧太后觉得,讲和是一开始就确定的大策,可是辽军举国南下,一座像样的城池都没打下来,这时候讲和,在谈判桌上就没有底气。再说,这时候宋军士气正旺,此时谈判恐难以获得一点点利益。

萧太后认为,最次也要将瀛州打下来,再考虑谈判的问题。若辽军攻下了瀛州,等于在宋朝边境之上钉上了一枚钉子,任宋朝再怎么强势,都不敢轻举妄动，到时候谈判就有了主动权。瀛州可以还给宋朝，但辽也不会白白还给宋朝一座城池。说白了，这次攻打瀛州，不过是想增加谈判的筹码而已。

王继忠作为降臣，不敢再多说话，只能同意辽军攻打瀛州。不过，王继忠也为瀛州暗暗担心。萧太后对瀛州志在必得，瀛州还能守得住吗？王继忠没有答案，只能等战争进行到一定程度，再做计较。

于是，萧太后组织辽军主力，开始围困瀛州。

按照正常的部署，此时的瀛州兵微将寡，只要派出萧挞凛一个先锋队，基本上就可以攻打下来。可是，辽国上下都很清楚，这一仗关系到辽军的士气，关系到辽军此次南下的成败。所以，将重兵都集中在了瀛州。

驻扎在瀛州的守将们，早就看到了辽军源源不断地向瀛州周围驻扎。这也让所有人都意识到，瀛州势必会迎来一场惨烈的攻防战。

这一战，对辽军很重要，对宋军也很重要。瀛州若失，会让本身就惧怕辽军的宋军陷入继续惧怕的氛围中。况且，此时辽军由最高统治者带领，在瀛州城外虎视眈眈，而宋朝皇帝的亲征似乎还没有做出最终决定。这种心理上的依靠，让宋军多少有些垂头丧气。

宋真宗没有亲临前线，这在一定程度上影响了士气。若宋真宗也到达前线，这就是一场势均力敌的战斗。辽宋双方的最高统治者亲临一线，战争也就有了更多的可能性。然而，宋真宗还在犹豫不决。

但宋真宗来不来前线，瀛州还是要守住，这是使命所在、职责所在。养兵千日，用兵一时。李延渥在城墙上给守城将士们训话，同时又派出人去召集瀛州所有人咬紧牙关打一仗。

辽军在瀛州城外围驻扎大军，对瀛州实行了包围之势。随即，战斗就打响了。已经将瀛州团团围住的辽军，在辽圣宗和萧太后的命令下，冲向了瀛州。[1]

---

[1]《续资治通鉴长编·卷五十八》。

辽军骑兵首先对瀛州各个城门进行了冲击。一大群辽军推着四辆大型冲车，向瀛州的四个城门逼近。那些步兵也扛着云梯往前冲，想要登上瀛州城墙。而辽军骑兵更是冲在最前面，为步兵们做掩护。

瀛州上空，厮杀声震彻天宇。不远处的定州守军、保州守军，都得到了辽军攻打瀛州的消息。

救还是不救？宋朝的将领们陷入了艰难的抉择之中。王超作为高阳关都部署，也没有援救瀛州。宋军没有接到救援瀛州的命令，就只能眼睁睁看着辽军攻打瀛州。在现存史籍资料中，也找不到宋军支援瀛州的记载。

但我们可以想象一下，前方宋军肯定是想救援瀛州，毕竟瀛州也是宋朝的重要市镇。如此看着瀛州被攻打，就如同看着自己的兄弟被人打，却是无能为力。

但他们为什么没有营救瀛州不得而知，或许是各司其职的原因。

辽军攻打瀛州的这一天，似乎空气都变得沉重了，黑云压城城欲摧。

辽军的攻势一开始就很猛，巢车、投石车、壕桥、木幔、冲车等所有能用到的器械，全都使用上了。辽军似乎憋着一口气，不打下瀛州决不罢休；宋军在瀛州城上布防，也将能使用的撞车、叉竿、飞钩、夜叉擂、地听、礌石和滚木等器械都派上了用场。

辽宋这次攻防战，兵力不对等，武器、人员配备等方面也都不对等。这种不对等的情况下，辽军攻打瀛州，已经成了某种成竹在胸。

辽军四面夹攻，冲击瀛州城各处。辽军给所有人都下了命令，不惜一切代价，哪怕是用尸体堆积起来，也要拿下瀛州。

宋军将士见辽军攻势猛烈，便动员了城里所有能参与保卫战的人，让他们全都上城墙，抵御辽军的攻击，甚至连僧尼也上了瀛州城。这场保卫战，瀛州城的每个人都不能置身事外。辽军越是猛烈攻击，城墙上的宋军越是顽强抵御。即使如此，辽军的攻势一点儿都没有减弱。

李延渥命人不断地放箭，希望能逼退辽军的攻势。天空中一阵阵箭雨落在了前方辽军进攻的队伍中，一些人随即倒地。

面对宋军密集的箭雨，辽军不但不退却，冲击的力度反而更大了。辽军冲击了一拨又一拨，不畏死伤，不惧凶险，一心要拿下瀛州。辽军这种勇敢无畏的精神，让站在瀛州城墙上的宋军守军们都绷紧了神经。万一辽军攻破了城门，瀛州不就成了辽国的城池了吗？况且以瀛州的守军实力，是难以抵挡辽军的。

瀛州全城的宋军都在想办法阻击辽军一轮又一轮的进攻，所有人都抱了必死之心，守卫着瀛州这个地方。每户人家，只要能拿出防御辽军的可用之物，都拿了出来。

瀛州这种军民共同抗敌的情景，着实悲壮。宋代的士兵都是职业军人，没有到万不得已的地步，不会动员百姓参战的。可瀛州防御战，已经关乎每个人的生死存亡，每个人都不能置身事外。这里面有保卫国家的感情，也有保护亲人的感情，瀛州军民的心已经连在了一起。

正是在这种情况下，瀛州的军民发挥了巨大作用。辽军的一次次进攻，都被他们击退了。辽军攻打了一天，瀛州城岿然不动。只有一具具死尸，在瀛州城墙下堆积如山。辽军被宋军射死者，不计其数。

第一天的战斗，让辽军拿下瀛州的意图破灭。辽军哪里想到，小小的瀛州竟然如此坚不可摧。

但第一天的战斗，并未结束。到了晚上，在短暂的休整之后，辽军继续对瀛州发动了猛烈的攻击。辽圣宗和萧太后命辽军打着火把进攻瀛州，瀛州周围被照得亮如白昼。

这次，辽军把主攻部队换成了奚人，这是辽军收编的部队。不过，从这一点也可以看出，辽军白天的败势已然形成，他们没有讨到半点儿便宜。[1]

如果说第一天的猛烈攻击只是震慑宋军的话，那么接下来的战斗将会更加激烈。毕竟这样大规模的攻防战，只要战斗打响之后，便不可能中途撤

---

[1] 《宋史·列传第三十二》："唯击鼓伐木之声相闻，驱奚人负板秉烛乘埠而上。"

兵。不过，这次瀛州攻城战，显示出辽军骑兵虽然在平原作战方面优势突出，在攻城战方面却存在明显的短板。

辽军昼夜攻击，瀛州城里自然也不敢歇息，及时应对着辽军的一次次冲击。瀛州城里能拿起武器之人，全部都上了城楼抵御辽军。李延渥更是在城头不断来回巡视，组织人员，对各个要塞进行死守。

白天，辽军的攻势一次比一次猛烈；晚上，辽军还是继续攻打，瀛州城外围灯火通明。瀛州城上，亦是如此。

但辽军尽管日夜攻城，依然没有攻破瀛州，瀛州坚固得如同铁桶一般。瀛州城军民拼死抵抗，再一次表现出了巨大的力量。辽军将士不断在瀛州城外围和城墙底下丧生，尸体已经堆满了整个城墙脚下。疲惫，恐惧，愤怒，还有说不清道不明的感情，充斥着整个瀛州城。

辽军连续攻打了数日，瀛州却岿然不动。这时候，辽军似乎已经有了疲惫状态，为了鼓舞士气，辽圣宗和萧太后宗两人亲自擂鼓，为攻城的辽军助威。辽军再一次冲击瀛州。此时李延渥又召集贝、冀巡检史普所部，抵御攻势猛烈的辽军。这几天，只见辽军向蚂蚁一般，冲向瀛州，而瀛州的守城者，用尽了城里的一切东西击杀辽军。[1]

萧太后和辽圣宗的亲自擂鼓助威，并没有起到作用，辽军死伤的将士反而越来越多。萧太后素来有韬略，但面对瀛州的死守，却毫无办法。这种攻城战，向来都是辽军的软肋。

就这样，辽军连续攻打了十天，瀛州依然纹丝未动。辽国的统治者害怕了。一个瀛州都能这样坚持战斗到最后一兵一卒，那么其他地方的宋军还不都是如此？

艰难的抉择再一次摆在了辽国统治者眼前：是继续攻打，直至将瀛州攻下，还是主动放弃瀛州，转攻其他地方？

最终，大家达成了统一的意见：放弃瀛州。相信继续攻打下去，迟早有

---

[1] 《宋史·列传第三十二》："发礌石巨木击之，皆累累而坠。"

一天，辽军会攻破瀛州城，但到那时，辽军也会遭受重创。萧太后命人统计伤亡人数，已达数万。此前，这是胸有成竹的一仗，可这一仗打下来，发现自己的胸有成竹竟然只是刚愎自用。宋军远没有他们想象的那么软弱，即使是这个李延渥，也是一块非常难啃的骨头。

这种情况下，继续在瀛州耗着已然没有意义。况且还有定州的王超在辽军后面虎视眈眈，若王超趁此时机率领宋军来袭击辽军背后，那么整个辽军将会处在腹背受敌当中，损伤就不止数万人了。

基于这种考虑，辽军开始撤军。

这次战役，辽军损失惨重，丧失了三万余兵力。[①]而那些不同程度受伤的兵力，还在这个数字的一倍以上。也就是说，这次攻打瀛州，辽军损失占到此次总兵力的近一半。

但这是宋朝的记载，实际上辽军的损失应该比这个数字小。之前辽军在攻打宋朝各个要塞时，也折了一部分人。加上瀛州这次，若损失了大于一半的兵力，辽军应该不会直接南下，而是掉转头往回跑。毕竟辽军周围全是宋军，若这些宋军对辽军进行合围，后果将不堪设想。

看着辽军撤退，瀛州守将李延渥长舒一口气。瀛州虽然保住了，但只是险胜。瀛州城的军民已经到了崩溃的边缘，若辽军继续攻打，瀛州势必会被攻破。

辽军远去后，李延渥开始组织人员清理战场。当瀛州城里的士兵和百姓打开城门的那一刻，便被眼前的战争现场震惊了。防守时，宋军只顾着将辽军击退，根本就顾不得其他。此刻辽军已退，映入大家眼帘的情景，只能用"惨烈"来形容。

瀛州城墙底下，到处都是尸体和武器辎重。瀛州守将们命人将眼前的战场火速处理，收缴有用的物资。这样，瀛州的军民们便得到了辽军丢弃的数

---

① 《宋史·列传第三十二》："死者三万余，伤者倍之。"

以百万的铠甲和武器①。

这些都是战利品,也是补给品,谁能保证辽军不会杀回马枪?

继续南下

在瀛州吃了败仗的辽军,非常不甘心。奋力一搏,换来的却是损失惨重。这件事情,放在谁身上,都难以承受。辽军花了这么大力气,一点儿回报都没有。

瀛州战场的失败,也再一次给辽军的心里布上了一层颓废的阴影。所向披靡的辽军骑兵,这次在宋军面前,尽失本色。瀛州战役的失败,彻底打乱了辽军的部署。

从瀛州撤离的辽军高层,又开始面临艰难抉择:是否该继续南下?这可是辽国的主力,国内已经没有多少兵马了,这点儿家底打完了该怎么办?其实,辽军军营里已经产生了一种厌战情绪,只是手段强硬的萧太后还抱着一丝希望,力图再夺取一两个据点。悬军深入的辽军,已经孤注一掷了。

然而,尽管打了这么多次战役,辽军没有占据重要市镇,但如果就这么回去,下一次得花多长时间来组织如此大规模的战争?

对此,萧太后自己都没法预料。那么,辽军就得继续深入宋朝腹地,孤注一掷,以图置之死地而后生。辽军骑兵最大的优势,便是来回穿插,长途奔袭。只要辽军在宋朝腹地活动,宋军就别想安生。

这时候,有人建议发挥辽军的骑兵优势,不管河北这些重镇,长驱直入,直逼汴京。况且此时黄河已经结冰,天堑变成了通途。若辽军绕过这些市镇,直接兵犯汴京,宋朝自然会陷入慌乱。

但也有人说,即使轻易过了黄河天堑,汴京还有几十万宋军禁军。

---

① 《宋史·列传第三十二》:"获铠甲、兵矢、竿牌数百万。"

辽国最高统治层对这样的建议采取了折中处理。萧太后觉得，发挥辽军骑兵优势是必需的，但要长驱直入还没办法做到，即使眼下放弃瀛、贝、保等州，宋军在大名府和澶州等地还有重兵集结。辽军想要南下，无法实现。天雄军势必会全力拦截辽军，而澶州也一定有重兵把守。

所以当务之急，是攻打下来大名府，让辽军以此为落脚点直逼澶州。

辽军的行军动向，很快被宋军获悉。前线的主要守将们分析了辽军的进攻方向，向朝廷上书，希望加紧部署。奏折被八百里加急送到了汴京，奏折中说：我们已经得到确切消息，辽军攻打瀛州失败后，便率大部队撤离，但辽军并未北还，而是选择了继续南下，且此时的辽军应该还有近二十万之众。这次辽军准备攻打贝、冀、大名府等地。①

听到辽军在瀛州被重创后不但不退，反而继续向前进军的战报，宋朝上下立即陷入一种紧张状态中。

随即，朝廷下达了命令，让各路兵马以及澶州的戍卒火速赶往天雄军，与天雄军会合，抵御辽军南下。②

同时，朝廷还对冀州、贝州等地守将压了担子，让他们不惜一切代价守住贝、冀二州。

此时，镇守冀州的人是王屿。此人原为右赞善大夫，后来被调往冀州任知州。这个人虽然在现有的宋史资料中记载不多，不过也是个素有大志的宋朝官员。史籍记载，他"常有破敌之志，日阅戎兵，又集强壮练习之，开门樵采如平日"③。这样一个人在冀州镇守，冀州自然不会轻易被辽军攻破。

王屿在冀州期间，除了操练兵马，收集情报，还经常给朝廷上书，表明自己的决心，比如他经常会说，辽国大军不来攻打冀州则罢，他们如果到了

---

① 《续资治通鉴·卷二十五》："北面部署奏：'契丹自瀛州退去，其众犹二十万。侦得其谋，欲乘虚抵贝、冀、天雄军。'"
② 《续资治通鉴·卷二十五》："诏督诸路兵及澶州戍卒会天雄军。"
③ 《续资治通鉴·卷二十五》。

冀州，我一定能将他们击退，朝廷切勿为冀州担忧。①

就在王屿信誓旦旦地给朝廷做保证时，辽军果然来攻打冀州了。不过王屿早有准备，辽军也没想着在冀州与宋军周旋到底。面对王屿周密的布防，辽军只能撤退。②

不久，朝廷便又让忻、代各路兵马与澶州的宋军会合，准备救援大名府。宋真宗虽然没有亲临一线，但对边境的防御还是想尽了办法。朝廷又给德清军下了一道圣旨，若辽军南侵，德清军可以直接率领城中的居民救援澶州，与澶州的守将们做好对接工作。③

没过多少日子，再一次廷议之时，宋真宗便对大臣们说，朕听说辽军如今在南下时侵扰贝、冀、深三州，都被这些地方守将击退。看起来这三个地方守住了，但其实是这些地方守将早有准备，才没有让辽军有可乘之机。可此时，辽军若是继续南下，而王超率领的定州大军还驻扎在唐河不动，那么邢、洺等地就危险了。所以，还是应该对邢、洺二州早做部署。④

恰巧此时，一些考试落榜的士子敲响了登闻鼓。这件事情，惊动了开封府。随即，开封府对此事展开了调查。原来这些落第士子虽然没有考中进士，但他们依然有报国之心。这些士子有百人之众，都表示自己自幼习武，愿到前线去痛击辽军，为国效力。

开封府的长官们一看这事，自己没办法处理，于是将这件事上报给了朝廷，希望朝廷出面解决。

这次，宋真宗便命人将这些人都召至皇宫，专门对他们进行面试。这些人当中，有三个人能够挽弓，宋真宗给这三个人赏赐了一些缗钱，让他们到天雄军去抵抗辽军。

不久，在寇准的坚持下，宋真宗决定亲征。

---

① 《续资治通鉴·卷二十五》："寇若至，必可邀击，愿勿以一郡为忧。"
② 《宋史·本纪第七》："契丹逼冀州，知州王屿击走之。"
③ 《续资治通鉴长编·卷五十八》。
④ 《续资治通鉴长编·卷五十八》。

此时，朝廷又给前线的守将下了一道命令。这道诏令里说，如果有勇猛之士能入得辽营，斩杀辽军或者焚毁辽军辎重者，必有重赏。[1]

同时，朝廷还给前线将士交代，如果有契丹人、渤海人来投降，一定要做好甄别工作，以防诈降，给宋军造成损失。[2]

然而，此时的辽军的确将目标确定为大名府，但这个大名府里，驻扎着宋军另一支重要的力量：天雄军。

此前，周莹调动洺州一千五百骑兵到天雄军接受任务。但这一千五百人在路上就遇到了辽军，随即，宋军与辽军展开了战斗。

周莹命令这些人对辽军进行猛烈追击。这一仗打得极为惨烈，宋军死伤很多，原先交代的任务也没有完成。周莹本欲治这些人的罪，不承想这时候朝廷正好派出使臣到此地来传达布防之事，便给这些人赏赐了酒食，并希望周莹不要怪罪这些人。[3]

不久，萧太后带领辽军转而去攻打大名府。

驻守在大名府的天雄军，听说辽军将至，便召集众将商议对策。此时的天雄军中，弥漫着一种畏惧辽军的气氛。[4]

然而，即使畏惧也要防御，总不能等着辽军来攻打。此时，天雄军的最高负责人是王钦若。此前，他建议宋真宗南迁金陵，被寇准支到了天雄军任职。

此刻正是考验他的时候。

大名府是最重要的一个城镇，也是澶州之外宋朝的门户。大名府若失，黄河以北就只剩下了澶州可以防御了，所以其重要性不言自明。

但是，对于具体如何防守，大名府的最高领导人与守将之间发生了意见分歧。

---

[1] 《续资治通鉴长编·卷五十八》。
[2] 《续资治通鉴长编·卷五十八》。
[3] 《续资治通鉴长编·卷五十八》。
[4] 《续资治通鉴长编·卷五十八》。

当时，王钦若召集全部大将商议对策。对大名府布防持有不同意见的人，是驻守在大名府的武将孙全照。

王钦若认为，目前大名府有四个门，守住四门便守住了大名府。但是，如何对四个城门的守将进行任务分配，难住了王钦若。

最终，王钦若决定利用抽签的方式，决定各个城门的守将。①此举遭到了守将孙全照的强烈反对。孙全照的态度很明确，防守这么重要的事情，怎么能如此儿戏？

孙全照对王钦若说，我孙全照是武将之后，几代人都是武将出身，让我抽签决定镇守哪个城门，这种事我做不出来，我自己是不会抽签的。如果大家觉得抽签这个办法可行，那你们就抽签吧，把最后没人去防守的地方留给我。②

其实这个时候，大家都很清楚，辽军由北而来，那就预示着大名府北门是最重要的地方，也是最难以防守的地方。

于是，众将挑选了东、西、南三门，唯独将北门留下。看到此情景，孙全照心里有了几分嘲讽：辽军虽是虎狼之师，但也没必要这么惧怕！

看着这些平日里官僚主义作风严重的官员，孙全照毫无犹豫地接受了北门。

这时候，王钦若也惧怕辽军。他对众人说，我要去南门镇守，北门就留给孙将军吧！但此举又遭到了孙全照的反对，这让王钦若万分郁闷。

孙全照对王钦若说，别人选择了其他门，无关紧要，可您是参知政事，是朝廷派来镇守大名府的人。这时候，您是不能到南城去的，众所周知，北城很重要，但也非常凶险，我也不敢让您到北门去冒险。如果您到了南城，南北相距二十多里，如果有紧急军情，不能及时传达，势必会影响战况。

这个孙全照真是个麻烦人，让王钦若面露难色。孙全照看到这个情形，

---

① 《续资治通鉴·卷二十五》："与诸将议探符分守诸门。"
② 《续资治通鉴·卷二十五》："全照将家子，请不探符。诸将自择便利处所，不肯当者，全照请当之。"

便退让了一步。他选择了一个折中的办法,让王钦若坐镇城中,及时部署相关工作,照顾四周。①

听到孙全照这样说,王钦若心里有了一丝宽慰。到了大名府,看似王钦若是朝廷派来镇守大名府的长官,但王钦若并不能指挥一切,这让他内心很不舒服。

但这里是孙全照的大本营,王钦若也无计可施,只能与孙全照做好配合,共同守护好大名府。于是,王钦若就让其他将领到东西南三个城门防守,自己固守城中,而孙全照则带人到北门防守。

随即,孙全照便在北门开始布防。孙全照很清楚,辽军攻打大名府,宋军主要的抵御力量还是在他身上。那些选择其他城门的人,还没有看到辽军前来,就已经心怀畏惧。很显然,他们靠不住,等辽军进攻之时,这些人断然难以抵挡住辽军,很有可能还会弃城而逃。如此,他的北门防守就显得尤为重要。

主帅王钦若虽然是朝廷派来的人,但从骨子里来说,王钦若是个逃跑派。不让他上北门还好,若让他上了北门,等辽军压境,王钦若说不定还会命人撤退。这也是孙全照建议王钦若留守城中的原因。打仗这种事,对于文臣王钦若而言,既陌生又恐惧。

孙全照派出了斥候去打探辽军的消息。同时,他也抓紧时间训练亲兵。他命人收集战甲战衣,及时发放到士兵手中。②

这一切安排妥当之后,他命人将北城门打开,颇有点儿《三国演义》里摆空城计的意思,等辽军进入。③

不久,辽军便抵达了。

但是,辽军听说孙全照在北城驻守,而且城门大开,竟然不敢攻打北

---

① 《涑水记闻·卷七》:"不如居中央府署,保固腹心,处分四面,则大善。"
② 《涑水记闻·卷七》:"全照素教蓄无地分弩手,皆执朱漆弩,射人马洞彻重甲,随所指麾,应用无常。"
③ 《涑水记闻·卷七》:"于是大开北门,下钩桥以待之。"

门。孙全照这一招,确实唬住了前来攻打大名府的辽军。①

不敢进北门,辽军又挥师到了大名府东门,大东门也有重兵把守。虽然东门紧闭,可要想攻打下东门也绝非易事。

于是,在夜晚时分,辽军又转而去南门查看虚实。②似乎对辽军来说,南门是宋军防守最薄弱的地方。他们攻打南门,也在情理之中。

但是,南门一样有重兵把守,根本不是辽军能轻易攻破的。

辽军围绕着大名府转了一圈,发现大名府的部署非常严密。况且只要大名府的宋军坚守不出,辽军就不会占到任何便宜。这一点,辽军已经在南下的途中吃尽了苦头。

这时候,辽军里便有智囊提出一条计策——"引蛇出洞"。否则,大名府就是第二个瀛州。辽军若想攻打下大名府,难上加难。瀛州尚且依靠城池,击败了辽军的全面攻击。大名府的城墙比瀛州还高,驻守的宋军也比瀛州的多,想要夺取大名府,更不容易。

可是如何才能将驻守在大名府的宋军引出城呢?

有人提出"声东击西"。于是,辽军在南门不远处的狄相庙埋伏下了一支伏兵,然后由萧太后和辽圣宗带领主力去攻打驻守在大名府不远处的德清军。德清军在上文中有交代,宋朝在对北方重镇进行布防时会临时抽调德清军,用以支援大名府的大军。

九月二十二日,辽军浩浩荡荡扑向了德清军。辽军这一招,被站在城墙上的宋军看在了眼里。于是,有人火速将辽军攻打德清军的事情告诉了王钦若。王钦若当即召集主要将领商议对策,众人都建议营救德清军。③

随即,王钦若派天雄军去追击攻打德清军的辽军主力。然而,等到宋军追击到不远处时,埋伏在狄相庙的辽军便杀将出来。而辽军主力也掉转马头,对天雄军发动猛烈攻击。一时间,这支本欲救援德清军的天雄军陷入了

---

① 《涑水记闻·卷七》:"契丹素畏其名,莫敢近北门者。"
② 《续资治通鉴长编·卷五十八》:"夜,复自故城潜师过城南。"
③ 《续资治通鉴·卷二十五》。

腹背受敌的险境中。

这样一来，天雄军不仅无法救援德清军，自己也陷入辽军的包围中，能否顺利回到大名府都尚未可知。此时，得知消息的孙全照火速找到王钦若商议对策。孙全照对王钦若说，刚刚派出去的这支队伍是大名府天雄军的主力部队，这支队伍若是被辽军包抄，天雄军就会全军覆没。我们必须保住天雄军，这样才会保住大名府。这时候，辽军的主力都在大名府南边，我想抽调大名府北门所有将士去援救城外的天雄军。

此时的王钦若已经方寸大乱，根本不知怎样去应付这种场面，一切只能按照孙全照的部署去完成。

于是，孙全照带领大名府北门的重要力量去援救城外的天雄军。如此一来，辽军就面临着腹背受敌的情况。

孙全照出了城门之后，便直击辽军伏兵，将其全部狙杀，天雄军便与孙全照的大军合兵一处。

但这时候的辽军主力却并未与孙全照率领的宋军继续纠缠，而是转攻德清军。这样一来，天雄军虽然有一部分被辽军消耗，但被孙全照援救成功，可孙全照已经没有能力去援救德清军了。这一仗，德清军主力基本上全部被消灭。德清军的主要长官知军、尚食使张旦及其子张利涉、虎翼都虞候胡福等十四人战死。

孙全照收集天雄军残部，回到了大名府，大名府依然固若金汤。因为大名府的守城将士没有被消耗掉多少，只是天雄军损失了一部分人马而已。此时的大名府，四个城门都紧紧关闭，等待着城外的辽军再次攻击。

很快，辽军对大名府展开了猛烈攻击。可孙全照早有防备，继续依靠大名府的有利地形，对辽军进行了反击。攻打大名府的辽军由辽圣宗和萧太后亲自率领。

大名府之战，宋军坚守不出，辽军被宋军一次次击退。不过，吃了上一次的亏后，辽军这次并没有孤注一掷。看到大名府久攻不下，萧太后似乎也失去了信心。宋辽两军在大名府形成了对峙之势。

这时候，辽军继续调整战略部署，准备对宋朝进行围攻。最终，辽军决定兵分两路继续南下，一路攻打祁州，另一路是辽军主力，由萧太后和辽圣宗率领，继续攻打大名府，进而围攻澶州。

不久，萧挞凛和萧观音奴带领的大军便对祁州进行攻打。祁州虽然算不上大市镇，但也是宋朝境内的重要之地。

面对黑压压一片的辽军，这次祁州的守将并没有顽强抵御，而是选择了投降，祁州被辽军顺利占领。[1]

祁州被攻下来，在一定程度上给了辽军信心。祁州失陷，也让贝州等地直接陷入了辽军的攻击之下。

萧挞凛率领的辽军先锋部队，在祁州得到了短暂休整后，开始继续南下。

---

[1] 《续资治通鉴·卷二十四》："甲午，辽萧达兰、萧观音努率师下祁州，士卒多降。辽主手诏奖谕，复厚赏观音努，贵其降卒。"

第七章　亲征之路

　　人主听纳不可不谨，若容片言之欺，小则系一人之荣辱，大则系天下之利害安危，可不谨哉？谨之之术，惟在防微；防微之术，莫若左右之言不及也。真宗不以一内侍臣言进退官吏，听纳之道，谨之至矣。

——［宋］富弼

南迁还是北征

自从辽军开始南下，前线的战报便如雪片一般，不断从前线飞来。

宋朝上下，及时收集情报，判断着战争发展的形势。然而，宋朝并未摸清辽国的动向，只能静观事态变化，以不变应万变。这时候，收集情报工作显得尤为重要。宋朝派出了更多斥候，深入宋辽边境沿线窥探虚实，并不断收集情报，上报给朝廷。朝廷再根据具体情况，适时做出必要的战略调整。

尽管宋朝此前已经对整个边境线做了详细部署，在辽军必经之路上都有重兵把守，可万一辽军不按常理出牌，宋朝还得早做打算。

事实上，辽军的确没有走寻常路。

宋真宗虽然没有亲临一线，但天天为前线的战争担忧。然而，朝廷中的那些大臣似乎对此事并不着急，都在观望事态的发展。

这时候，寇准建议宋真宗亲征。既然辽国是皇帝和萧太后亲临战场，宋真宗也应该亲征，宋朝一方不应该输了气势，只有亲征是解决问题的关键。辽军深入宋朝腹地，一定程度上讲，与辽主亲征有关。

但亲征这件事，宋真宗自始至终都是排斥的。这种冒险的活动，在他看来，在他这一生中都不应该发生。因此，对于寇准的建议，宋真宗并未采纳。①

不过大家心里清楚，这是宋辽战乱二十几年来少有的战役。自从雍熙北伐后，萧太后很少再亲临一线，指导战争。如今，她带着儿子前来，给外界造成了一种辽国举国南侵的表象。

从景德元年（公元1004年）闰九月开始，整个宋朝的君臣与百姓都在牵挂着前线的战事。毕竟与辽国的这次战争，会影响到每个人的切身利益，尤其是边关上那些人的命运。

随即，前线便传来了辽攻打遂城、顺安军胜利的消息，宋真宗立即召开御前紧急会议，分析情况，商讨防御方案。

此时，朝中大臣们争论不休。大家各执一词，都想说服宋真宗。即使是几个宰相，都意见不统一。

最终，防御之策在这种争吵不休中迟迟难以敲定下来。

没过多久，从前线又传来威虏军、保州、北平寨击败辽军的消息，这让精神高度紧张的宋朝君臣长舒了一口气。

辽军最终没有攻破宋军的层层防线，只能在阳城淀屯兵，以待时机。②

此时，朝廷除了给前线的将领压担子，并没有更好的办法。该部署的已经全都部署完毕，需要补充的就是各司其职，管理各自的辖区，不可相互推诿扯皮。

时间从秋天过渡到了冬天。这一阶段以来，宋辽已打了几个月的仗，辽军主动发起的战斗却收效甚微。这让宋朝的高层们对辽军的战斗力产生了怀疑，也对整个北方的战争产生了担忧与期待两种复杂的感情。此时的辽军，与之前锐不可当的气势相比，已经不可同日而语。

在攻打瀛州时，辽军遭受重创，给了宋真宗无比大的勇气，这也为宋真

---

① 《续资治通鉴长编·卷五十七》："若车驾不行，益恐蕃贼戕害生灵，或是革辂亲举，亦须度大河，且幸澶渊，就近易为制置，会合控扼。"

② 《皇宋通鉴长编纪事本末·卷十五》："初，契丹自定州帅众东驻阳城淀，遂缘胡卢河逾关南。"

宗后来亲征奠定了基础。若辽军攻破瀛州，宋真宗还会不会亲征尚未可知。当时，宋真宗听说瀛州保住了，心里悬着的石头终于放下了。瀛州是关南之地极为重要的地点，瀛州若失，关南就会陷入险境。可让宋朝上下沮丧的是，不久就听到了辽军攻打祁州取得小胜的消息。尽管祁州是个小地方，不足以屯兵作为大后方，但总归是宋朝的领土，被辽军夺取，让宋朝上下心里都很不舒服。

辽军这种毫无章法的进攻，让宋军的防守无所适从。宋朝上下，猜不透辽军意欲何为。如此悬军深入，乃兵家大忌，辽军怎可悖常理而行之？

然而，不管宋朝上下如何揣测辽军，辽军都气势汹汹。据前线的斥候说，萧挞凛率领的辽军先锋部队已经从大名府出发，围攻澶州北城。

就在辽军南下攻宋的时候，前方的战报不间断地上报到了朝廷。谁也没有想到，辽军骑兵的速度竟然如此之快。

据说，一夜之间，从前线不同地方送来了五封战报。①

按理，这些战报首先应该上报到枢密院，再由枢密院呈送给宋真宗。然而，这些战报却最终落到了寇准手里。

五封战报接连传来的当天晚上，寇准正和另一个值班的副宰相在喝酒下棋。

按说这样的战报到来，一刻也不能耽误，寇准应该火速进宫，面见宋真宗，报告前线的战况。但让所有人震惊的事情发生了，寇准并没有急着上报前线的消息，而是将战报压了下来，继续喝酒。②寇准还表示，此刻已至深夜，官家已经休息了，前方战事再急也不在这一晚。

从第一封战报传来，到第五封战报呈上，已经有了一段时间，寇准继续喝酒。值班副宰相看到寇准这样贻误军情，心里非常着急。他想不明白，寇准为何如此这般沉稳，要知道战争变化无常，即使本来可以打胜仗，也会因

---

① 《宋史·列传第四十》："急书一夕凡五至。"
② 《宋史·列传第四十》："准不发，饮笑自如。"

为错失良机而造成失败。

送信之人送来最后一封信时，发现桌子上的前四封信还放着，顿时焦急万分，可这信已经传到了最高部门，最高部门的负责人是否及时将信件上报给皇帝，已经超出了送信之人的控制。

看着上报的信件被寇准压下，值班副宰相坐不住了。他提示寇准，应该将信件火速上报给官家，让官家定夺。但是寇准微微一笑，对他说：喝酒！喝酒！

寇准此举让值班副宰相摸不着头脑：难道寇准已喝醉，不知道事态的严重性？但看寇准的样子，也不像喝醉了酒。

此时辽军攻打大名府，进而围攻澶州的消息，远不如一杯酒重要？但寇准对这十万火急的战报并不上心，值班副宰相只能在寇准面前来回踱步。不久，寇准便醉了，捂着五封信呼呼大睡，值班副宰相一夜难眠。

第二天早朝时，便有人将辽军大举进攻的事情上报给了朝廷。想来这是值班副宰相干的事，甚至有人将寇准故意压下信件不报的事情，告诉了宋真宗。

宋真宗听说一晚上来了五封战报，当时就震惊了。寇准却说，因为大半夜担心官家睡不好觉，所以没有将战报连夜上报。宋真宗考虑到寇准的一片好心，也就没有发火。

寇准这才将五封信拿了出来，交给宋真宗。看到战报，宋真宗肝胆俱裂，脸色惨白，无所适从。想不到辽军的进军速度竟然如此之快，简直超出常人的预料。

宋真宗向满朝文武通报了五封信的内容，廷议现场顿时陷入混乱。

所有人都震惊不已。没有人料到，辽军竟然已经到了澶州前线。自雍熙北伐之后，辽国给宋朝上下造成的印象是，辽乃虎狼之师，宋朝远不是其对手。当年太宗皇帝部署得那么周密，都被辽军击溃。①也就是从那时候起，宋朝臣民对辽军充满了畏惧。

看到群臣议论纷纷，寇准却扬起了嘴角，对他们暗自嘲笑。

寇准觉得自己的目的已经达到了，他就是要让宋真宗紧张起来，然后建议宋真宗亲征，否则宋真宗就会像上一次听到亲征的建议一样，再次置之不理。

宋真宗让群臣发表意见，到底该如何应对此事，毕竟过了澶州就是汴京。尽管辽军一路南下没有占得几座像样的城池，可辽军铁骑的速度惊人，宋朝已经处在危险中了。

大臣们的意见出现了两种：一种是放弃汴京，南迁；另一种恰恰相反，动员宋真宗御驾亲征，亲临前线。而且，支持南迁的人明显占多数。

一时间，宋真宗难以抉择，到底是南迁还是亲征。

这是一道没有其他选项的选择题，在非甲必乙的抉择中，宋真宗希望出现丙和丁，很显然不现实。

宋真宗一时难以下决定。毕竟这两种选择，不管哪一种，都将影响国家的走向。一旦选择错了，他将要承担所有由此带来的后果。一向谨慎的宋真宗想要放弃抉择，但他做不到。

此时，整个朝堂之上似乎只有寇准一人喜形于色。自从上一次被宋真宗拒绝之后，寇准就一直在寻找动员宋真宗亲征的理由。这次，连续五封战报，成了最好的催化剂。这将为他说服宋真宗亲征打下基础。

这时候，宋真宗开始询问两位宰相。

---

① 根据《宋史》《辽史》《续资治通鉴长编》等史籍资料整理而成。雍熙三年（公元986年），准备多年的宋朝，乘辽朝新君初立之机，派三路大军北伐，意图拿下幽州，进而得到长城防线。宋军三路大军首战时，进军顺利，山前山后都有不少地方被宋军拿下。杨业、潘美等人直接攻打到了朔州等地。然而，随着西北路军米信部新城会战失利及东路军曹彬在岐沟关（今河北涿州市西南）被辽名将耶律休哥击败，宋军之前的锐气基本都消耗殆尽。加之此时慌乱中的赵光义命宋三路大军撤退，结果被辽军全面击退，杨业被俘，绝食而亡，赵光义也因为大腿中箭，坐着驴车逃亡。

毕士安是宋真宗钦点的首相，他的意见非常重要。可让宋真宗没有料到的是，毕士安虽仁德，竟然也站在了主战派的阵营当中。毕士安的话让宋真宗多少有些失望。就连枢密使王继英，都建议他亲征。

宋真宗摇摆不定，便将目光转到了寇准身上。这时候，寇准动员宋真宗亲征的想法已经成熟，一直在等着宋真宗征求他的意见。

当宋真宗问及寇准时，寇准反问宋真宗：官家您是希望战争早点儿结束，还是晚点儿结束？

这一问，让宋真宗僵在了龙椅上。这么大规模的战争，还可以预测结束时限吗？宋真宗不明白寇准的言外之意。寇准接着说，这件事处理起来也不难，只要官家您亲临澶州，五日便可解决此事。①

一听寇准又让他亲临澶州，宋真宗害怕了。这时候，宋真宗便想离开，择日再议。宋真宗对寇准这个人非常了解，他如果认准的事情，八头牛都拉不回来。当年寇准为了向赵光义进言，就做过拉扯赵光义的衣服不让其离开之事。当然，寇准的话一出，便震惊了朝堂上所有人。因为没有人敢如此大胆表态，五日便可结束战争。

宋真宗有些下不了台，他对众臣说，既然此事一时半刻难以抉择，那便隔日再议。这时候，寇准竟然故技重施，又拉住了宋真宗的衣服，阻止他离开。

寇准对宋真宗说，官家您先别走，若您今天就此离去，国家大事也就完了，还是请您听听臣的意见，您再做决定。宋真宗无奈，只能继续坐下来听寇准说。②

寇准便陈述了皇帝亲征的好处。对宋真宗而言，他是不愿意亲征的。诚如大家所说，辽是虎狼之师，他如果深入前线，危险系数极高。寇准这仅仅

---

① 《宋史·列传第四十》："准曰：'陛下欲了此，不过五日尔。'因请帝幸澶州。"
② 《宋史·列传第四十》："同列惧，欲退，准止之，令候驾起。帝难之，欲还内，准曰：'陛下入则臣不得见，大事去矣，请毋还而行。'"

是一面之词，宋真宗决定广开言论，让群臣建言献策，公议亲征之事。①

面对寇准的强势，没有人敢说话了。宋真宗看着大臣们，心里五味杂陈。这时候，寇准明显占了优势，而寇准身边还有毕士安和王继英两人，其他大臣敢说话吗？

这次，宋真宗采取了妥协的办法，表示愿意听从寇准的建议。不过这事还得从长计议，不能操之过急。当下，便退了朝。

正是因为看到宋真宗为难的情绪，有两个人"隐性"地站了出来。一个是王钦若，一个是陈尧叟。鉴于寇准在朝堂之上的霸道，他们不敢公开给宋真宗提供建议，不过他们已经用眼神给宋真宗传递了信息。

退朝之后，对王钦若和陈尧叟眼神心领神会的宋真宗，便将二人召到文德殿面谈，想听听他们对战局的看法。宋真宗非常清楚，在朝堂之上，王钦若、陈尧叟等人忌惮寇准强硬的态度，不敢表态，这时候他要听一听他们的想法。

王钦若是江南人，看到宋真宗犹豫不决，便建议宋真宗迁都金陵，也就是当年南唐的国都。王钦若还说，金陵有长江天堑，加上黄河天堑，辽军很难过江。依靠两道天堑，保证官家能高枕无忧。

陈尧叟是蜀人，建议宋真宗迁都到成都，因为成都历来都是天府之国，又有崇山峻岭作为天然屏障，只要宋军驻守各个要塞，不管辽军多么强大，都不会打到成都。②

王钦若和陈尧叟的话，在宋真宗心中激起了涟漪。这二人提出的意见正中他的下怀。对于这两个地方，宋真宗进行了充分考量，觉得江南和成都各有优势，都是非常适合南迁之地。宋真宗感慨万千，这两个人才是真正为他考虑的忠臣。

此时，宋真宗的内心已偏向南迁了。

可南迁是大事，万不能草率，要先征得文武大臣的一致同意。宋朝特殊

---

① 《宋史·列传第四十》："帝乃议亲征，召群臣问方略。"
② 《宋史·列传第四十》："参知政事王钦若，江南人也，请幸金陵。陈尧叟，蜀人也，请幸成都。"

的官僚机构，注定了皇帝不能独断专行。即使像宋太宗那么强势的皇帝，依然还是要听从士大夫的建议。

宋真宗虽然在行政手段上没有宋太宗强硬，但对宋朝这些官僚机构还是非常清楚的。犹豫不决的宋真宗，觉得还是应该再听一听寇准、毕士安、王继英等几个中央重要高官的建议。毕竟多听听意见也没什么不好，况且寇准虽然耿直强势，但也是为了赵家江山着想。于是，宋真宗火速让人把寇准等人召到御前。

传达圣谕的宦官，便去宣寇准、毕士安、王旦、王继英等人觐见。此时，寇准已经得知了皇帝面见陈尧叟和王钦若等人这件事，但装作不知道。①

当寇准走进皇宫时，宋真宗正在来回踱步，一副心事重重的样子。宋真宗旁边，站着毕士安、王旦、陈尧叟、王钦若等人。

寇准和往常一样，参拜了宋真宗，拿出以往那种矜持，等待着宋真宗开口。

看到人都来齐后，宋真宗却并没有说亲征之事，而是直截了当地问众人：你们说，朕应该迁都金陵还是迁都成都？

听了皇帝的疑问，宰相和副宰相几人都面面相觑，不知道这话是何意。宋真宗给众人解释：有人给朕提议，让朕迁都金陵和成都，现在朕也难以下决定，不知道应该迁都金陵还是成都。

寇准洞悉了其中的奥秘。他并没有感到意外，这种做法很像宋真宗一贯的作风。正如宋真宗熟知寇准的脾性一样，寇准也熟知宋真宗的脾性。

如今，能给皇帝出主意的人无外乎陈尧叟、王钦若二人，除此谁还有能力对皇帝说这些话？

寇准对这种南逃的做法非常反感。之前廷议时，就有人说要南撤，放弃整个北方大片土地，寇准据理力争，坚称"祖宗之地，寸土不可与人"。最终，廷议也没有拿出具体意见。

---

① 《宋史·列传第四十》："准心知二人谋，乃阳若不知。"

可这两位江南官员，竟然在背后动员宋真宗南迁。寇准用眼睛扫视了他们一遍，非常痛心地对宋真宗说：这是谁出的主意？给官家出这样主意的人，就应该拉出去砍头。①

宋真宗陷入了艰难的抉择中。他当然不会杀王钦若和陈尧叟，但寇准的强势态度，让他很不舒服。寇准的话，也无疑得罪了王、陈二人，以后他们与寇准处处作对，联合寇准的政敌，对寇准进行陷害与打击，最终导致寇准被罢相。

宋真宗没有料到寇准会如此看待南迁之事。但寇准的话并未说完，此刻，考虑再三的寇准接着对宋真宗说：官家您英明神武，朝廷将臣也都相处和谐，您若亲征，辽国肯定会退兵。可如果您南迁，那么黄河以北的大片河山就会落入辽国之手，到时候天下将重新出现南北分治的局面，这难道就是您想看到的吗？这对于大宋的江山稳固而言，可是致命打击，想当年太祖太宗……

寇准又搬出了宋真宗的先人。②

这时候，寇准、宋真宗、陈尧叟、王钦若四个人的心里各有各的想法。看着眼前的寇准、毕士安、王旦、王钦若、陈尧叟等人，宋真宗不知何去何从。

宋真宗也明白寇准的意思，但寇准的这番话已经是老生常谈，听的次数多了，宋真宗也就腻烦了。对于腻烦了的事情，宋真宗自然不愿意再去理会。

宋真宗明知道南迁可能引发国家动荡，可寇准的警示完全无法引起宋真宗的警觉。此时的宋真宗，心里是紧张的，比起隔江而治，在边境督战更加

---

① 《宋史·列传第四十》："帝问准，准心知二人谋，乃阳若不知，曰：'谁为陛下画此策者，罪可诛也。'"

② 《宋史·列传第四十》："今陛下神武，将臣协和，若大驾亲征，贼自当遁去。不然，出奇以挠其谋，坚守以老其师，劳佚之势，我得胜算矣。奈何弃庙社欲幸楚、蜀远地，所在人心崩溃，贼乘势深入，天下可复保邪？"

凶险，说不定还会命丧黄泉。

这种情况下，宋真宗觉得划江而治也不一定不好。当然，眼下宋辽两军虽然摩擦不断，但还没有到紧急万分的时刻。

不久，前线又传来消息。这个消息，让举棋不定的宋真宗再次陷入了艰难的抉择中。消息称，辽军已经过了瀛州，直逼贝、魏二州。[①]这个消息，如同晴天霹雳一般，让宋真宗惊慌失措。毕竟贝、魏二州，已然到了黄河边上。

宋真宗赶紧召集群臣商议，再不商议，辽军过了黄河，汴京就被围了。还是之前的两种意见：南迁和亲征。这两种意见进行了很长时间的论证，宋真宗还是没有办法决定采用哪一种。

这时候的宋真宗更倾向于南迁。这是非常保险的做法，即使辽军攻破大名，甚至攻破澶州，只要自己到了江南或者成都，辽军依然对他无可奈何。留得青山在，不怕没柴烧。

但是，宋真宗这就决定南迁了吗？很显然不是，因为朝堂之上还有主战的一派。

此时的寇准，为了促成宋真宗亲征，已经想尽了办法。他迫不及待地继续说，官家这次若能亲征，大名府自是亲征的最佳地方。毕竟大名府距离前线最近，鼓舞士气，就应该到大名府去。

寇准还分析了大名府当前面对的不利局势：辽军此番南下，大名府是首当其冲的重要市镇，一旦被辽军攻破，那么整个黄河以北就只剩下澶州了。无论如何，亲临大名府，已是当务之急。

陈尧叟和王钦若等人鉴于寇准这样霸权专横，也不好再动员宋真宗南迁，只能闭嘴。

这时候，宋真宗把目光转到了毕士安身上，想听听他的意见。相较于寇准而言，毕士安是自己人，当时宋真宗任命毕士安和寇准同时为相的时候，

[①]《宋史·列传第四十》："既而契丹围瀛州，直犯贝、魏，中外震骇。"

就是考虑到他们两人一个老成持重，一个大胆勇敢。所以，让他们为宰相，互为补充，最合适不过。

毕士安虽然赞成宋真宗亲征，可并未像寇准那样激进。毕士安建议宋真宗亲征到澶州便可以了。[①]大名府充满了未知因素，不宜前往。此时，寇准眼巴巴地看着王继英，希望王继英可以站到自己这一边，但王继英却站到了毕士安一边。

听到朝中双宰相都建议亲征，其他大臣也只能随声附和。寇准此番据理力争，已然产生了效果。

看到宋真宗并没有表态，眼神阴郁，寇准选择了折中的态度，便退让一步说，亲征这件事，肯定要执行，如果官家您不想去大名府，那您就到达澶州吧。

既然两位宰相都支持亲征，宋真宗还真没法再准备南迁了。大臣尚且不惧死，皇帝难道要如此胆小如鼠吗？

然而，亲征对宋真宗而言，还是有畏难情绪的事情。

这些年来与辽军对打的过程中，宋军损失惨重。二十多年来，宋朝很少能打胜仗。所以，每次防御之策制定时，朝廷都只让边境守将驻守在宋境内，辽军若不主动来攻打，宋朝守将是不能去招惹辽人的。

再说，每次战火一起，粮草辎重就得跟上。尤其是咸平年间，宋辽几乎年年都有战争，而宋朝应付一场规模不算太大的战争，都要消耗巨大的财力、物力、人力。与辽国这些年的战争，宋朝的国库已经有了空虚之感。且辽宋之间，宋军就一定比辽军更胜一筹吗？

这在宋真宗看来未必。这一点儿也不难理解，宋真宗是个务实的人，自小在宫廷深苑里长大，没有见过战争，更没有主持过战争，他不像伯父赵匡胤可以自己打下江山，更没有父亲赵光义的勇气，能够亲征契丹。

就宋辽之间的战争而言，宋真宗自己不敢妄下定论，他也害怕战争的残酷。赵光义的箭伤给他留下了难以磨灭的思想负担，如果不是赵光义亲征辽

---

① 《宋史·列传第四十》："士安与寇准条所以御备状，又合议请真宗幸澶渊。"

国，也不至于中箭，指不定此时还是皇帝。然而，这些一切，都没办法假设。

宋真宗越来越不敢想象。此时宋真宗内心是纠结的，他想和，可没有更多的干部基础，很大一部分人都坚持他御驾亲征。只有这两个南方的臣子，给他提出了南迁的建议，却势单力薄，无法与其他大臣的意见抗衡。

最终，宋真宗决定亲征澶州。此时，辽军攻打大名府的消息，传到了宋朝内部。当下，宋真宗就召集群臣商议对策。

还是寇准充当了主角。寇准觉得，这次辽军攻打大名府，必然动用了所有兵力。尽管大名府的天雄军锐不可当，可还得做最坏的打算。寇准建议：必须给大名府派出一位宰相级别的人压阵，方能保住大名府。

宋真宗以为寇准要亲临前线，指挥大名府的战斗，那样自己怎么亲征？但寇准所说宰相级别之人，也包括参知政事之内的副宰相。

那么，参知政事都有谁呢？王钦若和王旦。

宋真宗似乎明白了寇准的言外之意，就是要在王旦和王钦若二人当中，选一人去镇守大名。

此时的寇准心里已然有了人选。他看中的人，是王钦若。于是，寇准对宋真宗说，王钦若做事素来干净利落，颇有能臣风范，不如将王钦若派到大名府去压阵。

宋真宗看了看王钦若，似乎在问王钦若：你的意思呢？王钦若因为建议宋真宗移驾江南，被寇准定性为该杀之人。此刻，他依然没有任何为自己争辩的理由。王钦若似乎也很明白，寇准提议将他调到大名府，让他去压阵，自然是想将他从宋真宗身边支走。[①]

看透了寇准的目的，王钦若便主动申请去大名府压阵。宋真宗很欣慰，既然王钦若愿意去，那就让他去。王钦若拜谢了宋真宗，便准备去大名府任职。但是，王钦若内心对寇准的仇恨越发潜滋暗长。这种仇恨，会随着时间

---

① 《续资治通鉴长编·卷五十七》："会上欲择大臣使镇大名，准因言钦若可任，钦若亦自请行。乙亥，以钦若判天雄军府兼都部署、提举河北转运司，与周莹同议守御。"

的推移，不断地在王钦若心中生根发芽。

其实，寇准之所以这么急不可耐地将王钦若支走，依然是担心在亲征路上王钦若再次怂恿宋真宗南迁，到时将会带来诸多麻烦，这不是寇准愿意看到的。因此，这次寇准是故意设计将王钦若调离朝廷。

如此，一切亲征事宜算是处置妥当了。然而，此时首相毕士安却病了，且病得不轻。尽管如此，毕士安依然希望跟着宋真宗去亲征。但宋真宗鉴于毕士安身体不便，便将他留在汴京，一方面可以让毕士安好生休养，另一方面也可以让他及时处理汴京相关事宜。

此时还发生了一件小事，当时，有懂天象的人看到了不一样的天象：太白昼见，流星出上台北贯斗魁。对于这个天象，洞悉其中奥妙的人有两种解释：其一是宋朝这次出兵会不利，其二是会有大臣得重病。[1]然而，宋朝已筹备多时的亲征，此时不能因为一个天象就此作罢。

最终，毕士安将天象之事揽在了自己身上。毕士安表示，如果真要有大臣病重，那就是他吧。反正他已经病重了很久，也不在乎。只要能为朝廷承担天象预兆的后果，自己万死不辞。

参知政事王旦留守汴京

亲征之事已定，王钦若被寇准支走，剩下的大臣不敢再有其他声音。陈尧叟经过上次被寇准怒斥，再也不敢提议让宋真宗南迁到成都了。

一切亲征事宜安排妥当之后，宋真宗就得选择汴京留守，保障大后方。

这也是个难题，因为赵元佐还在，那些企图拥立赵元佐的人还在。第一次亲征之时，便有些人在暗中准备发动政变。当时宋真宗就有预感，这些

---

[1]《宋史·列传第四十一》："真宗严兵将行，太白昼见，流星出上台北贯斗魁。或言兵未宜北，或言大臣应之。"

人会出来发动叛乱。最终,宋真宗选择了李沆作为汴京留守,让他主持大后方,这才稳定了大局。

这次,宋真宗又面对这样的选择。毕士安身体不好,这么大的担子,也不敢压在毕士安身上,万一他有个三长两短,汴京也就危险了。

思来想去,宋真宗选择了自己的弟弟赵元份。宋真宗知道,赵元份本性宽厚,行为规范都非常注重礼仪,在朝中声望很高,正是最可靠的留守之人。用宋真宗的话说,没有人比赵元份更合适。

宋真宗临走之前,专门召见了四弟赵元份。此时的赵元份虽然身体不好,但依然接过了汴京留守这一职位。

面对宋真宗如此信任,赵元份誓死保卫汴京,为官家亲征做后盾。宋真宗深感欣慰,这个弟弟和那些弟弟不一样。这个担子交给他,宋真宗放心。

宋真宗还为赵元份选择了一些自己身边的近臣,命令他们侍奉好赵元份。

此时,辽军已经开始攻打大名府,由萧挞凛率领的辽军先锋部队直抵澶州北城。

寇准很着急,宋真宗自从决定亲征后,并没有立即行动,而是一直处于一种消极等待当中,已经耽搁了好些日子。辽军攻打瀛州失败后,宋真宗才真正有了亲征的念头。可是具体何时出发,只有宋真宗自己说了算。寇准不能替宋真宗做决定,只能耐心等待。

一直迟迟不愿动身的宋真宗,从内心就对这次亲征有抵触。从议定亲征到如今,已经几个月过去了。前方战报频频传来,越发加深了宋真宗的恐惧:如果自己亲征,依然抵挡不住辽军该怎么办?

没有人能回答这些问题,两个宰相已经指望不上了。

但此时已经箭在弦上,不得不发。面对群臣的期待,宋真宗最后打消了企图南迁的想法,硬着头皮踏上了亲征之路。

此时还得提一个人。这个人是国舅,位高权重,宋真宗即位之初,给了他镇安军节度使、检校太傅的职位。后来,因为他的妹妹李太后意图发动政变，拥立赵元佐之事败露，他也受到了影响。一段时间内，宋真宗削除了他的军权，加同中书门下平章事，让他继续回到镇安军任职。①

这个人，就是李继隆。

就在宋朝上下一心亲征时，李继隆给宋真宗上书，表达了自己希望陪同皇帝亲征的意愿。宋真宗见到李继隆诚恳的请奏，便恩准了。不过宋真宗并未让李继隆与自己同行，而是让李继隆先一步到达澶州北城，协助澶州做好布防工作。

五十五岁的李继隆，便带着大军前往澶州。

这个李继隆，堪称宋朝武将里的传奇。他率领大军与辽军周旋多年，竟然鲜有败绩。宋太宗手下诸如潘美、曹彬、杨业等大将，在与辽国对峙的过程中，都曾被辽军打败过，可李继隆却是个常胜将军。

后来，李继隆的妹妹嫁给了赵光义，李继隆成为皇亲国戚，一直都掌握着重要兵权。

但宋真宗继位之后，李继隆便长期在固原任职，很少回京。望都之战失利后，在固原任职的李继隆多次给朝廷上书，请求到边境上为国效力。宋真宗对李继隆的忌惮，减轻了许多。随即，宋真宗将李继隆调回京城，留在身边，给他出谋划策，当面询问对付辽国的意见。

景德元年（公元1004年），当宋真宗面临着南迁还是亲征的抉择时，李继隆再一次提出意见，希望宋真宗亲征。他还表示自己愿意给宋真宗牵马坠镫，为大宋尽自己最后一点儿绵薄之力。当时因为宋真宗举棋不定，并未采纳李继隆的意见。不过，李继隆表达的是一个臣子、一个三朝老臣的意见，朝廷也不能驳了他的面子。为了安抚李继隆，宋真宗任命他为山南东道节度使，出判许州。②

在宋朝文武大臣的不断论证中，亲征最终确定了下来。宋真宗便想起了

---

① 《宋史·列传第十六》。
② 《宋史·列传第十六》。

李继隆，重新将他调回身边。

不久，李继隆便去澶州了。

这时候，宋朝举国上下都统一了意见：由宋真宗到澶州率军亲征。

这天是景德元年（公元1004年）的十一月十四日，北方已近寒冬。这一天，天气阴沉，云层挤压。宋真宗的心情，也如天气一样。

宋真宗一行在千乘万骑的簇拥中，走出汴京时，汴京城里的老百姓们竟然夹道送行，这让宋真宗的内心有了些许宽慰。

当年他还是太子时，有一次跟着父亲赵光义出行，老百姓就称他为少年天子。当时赵光义还不高兴，多亏了寇准解围，此事才最终化解。这一刻，看到汴京百姓都这样拥戴自己，宋真宗心里多了几分温暖。

出了汴京，前进的路上，宋真宗一行走得很慢。寇准虽然鼓动宋真宗亲征，可路上行走的速度完全掌握在宋真宗手中，他由着自己的性子来，不断放慢前进的步伐。

不久，一个震惊宋真宗的消息从汴京传来：雍王赵元份病危，请求皇帝另派汴京留守，到汴京负责防守事宜。

亲征的大队只能停下来商议对策。因为大后方一旦不安定，那么整个亲征就是一趟有去无回之旅。

宋真宗赶紧召集宰相寇准、参知政事王旦、枢密使王继英等人商议对策。寇准看出了宋真宗的退却之心，于是向宋真宗进言，如今官家您已经在亲征路上，汴京留守之事只需要选择一个合适的人去，便可解决这个问题。

枢密使王继英也认为，亲征之事不能草率，更不能有退却之心。宋真宗面对的处境就是只能进，不能退，此时他只需要在大臣当中选择一个合适的人回去担任汴京留守即可。

可是选谁呢？这又难住了摇摆不定的宋真宗。

临走之前选定了亲王留守，可如今亲王上书，表示不能继续担任这一职务。那么，重新选择之人第一个条件必须要级别高、资历深，这是能够压阵的先决条件。其次，选择之人还要有德行，这是汴京留守的必要条件。若将国家大后方交给心怀不轨之人，势必会惹起事端。

赵元佐那一派人虽然没有得到朝廷的重用，但很难保证他们不会拉拢留守之人，最终造成难以预料的后果。如今的宋朝大后方不敢有任何事情发生，否则国将不国。

那么，这种情况下，只有三个人有资格入选：寇准、王继英、王旦。他们都是宰相级别的人，位高权重。可这三个人，似乎都很重要。首先，寇准不能去，他是主战派的领袖人物，他如果回去做汴京留守，这场亲征也就失去了主心骨。宋真宗没有了依靠，能不能到前线都很难说。

王继英也不能去，他作为枢密使，主管军政，还有粮草、人员协调等各种事情都需要他处理。

最后的人选，只能是王旦。①

对于让王旦回去担任汴京留守这件事，寇准和王继英似乎都没有任何意见。王旦此时是参知政事，也就是副宰相。当然，这是重要条件，但更重要的是王旦这个人品德好。这些年来，他在官场上从没有过是非纠纷，是公认的好官，素来名声颇佳。

王旦和李沆、寇准等人是同科进士，如今他们都已经做到了宰相级别的大官。在王旦这一生中，更多的是谨小慎微、如履薄冰。他每到一个地方任职，都会兢兢业业。如此，也给宋朝的官场注入了一股清流。

钱若水、赵昌言、何承矩等人，都曾力荐王旦到朝中担任要职。宋真宗还是王爷的时候，就对王旦很熟知。虽然如今宰相是寇准，但从某方面来说，宋真宗更喜欢王旦的性格和处事风格。王旦做事总是不露声色，不喜欢表现自己，却能将每件事情都处理得井井有条。此时的王旦，已逐渐表现出一个政治家的成熟。

当年李沆给宋真宗推荐王旦时，宋真宗犹豫过。但通过这几年共事的经

---

① 《宋史·列传第四十一》。

历，宋真宗对王旦越来越认可。王旦这个人，是典型的知识分子，他认准的事情，一般不会改变。王旦又兼有朝中大臣身上那些优秀的品质，可以在鱼龙混杂的官场做到得心应手、游刃有余，这不是一般人能做到的。即使是寇准，也会惹出诸多事端，可王旦没有。

宋真宗还听说王旦在治家方面也非常出色。王旦已经官拜副宰相了，却没有让家里的弟弟和子侄们入朝为官，理由是不能与天下寒士争功名。

宋真宗一生中，遇到能将各种事情都做到合乎绝大多数人胃口的官员，只有李沆和王旦两人。李沆在世时与王旦就是知己，两人又是宰相与副宰相，惺惺相惜。或许他们本就是同道之人，在处理很多事情上也就自然而然地相似。李沆的很多品德，都深深影响了王旦。

这时候，王旦成了担当大任的不二人选。随即，宋真宗任命王旦为汴京留守。王旦欣然接过了这个担子，为君主分忧，是臣子的本分。①

王旦接任汴京留守之后，并没有急着回去，而是请求宋真宗召寇准前来，表示自己有话要问寇准。②

宋真宗看着王旦一副郑重其事的样子，便差人将寇准叫到了面前。

寇准老气横秋地走进来之后，宋真宗瞟了一眼王旦，意思是你不是有话要问寇准吗？这就问吧。

寇准此时完全不知道怎么回事。虽然寇准与王旦都是宰相，但他们私交不深。寇准与王旦的关系，还不如与丁谓的关系。

这时候，王旦才当着宋真宗的面问寇准：你们这次出征充满了凶险，宋辽关系到底会发展到何种程度，现在没办法预测，有些事必须提前安排好才行。

王旦其实并未说到重点，只是将他的疑惑向寇准和宋真宗表达了出来。

寇准和宋真宗都看着王旦，一副大感不解的样子。王旦本来想循序渐进

---

① 《宋史·列传第四十一》："雍王元份留守东京，遇暴疾，命旦驰还，权留守事。"
② 《宋史·列传第四十一》："愿宣寇准，臣有所陈。"

地说出自己的疑惑,一看他们比他自己都疑惑,便省去了之前要做的铺垫,直截了当地问寇准:你们此去,如若十天之后我没有收到捷报该怎么办?①

这一问,既是问寇准,也是问宋真宗。

寇准没办法回答,因为他也不知道十天之后,辽宋关系到底会变成什么样子。当然,王旦这样问是有道理的。当初寇准动员宋真宗亲征时曾说,不出五日,宋军就会胜利。如今王旦提出了十日,已经是在原来的日期上增加了一半时间。

此刻,寇准没办法回答王旦,但在他看来,有一点可以肯定,那便是宋军不会败,因为辽军是劳师远征,悬军深入。可是前线之事正如王旦所说,凶险万分,万一有什么闪失,也不是此刻就能预料到的。

此刻,听到王旦如此询问,宋真宗陷入了沉思之中。宋真宗不断地在问自己:十天之后,如果没有捷报,是不是就预示着自己这次亲征失败?

王旦的话听起来有些危言耸听,可转念一想,他的担心不无道理。宋真宗在王旦和寇准面前来回踱步,脑海中不断思考这次亲征。很多事,宋真宗自己都无法预测。此刻王旦提出这样的疑问,也是宋真宗的疑问。若此次亲征顺利,一切都好说。可万一出现难以预料的事情,宋朝会怎样呢?

过了好一阵子,三个人都沉默无言。最终,宋真宗停下来看了看王旦,又看了看寇准,便对王旦说:"立皇太子。"②

宋真宗想到了最坏的结果。如果十天之内汴京收不到前方的捷报,表明宋真宗已经殉国了。这是给王旦安排后事,也为稳定国家做长久打算。

如此,王旦心中的疑惑便得到了答案,这才匆匆回到了汴京。

回到汴京后,王旦开始部署汴京留守工作。他将汴京的一切事宜都做了重新调整,尤其加强了汴京地区的防御和巡视工作。此时,尽管皇帝带领文武百官亲征前线,但汴京还有中央禁军,一旦有任何难以预料之事,王旦随

---

① 《宋史·列传第四十一》:"十日之间未有捷报,时当如何?"
② 《宋史·列传第四十一》:"帝默然良久,曰:'立皇太子。'"

时会组织这些中央禁军紧急处理。王旦心怀希望的同时,也做最坏的打算。①

汴京之事安排妥当之后,宋真宗一行继续前行。

艰难的亲征之旅

按说,从汴京到澶州也就三百里路,用不了五天,宋真宗便能到达澶州。可这一路上,宋真宗竟然走了七天。当然,这七天中包括派遣王旦回京担任汴京留守的时间。

当时,以军队的正常行进速度,骑马是日行七十里,步行或者骑驴是日行五十里。加上当时是战争时期,行军速度应该比平常要快一些。三百余里的距离,最多四天时间就能完成。可是宋真宗却走了七天,平均一天四十几里路,可见宋真宗走得多么不情愿。

宋真宗一行走了两天,到达了韦城(今河南滑县东南)。②寇准等大臣心里万分焦急,可宋真宗说了,就在韦城暂时休整。因为此时,宋真宗又听到了辽军南下的消息。整个宋朝境内,似乎对辽军这次南下毫无办法。河北平原广袤之地,非常利于辽军骑兵往来自如。

众人无奈,只能暂时在韦城搭建行营,等着宋真宗缓和紧张的心情。可宋真宗在韦城休整期间,心里的惧怕与日俱增,他从未想过自己要真的亲临一线,指挥这场决定宋辽生死的战役。

这时候,宋真宗不断地给后方的援军下达命令,让他们火速到澶州支援。然而,因为宋朝的援军是从各地抽调的,一时半刻根本赶不到宋真宗面前。这便让宋真宗更加惧怕辽军。宋真宗命人给王超传召,让王超过来觐见,但王超一个月了都没有赶到宋真宗面前③,这让宋真宗尤为恼火。

---

① 《宋史·列传第四十一》:"旦既至京,直入禁中,下令甚严,使人不得传播。"
② 《宋史·卷七》:"癸酉,驻跸韦城县。"
③ 《续资治通鉴·卷二十五》:"诏王超等率兵赴行在,逾月不至。"

此时，宋真宗虽然带着一众文武大臣，但他不愿意与那些主战派商议对策，没有人能够理解他心中的恐惧。但越是这样，宋真宗内心的紧张就越发强烈。

在韦城的宋真宗，内心不断产生折身返回的冲动。可满朝文武已经跟着他走到了这个地方，现在折回去算什么？

宋真宗没有勇气往前迈出一步。往事历历在目，赵光义受伤的情景一幕幕在他脑海中重现。他永远忘不了赵光义在生命的最后时刻，是怎样被箭伤折磨的。

于是，宋真宗找来了陈尧叟等人，想听听他们的意见。这些人鉴于寇准的强势，一直不敢再提议南迁，这时候，宋真宗自己提出来，他们当然表示赞成。试问满朝文武，哪一个能像寇准那样，不顾一切？

这些人再次对宋真宗陈述南迁的好处，希望宋真宗及时南迁。此时才到韦城，只需要掉转马头即可，不日就能到达南方，安全无虞。他们还给宋真宗出了另外一个主意：如果不能南迁，返回京师也不失为一种可行之策。①

宋真宗心里越发摇摆不定。此时，毕士安不在身边，若毕士安在，或许他还能有个商量之人，可偏偏毕士安病了，宋真宗这一路上走得战战兢兢。

但由亲征变成南迁，势必会引起不必要的混乱。宋真宗还是不敢轻易下这个决定。诚如寇准所言，朝廷一旦南迁，势必会影响整个国家的走向。这时候，宋真宗觉得需要征求一下寇准的意见，毕竟寇准代表另一派的意见。②

于是，宋真宗召来了寇准，开口便问道："朕南巡如何？"这一问，寇准便知道事情的来龙去脉。宋真宗本身就惧怕辽军，加上宋真宗身边那些主和派不断怂恿他南迁，他自然想这么做。

可是，如今亲征已是射出去的箭，想要收回来，根本实现不了，前方的

---

① 《续资治通鉴·卷二十五》："将入，闻内人谓帝曰：'群臣辈欲将官家何之？何不速还京师！'"

② 《续资治通鉴·卷二十五》："辽师益南侵，帝驻跸韦城，群臣复有以金陵之谋告帝宜且避其锋者，帝意稍惑，乃召寇准问之。"

三军将士都在翘首以盼宋真宗亲临澶州。

寇准对宋真宗说，官家定是听从了那些主和派的意见，才会有南巡的打算。他们这些人的见识还不及一个山村老妇。如今，辽军大军压境，前线的宋军将士人心涣散，官家您必须亲临前线，不能退却一步。唯有如此，方能给河北前线将士鼓舞士气。若官家您执意南巡或者回撤京师，则前线的将士肯定会自动瓦解，到时候辽军趁势南下，我们的麻烦就来了。

可是寇准的这一番话，并未受到宋真宗的认可。类似这样的话，寇准说得太多了，宋真宗已经产生了一种反感心理。此时的宋真宗一心想着南逃，已经顾不得前方的战事了。

然而，前方战报不断上报，宋军虽然坚守不出，可辽军的攻势依然非常猛烈。这种情况下，宋真宗看不到寇准说的那些前景。宋真宗不断问自己：难道自己亲临一线，宋军就能胜利吗？

宋真宗没办法说服自己。寇准的话，也说服不了他。

寇准还苦口婆心地继续陈述亲征的意义，可这些话已经引不起宋真宗的重视。在宋真宗看来，诚如那些大臣说的，即使不南逃，回到汴京也可以。

可寇准对此持有不同意见。若亲征队伍回到汴京，前线的宋军士气势必会低落。到时候，辽军若破了澶州，下一个目标就是汴京。原来黄河还可以作为天堑，阻挡辽军，可此时已是隆冬，黄河结了厚厚的冰，天堑变成了通途。若辽军骑兵踩着冰过河，那么汴京就危在旦夕了。

此时的寇准，想得比宋真宗远，可是无济于事。

寇准看到自己的观点并没有引起宋真宗的认可，便绞尽脑汁想着如何能够说服宋真宗。但宋真宗此时已经听不进去了，他沉浸在自己的想法中，在南迁、回京和亲征之间来回摇摆。

此时，寇准也不敢再次逼迫宋真宗了。尽管他知道，不逼迫宋真宗，宋真宗就会选择南迁或者返回京城。宋真宗的精神已经处在一种高度紧张中，没有人能替他解围。寇准不断敦促宋真宗亲征的话，反而激起了宋真宗内心的抵触。

怎样说服宋真宗？寇准没有更好的办法。

这一路北上，他早就预料到会有这种情况发生，这也是宋真宗一路上行动异常缓慢的原因。

无奈之余的寇准，只能退出宋真宗的临时行营。

刚刚走出去，寇准就发现了一个人。这个人虽然与寇准交情不深，但寇准对他还是知根知底的。

这个人是高琼。①

高琼"不识字，晓达军政"②，而且是三朝元老，是为赵宋天下出过力的人。当年五代十国时期，他就投身王审琦③门下。最终，赵匡胤建立宋朝后，他又南征北战，立下了汗马功劳。高琼在宋太宗时期，就得到了重用。

尽管此时他已经快七十岁，但仍然担任着禁军统帅职务。论资历，在当朝没有几个可以和他相比。

寇准觉得，高琼或许能帮忙解除宋真宗内心的困惑，当即使上前给高琼行礼。高琼也知道寇准是宰相，不敢怠慢。随即，寇准将高琼拉到一边，对高琼说出了宋真宗怯战的想法。

寇准当即就问高琼，太尉深受皇恩，不知道有没有想过报答？④高琼虽然年老，但神志清醒，素有廉颇之形象。高琼对寇准说，我本就是一介武夫，没有任何长处，但还是有这条命，可以报效国家。⑤他表示，可以面见宋真宗，给宋真宗解惑。看到高琼正义凛然的样子，寇准觉得或许高琼正是可以解开宋真宗疑惑之人，便安排高琼面见宋真宗。

寇准便带着高琼进了行营。看到高琼站在面前，宋真宗其实已经猜到了

---

① 《续资治通鉴·卷二十五》："帝意未决。准出，遇殿前都指挥使高琼。"
② 《宋史·列传第四十八》。
③ 五代至北宋初年名将，与赵匡胤等结为"义社十兄弟"。
④ 《续资治通鉴·卷二十五》："太尉受国恩，何以报？"
⑤ 《续资治通鉴·卷二十五》："琼武人，愿效死。"

寇准的意思。这次，寇准也并未绕弯子，直截了当地对宋真宗说，官家对我刚刚说的话不认可，现在高琼来了，请他给您分析一下当前的形势。面对三朝元老高琼，宋真宗不能排斥，只能硬着头皮听他说。

高琼首先对宋真宗说，寇相的意见，我完全赞同。宋真宗没有说话，默许高琼继续往下说。[1]

紧接着，高琼便开始分析当前的局势。高琼说，我们大宋这些年来都实行更戍法[2]，这点官家您肯定知道。宋真宗点点头，这是宋代对边境武将实行轮换的制度，宋真宗自然知道。

听到高琼抛出更戍法这个"包袱"后，宋真宗来了几分好奇，想听听高琼的高论。

高琼继续对宋真宗说，更戍法虽然可以让将士们不断轮换，破除了武将培养亲信的威胁，但更戍法也有它的短板。如今，这些前线战士的家属都在京师驻扎，官家您如果执意南迁而舍弃京师，那么前线那些将士听说您南迁，把他们的家人丢在了汴京，试问谁还会死心塌地驻守在前线？到时候，驻守的前线将士势必会回撤到汴京保护家人，等到那时，别说边境线守不住，即使您到了南方，辽军也会顺势而下，直逼您的所在地。[3]

听着高琼的话，宋真宗陷入了深思。这方面他的确忽略了。诚如高琼所言，前线将士之所以这么拼命，还不是为了家人？如果他南迁，舍弃汴京，那么前方守将一定会因为担心家人的安全而放弃最前线的市镇，这样就会给辽军机会。到时，关南十县落入辽军手中不说，即使是黄河以北的大片地方，恐也会落入辽军之手。

---

[1] 《续资治通鉴·卷二十五》。

[2] 根据《宋史》整理而成。北宋的军事政策又称"出戍法"。北宋初年，宋太祖采纳宰相赵普的建议，以禁军分驻京师与外郡，内外轮换，定期回驻京师，故称更戍法，但将领不随之调动，使"兵无常帅，帅无常师"。此举对防止将领专权有利，却削弱了军队的战斗力。更戍军冠以驻泊、屯驻、就粮等名目，通常出戍京东、京西、河北、河东、陕西、江南、淮南、两浙、荆湖、川峡、广东等地戍军，以三年为期轮换。

[3] 《续资治通鉴·卷二十五》。

看到宋真宗在思考，高琼继续对宋真宗进言：只要官家您愿意到澶州，我们必然誓死效忠，不破契丹誓不回还！①

宋真宗又面临着艰难的选择：南逃可能丢弃家业，亲征或许会盘活宋辽关系，但自己也将面临被袭击的威胁。宋真宗内心的纠结，让他坐立不安。

这时候，看到高琼的话起了作用，寇准当即对宋真宗说，现在是官家亲征的最佳时机，机不可失，时不再来，请官家赶紧到澶州，给三军将士鼓舞士气。②

被高琼和寇准步步紧逼的宋真宗，开始妥协。谁愿意背负一个亡国之君的骂名呢？可宋真宗心里依然充满恐惧，他不过是一个普通人，怕死是人的本性。他已经被寇准和高琼逼到了山穷水尽的地步。南迁，是绝对行不通的策略。

尽管如此，宋真宗的顾虑还是没有打消。在宋真宗看来，亲征前线就是去送死。辽宋双方的流矢不长眼睛，难保会有流矢向他飞来，结束他的性命。

这时候，宋真宗希望再找一个人可以支持自己南迁。

他环顾左右，发现侍卫王应昌正站在他的身边，便问王应昌，对于这两位爱卿说的话你怎么看？③其实这时，宋真宗已经把王应昌的话当成了决定这次是否亲征的关键性意见。

众人纷纷将目光投向了王应昌。若这时候王应昌建议宋真宗南迁，或者回师汴京，宋真宗一定会听从。但这位侍从这时候却表现出了宋朝主战派的一面，他对宋真宗说，如今官家您亲征，是奉上天之意讨伐契丹，不宜思虑不前，而应该直接到前线，宋军一定会所向披靡。倘若官家您在这个地方逗留不想去前线，势必引起前线辽军的注意，反而提升了辽军的士气，让宋军

---

① 《续资治通鉴·卷二十五》。
② 《续资治通鉴·卷二十五》："机不可失，宜趣驾！"
③ 《续资治通鉴·卷二十五》："时王应昌带御器械侍侧，帝顾之。"

处于不利的处境。①

眼前这三个人的意见，让宋真宗感到震惊。王应昌不会与寇准提前串供，高琼也不是随波逐流之人，他们所表达的意见竟然如此一致。

宋真宗自问，是否满朝文武都是这个意见？如果是这样，那么自己还在韦城畏葸不前就说不过去了。文武大臣尚不惜死，自己作为皇帝，自然也要做出表率。

宋真宗最终同意了继续前往澶州，亲临一线。②

寇准走出行营时，长长地舒了一口气。若这次没有高琼说服宋真宗，之前的一切计划也就泡汤了。

第二天一大早，宋真宗就在众人的拥护中向前线开拔。但因为此时已到了隆冬，天气比较冷，有人就建议给宋真宗增加貂裘，以御寒气。但宋真宗这时候却说，前方的战士都在这种寒冷的天气里坚守城池，朕怎么可以独自享用貂裘呢？③

到了晚上，宋真宗一行抵达了卫南县④。这时候，皇帝的亲征队伍马上就会到澶州了。于是，朝廷派出遣翰林侍读学士潘慎修提前到澶州负责接待事宜。⑤

然而，宋真宗虽然答应了继续前行，可是他内心的恐惧并没有减退。相反，随着越来越接近前线，宋真宗内心的恐惧也倍增。

于是，宋真宗一行在卫南县又休整了一天，才继续前往澶州。

当宋真宗一行到达澶州时，就有大臣建议宋真宗在澶州南城休整。国舅

---

① 《续资治通鉴·卷二十五》："陛下奉将天讨，所向必克，若逗遛不进，恐敌势益张。"
② 《续资治通鉴·卷二十五》："帝意遂决。"
③ 《续资治通鉴·卷二十五》。
④ 古县名。隋开皇十六年（公元596年）置，治所位于今河南省滑县东南，属滑州。唐仪凤元年（公元676年）移治其城西北滨河之新城，永昌元年（公元689年）又移治故城南。
⑤ 《续资治通鉴·卷二十五》。

李继隆也担心宋真宗的安危，请求宋真宗暂时在南城安顿下来，根据具体情况再做部署。①

宋真宗也有此意，但寇准不同意。寇准为什么不同意？

对此，寇准提出了自己的建议。寇准说，官家您既然已经到了澶州，不过河等于没有到一线。如今我们前线的守将基本都在澶州北城，您驻扎在南城，根本起不了鼓舞士气的作用。前线的将士见不到您，依然会有恐慌心理。目前澶州北城有李继隆老将军把守，况且辽军虽然深入，但后面有王超、石普等人屯兵，只要官家您一道诏书，他们就能驰援澶州。所有的条件都显示，战争对我们有利，如此，您为什么不去澶州北城呢？②

宋真宗没有搭理寇准。此时他已经到了澶州南城，已算是到了战争一线，可若继续到澶州北城，辽军攻来如何应对？这时候，宋真宗惧辽心理已达极限。看似北城和南城，只有一河之隔，而且还是结了冰的河，距离不长。但在宋真宗心里，澶州南城与北城的不一样，是一种心理距离，解释不清，大臣们也不一定会理解。

这时候，老将高琼也动员宋真宗到澶州北城。其他武将也希望宋真宗到北城，只是不敢说而已。此时，陪在宋真宗身边的是金署枢密院事冯拯，他认为高琼这种逼迫宋真宗到前线的做法非常不合时宜，并出言呵斥高琼。可高琼是三朝元老，面对冯拯这个政坛新秀，自然不惧。

高琼听了冯拯的呵斥，转而反驳道：你们这帮文人，不就是平时能写几篇文章吗？如今辽军压境，你们也写几篇文章让辽军退兵，那就说明你们比武将高明。③高琼的一席话，瞬间将冯拯噎在原地，不敢再对高琼无礼。这也是宋朝武将自建国以来第一次以这么强硬的态度来反击文官。

宋真宗不去澶州北城，实在难以得到众人的支持。此行虽然凶险万分，可这么多双眼睛都在看着他，澶州北城的将士也都在等着他，他能不去吗？

---

① 《续资治通鉴·卷二十五》。
② 《续资治通鉴·卷二十五》："寇准固请幸北城。"
③ 《续资治通鉴·卷二十五》。

随即，宋真宗命人抬着轿子去往北城。澶州的南北城之间，由浮桥连接，可以通过。但是，当宋真宗的轿夫们走到浮桥上时，竟然停下了脚步，不敢再往前走了。这让跟在轿夫后面的高琼大为恼火，他拿起棍子击打了一下他们，呵斥他们赶紧过河。高琼怒道，已经到了这个地方了，你们还不赶紧过河！

轿夫们这才抬着宋真宗过了河。①

到了澶州北城，宋真宗便被人迎进了提前准备好的行营。这时候，宋真宗还是不想上城楼。因为城楼上就是宋辽战争最前线，空中的流矢不长眼睛。寇准和高琼继续动员，宋真宗在非常为难的情况下，登上了澶州北城的城楼。驻守在澶州北城的宋军将士看到了皇帝的黄龙伞盖，瞬间就沸腾了，他们高呼万岁，声音响彻数十里。随即，宋真宗召见了澶州北城的宋将，对他们进行了赏赐。②

史籍记载，这次宋真宗到澶州北城鼓舞士气，着实让宋军信心倍增，皇帝和所有将士都在一起，上下一心，同仇敌忾。辽军看到宋军士气大振，吓得队形都乱了，不敢再靠近澶州北城，都撤到了较远的地方。③

当天，在检阅了部队之后，宋真宗便暂时回到了澶州北城行营。不过此时的宋真宗依然心怀恐惧，城墙底下就是黑压压的辽军，万一他们破了澶州北城，那自己就只有死路一条了。

当晚，宋真宗在澶州北城行营中休息，可辗转反侧，无法入睡，似乎一切都让人惶惶不安。

这时候，宋真宗派出了贴身侍卫去看宰相寇准的动向，侍卫便登上了澶州的城墙。

其实寇准知道，尽管宋真宗人在澶州北城，但心里依然想着逃跑。他所能做的便是稳住宋真宗。所以，当夜寇准便将澶州北城的几个主要将领召集

---

① 《续资治通鉴·卷二十五》。
② 《续资治通鉴·卷二十五》。
③ 《宋史·列传第四十》。

起来，在城墙角楼中摆了一桌酒宴，陪同者还有杨亿。[①]

当宋真宗派出的侍卫到了角楼之后，便看到了寇准几个人喝得正起劲。这侍卫也只是在门口看了一眼，便离开了。

城墙上的士兵将这件事告诉了寇准，寇准脸上露出了一丝苦笑。

这实在是不得已而为之。其实这次探访，是寇准早就安排好的。寇准知道，宋真宗根本不放心，所以，故意出了这个主意，让宋真宗的侍从看到。这样，宋真宗才能安心地在澶州待着，否则，逃跑之心不死的宋真宗，精神上的压力是非常大的。

看着宋真宗派出的侍卫离去后，寇准便撤了宴席，让各位将领火速到各自的岗位去值守，关注城墙底下的动静。

宋真宗派出的侍卫将寇准在城墙角楼招待武将的事情告诉了宋真宗之后，宋真宗那颗悬着的心才放下来。或许在宋真宗看来，寇准能在两军对峙之时如此轻松惬意，一定是因为他有退敌之策。[②]

当夜，宋真宗便安然入睡了。

看到宋真宗在澶州北城待了几天，鼓舞士气的目的已经达到，众人便建议宋真宗回到澶州南城行营。

---

① 《宋史·列传第四十》："上还行宫，留准居城上，徐使人视准何为，准方与杨亿饮博，歌谑欢呼。"

② 《宋史·列传第四十》："准如此，吾复何忧？"

第八章　拨云见日

　　唐州大乘山和尚问："枯树逢春时如何？"师曰："世间希有。"

——［宋］道原《景德传灯录·卷二十三》

一箭定胜负

就在宋真宗到达澶州的前三天,发生了一件大事。

正是这件事顺利扭转了战局。从某种程度上讲,这件事促使了辽宋之间的和谈,也让澶渊之盟最终成为可能。

这件事,就是辽军主帅萧挞凛被宋军射死。

但也有学者考证,萧挞凛被射死之时是在宋真宗到达澶州以后。此处,以宋代相关史料记载为准,将萧挞凛被射死的时间定在宋真宗到澶州之前。①

当时,辽军在攻下祁州之后,兵分两路:一路由萧挞凛和萧观音奴带领辽军先锋部队继续南下,一路则由萧太后和辽圣宗率领,攻打大名府。

不日,萧挞凛和萧观音奴带领的辽军先锋主力部队便到了澶州。澶州就是宋朝最终确定皇帝亲征的地方。此时,宋真宗一行还在路上慢悠悠地往澶州走,而萧挞凛先一步到达了澶州。

萧挞凛南下攻宋的消息,十万火急地传到了澶州。此时,宋军的一部分主力部队都集中在澶州北城,老将李继隆迅速召集中层将领部署澶州事宜,以阻挡南下的辽军。

---

① 《续资治通鉴·卷二十五》:"时威虎军头寿光张瓌掌床子弩,弩潜发,达兰中额仆,辽众竞前舆曳至寨,是夕,死。"

萧挞凛到达澶州之后，便对澶州进行了试探性的攻击。但此时，身经百战的李继隆并没有直接与辽军周旋，而是紧闭城门，任由辽军攻打。只要辽军不登城墙，澶州的宋军就一直与萧挞凛耗着。

辽军的骑兵在平原上作战游刃有余，攻城战却是他们的短板。这也是此次辽军大举南下没有占领宋朝重要城池的根本原因。面对宋朝修建的澶州城，骑兵不可能一跃登上城墙。

萧挞凛率领的辽军铁骑攻打澶州，也并未取得实质性胜利。辽宋双方，都在相互试探着彼此的虚实。只是这种试探，从根本上说是一种心理较量罢了。

此时，李继隆给澶州的守城将士下达了死命令，务必守住城池。只要宋军死守城池，不主动出战，不给辽军机会，辽军就只能望城兴叹了。

澶州的宋军将士们深知澶州意义重大，不敢有丝毫马虎。他们都非常配合李继隆的部署，抓紧时间在澶州北城布防。如此一来，萧挞凛的试探就没有起到多少作用。宋军的顽强抵御，让萧挞凛想要拿下澶州的希望破灭了。

此时的萧挞凛很清楚，他所率领的辽军先锋部队根本攻不下澶州北城。李继隆的防御严丝合缝，让辽军没有一点儿空子可钻。

萧挞凛火速命人将澶州的部署情况上报给了身在大名府的萧太后和辽圣宗，征求他们的建议。

萧太后命萧挞凛不要急着攻城，等着他们攻打大名府的结果。因为此时，辽军主力在大名府也遇到了顽强抵抗。孙全照不惜一切代价，坚守大名府。而此时的辽军却因为兵分两路，没办法集中攻打澶州和大名府。

不过，萧太后给萧挞凛指出了另外一条路：智取澶州。这是最奏效的一条计策，不战而屈人之兵。若实在无法取胜，就等着萧太后和辽圣宗到了澶州再说。

面对宋朝老将李继隆的坚守不出，萧挞凛毫无办法。李继隆前期有过多次与辽军的对峙，深知辽军的弱点在何处。这次他坚守不出，就是要耗尽辽军的实力。

无奈之余，萧挞凛只能驻军城外，等待着萧太后和辽圣宗率领的辽军主力到此会合。

可辽军既然兵临城下，不会甘心无动于衷，即使是骚扰城墙上的宋军，也不能让宋军闲着，等到澶州北城的宋军精疲力竭时，或许就是攻打的最佳时机。

因此，尽管此时的辽军虽然只有先锋部队，但萧挞凛依然命令辽军攻打澶州，攻势丝毫不减。

见此形势，李继隆命人将所有能用的东西都搬上了城墙，准备与辽军周旋。李继隆先一步到达澶州，就是要为宋真宗的亲征保驾护航。宋真宗不久就会来到这个地方。他能做的就是保存实力，等待宋真宗到达澶州再做打算。

李继隆了解宋真宗，这位君主与太祖、太宗不同，性格优柔寡断，立场摇摆不定，容易受到别人的怂恿。退一步讲，不管宋真宗来不来澶州，李继隆都要守住澶州，这是宋朝的最后一道防线。即使战死，他也要阻挡辽军过河，威胁汴京。

他如果守不住澶州，就会成为宋朝的罪人，被后世唾弃。这时候，守住澶州，已经不仅仅是守住一座城池，更是守住宋朝上下的心理防线。

澶州的宋军将士，心里憋着一股气。而澶州城下的辽军，似乎也在憋着一口气。这种相互较量的紧张气氛，蔓延到了宋辽的军营里。

所有人都在等待着大战到来的时刻。

这段时间，每隔几天，萧挞凛就会派出辽军对澶州北城发动一次攻击，试探宋军守城将士的决心，但澶州城上的宋军将士依然死守北城，让辽军并未占到一丝一毫的便宜。

辽宋两军就此形成了对峙之势。

就在萧挞凛不停寻找着澶州北城防守薄弱之处的时候，李继隆也派出手下的中军将领不断地巡视着各个方位，加强防御工作，让澶州北城无懈可击。①

看到李继隆部署如此严密，萧挞凛暗暗担忧起来。宋军在澶州的部署比瀛州要强很多。不但兵多将广，而且武器装备精良，数量众多。上一次，辽军攻打瀛州费了那么大劲都没有攻打下来，现在这个澶州会不会成为另一个瀛州，让辽军受到重创？

萧挞凛心中没有答案。

可此时，辽军先锋队已经到达澶州，不管结果如何，都必须对澶州进行攻击。辽军已没有退路，只能一条道走到黑。萧挞凛不敢看后方，河北之地到处都有宋军在守卫：王超的定州大阵纹丝不动，杨延朗、田敏都在虎视眈眈。

辽军其实已经陷入腹背受敌的境地。

萧挞凛开始观察澶州的地形，试图找出澶州的破绽，为即将攻打澶州做准备。可是萧挞凛带着人在澶州北城外围转了几天，依然不见有任何破绽。

李继隆的部署，滴水不漏。

即使如此，萧挞凛还是不死心。望都之战，如果不是他及时观测地形，做出战略部署，宋军一定会将辽军合围，进而全部歼灭。

在战场上，依靠地理优势非常重要。这些年来，萧挞凛在多次战斗中，越来越感受到综合部署的重要性。宋军这边，因为有李继隆压阵，守城将士都信心十足。他们不主动攻击辽军，但如果辽军来攻打，他们也会抱着殊死搏斗的决心与之血战到底。

于是，此时的辽宋将领双方在进行着一种心理战。他们都在等待着，看谁先露出马脚，然后进行攻击。

但是，一个转机悄悄到来了。这个转机，对宋辽都是一针强心剂。

萧挞凛被意外射死了。

事情经过大概是这样的：

---

① 《续资治通鉴·卷二十五》："李继隆等分伏劲弩，控扼要害。"

在澶州北城外围不断巡视的萧挞凛，仍然不死心，多次探察澶州的守军部署、外围城墙，还有澶州边上黄河的结冰情况。萧挞凛甚至想到：既然宋军在澶州有重兵把守，不如避开澶州的守军，从已经结冰的黄河上直接绕过澶州。

但澶州附近，似乎还没有马匹能够抵达冰面的有利地形。

重点还是在澶州北城。如果能拿下这个地方，顺着浮桥过去，澶州南城的宋军即使是抵御，辽军也不一定非得要从澶州南岸入宋。

就这样，辽军与宋军在澶州城继续对峙。

但萧挞凛并没闲着，他天天巡视，给城墙上的宋军施压。城墙上的宋军，也看到了辽军没有主动攻城的意思，可心里依然害怕，辽军的主力部队可是虎狼之师，谁能保证宋军就一定能守得住澶州呢？

萧挞凛刚开始只是在澶州外围巡视，看到宋军没有动静，便放大了胆子，走近澶州城察看地形。

有一天，萧挞凛带着一帮人再次靠近澶州城。①萧挞凛不知道的是，此时有一支箭已经对准了他。

萧挞凛的服饰和随从不一样，站在城墙之上的宋军一眼就看到了萧挞凛。但宋军不知道，眼前这些从城南跑到城北又从城北到城南的人，到底意欲何为？

几名守城将士，便将这支辽军不断靠近城墙之事，报告给了当值的宋军守将张瓌。

张瓌听到这个报告，便登上城墙察看，果然看见一个辽国大将正领着一伙人对着澶州城指指点点，似乎在讨论着什么。

张瓌觉得，这些人光天化日之下竟然如此猖獗，胆敢无视澶州北城的守将，一定是在密谋着什么。一种直觉告诉张瓌，此时辽军在澶州外围这么近的地方巡视，肯定有着不可告人的目的。

---

① 《续资治通鉴·卷二十五》："辽统军使萧达兰恃其勇，以轻骑按视地形。"

他不能眼睁睁地看着辽军这么近距离来寻找澶州北城的破绽。有副将建议，是不是将此事上报给主将李继隆？张瓌说，先观察一段，看事态发展。

城墙底下的这些人，似乎并没有离开的意思。对于城墙上张瓌等人的防御，他们也并没有放在心上。

看着城池下的人没有离去的意思，张瓌便将城下辽军巡视的情况报告给了李继隆，征求李继隆的意见。李继隆认为辽军既然没有直接攻打澶州北城，就让张瓌密切注视澶州北城下辽军的动向，一有情况立即汇报。

张瓌只能按照李继隆的部署，继续观察着城下的辽军。

这时候，张瓌的脑海中突然冒出一个大胆的想法：不管城墙底下的辽军在干什么，决不能眼睁睁地看着他们对城墙上的宋军指指点点，必须把他们赶走。

可是，怎么赶呢？出城迎敌很显然不现实。李继隆有令，不准私自打开城门攻打辽军，况且此时辽军并没有攻打澶州北城。可若要将眼前的辽军赶走，普通的箭并没有那么远的射程。

张瓌灵机一动，将目光投向了眼前的床子弩上。张瓌笑了，他似乎已经提前看到了结果。

床子弩是一种杀伤性较强的武器，而且射程比较远，刚好适合将城下这些辽军赶走。即使射不中，也能将这伙人吓走，不让他们在城墙底下指指点点。

随即，张瓌命人将床子弩对准城下这支辽军。这支辽军虽然人少，但相对密集，只要动用床子弩，随便都可以射中几个人。这就好比向一堆鸡蛋里扔石头，总有砸中一两个的可能。

这里有必要介绍一下床子弩。这是宋朝的一种大型武器，其前身是唐代的绞车弩。在宋代经过改良之后，床子弩又有了新的功能。床子弩通常将两张或三张弓巧妙地搭在一起，通过各种机关绑在绞车上。到了战时，兵士们会通过摇转绞车，将弓拉开。投放床子弩时，需要士兵使用大锤猛击扳机，进而将床子弩箭射出去。[①]

虽然床子弩有致命的杀伤性，但也有弱点，那就是操作比较困难，连着发弓，费时费力，在战争的紧要关头，也不会使用床子弩。加之床子弩的箭比一般的箭大且重，其轨迹是抛物线，所以，床子弩的准度并不好。只有在对付密集型敌人时，床子弩才能发挥优势。

但这时候，宋辽并未开展大规模的战斗，所以，这次张瓖使用床子弩也仅仅是想吓一吓城墙底下这一小股辽军。床子弩的射程虽然是抛物线，但床子弩射出去的不是一支箭，而是好几支，虽然不能保证这些箭能百发百中，但如果能够射中一两个人，也很划算。

随即，张瓖命人开始启动床子弩。那些士兵便转动七绞轴，拉开床子弩。一阵绳子拉紧的声音传过众人的耳朵，城墙上的所有宋军士兵都将目光齐聚在床子弩上。弓弦拉开以后，几个士兵迅速将几支箭放在了弓弦上。

张瓖让操作床子弩的士兵尽量对准城墙底下那一伙人，至少不能放空箭。床子弩这东西制造起来麻烦，箭也是用特殊材质制作，射出去的箭头不能白白浪费掉。

那些士兵认真地操作一番，最终确定了射击的方向。这时候，张瓖拿起大锤，扣动了扳机。随着一声撞击声，床子弩里的箭就"嗖"地射了出去。

城墙之上的宋军开始靠近城墙边缘，盯着射出去的箭飞向城墙底下的小股辽军。他们对床子弩的方向吃不准，从箭射出开始，到落入辽军小分队的上空，他们紧张万分。他们希望可以射中城墙底下辽军小分队的人，哪怕射死一个都可以。

[①] 宋《武经总要》记载，床弩，自二弓至四弓，种类很多。多弓床弩张弦时绞轴的人数，小型的用五至七人；大型的如"八牛弩"，需用一百人以上。瞄准和发射都有专人负责。所用的箭以木为杆，铁片为翎，号称"一枪三剑箭"。这种箭实际上是一支带翎的枪（矛），破坏力极强。床弩又可射出"踏橛箭"，使之成排地钉在夯土城墙上，攻城者可借以攀缘登城。床弩还可以在弦上装兜，每兜盛箭数十支，同时射出，称"寒鸦箭"。床弩的射程可达三百大步（约合五百七十米），是中国古代弩类武器中射程最远的。

刹那间，空气似乎都凝固了。所有人都屏气凝神，等待着结果。

床子弩射出去的箭，竟然真的落在了辽军小分队的身上。随即，守在城墙上的宋军看到有人落马。

毫无疑问，肯定是有人中箭了，城墙上的宋军一阵欢呼雀跃。

但守城将士们并不知道，此刻床子弩射中的人，正是被小分队裹挟着的萧挞凛。①张瓌也不知道，正是他的斩首行动直接扭转了战局。

城墙上的宋军远远看到，辽军小分队陷入了慌乱，一些人下马扶着中箭的人迅速退去了。

这一箭，张瓌觉得还不过瘾。毕竟只是射中了一两个人，并没有狙杀这些在城墙底下继续游走的辽军。张瓌给守城的将士下了命令：那些契丹人若是继续在城墙底下转悠，就继续放床子弩，不要让他们靠近。

张瓌心满意足地去了其他地方巡视。

然而，张瓌射出的这一箭正中萧挞凛的额头，这种意外的打击让辽军顿时惊慌失措。那些跟着萧挞凛察看地形的人，见主帅被射翻于马下，赶紧将萧挞凛抬了回去。

床子弩的箭头远比一般的箭头粗大，况且箭头射中的是萧挞凛的额头。即使是一般的箭射中额头也是致命伤，更何况是床子弩的箭。

当天晚上，萧挞凛便因伤势过重死去。

澶州北城的辽军火速将这一突发性事件，告诉了萧太后和辽圣宗。

萧太后听说萧挞凛战死，有如晴天霹雳。随着萧挞凛战死，辽军先锋部队一时陷入了主将折戟的恐慌之中。

萧太后马上带领辽军主力赶往澶州北城。此时的辽军将士，正需要她的安抚，否则必乱。而辽军若乱，这次南征就面临失败，他们能不能平安班师尚且难说。

---

① 《辽史·列传第十五》："进至澶渊，宋主军于城隍间，未接战，挞凛按视地形，取宋之羊观、盐堆、凫雁，中伏弩，卒。"

萧太后到达澶州之后，看着眼前已经冰凉的萧挞凛尸体，恸哭不已。但这时，萧太后还是表现出了一个政治家的高超手段，命人封锁消息，暂时与宋军停战。

萧太后罢朝五日，祭奠萧挞凛。正如《辽史》所言：即将与宋军展开战争，然而此时萧挞凛却中了床子弩，让我们失去了依靠，所以才想到了议和。这或许是上天看到天下纷乱，有意让天下百姓休养生息吧。①

曹利用再送书信

话说当曹利用带着宋真宗最大的诚意前往辽宋边境上时，辽军并没有停止南侵的脚步。辽军在瀛州吃了败仗以后，继续围攻大名府。

此时，镇守在大名府的王钦若、孙全照等人认为，辽军此举应该是拖延时间，想麻痹宋朝，而曹利用此去凶多吉少。最终，王钦若等人将曹利用留在大名府，因为此时辽军攻势正猛。众人的态度都是让曹利用等看一看事态再说，否则一旦落入辽军圈套，将得不偿失。②

于是，曹利用就暂时留在了城里。此时辽军另一支先锋部队由萧挞凛带领，已经进抵澶州城外，三面合围，声势浩大。

此举更进一步让孙全照等人觉得，辽军的和谈不过是个幌子，等辽军对澶州北城部署完毕，一定就会对澶州进行围攻。

曹利用只能在大名府里守着，等待朝廷进一步的决定。

辽军不断在澶州集结。这时候，澶州北城由李继隆镇守，他命人坚守不出，利用各种弓弩击退靠近澶州城的辽军。

---

① 《辽史·列传第十五》："将与宋战，挞凛中弩，我兵失倚，和议始定。或者天厌其乱，使南北之民休息者耶！"
② 《续资治通鉴长编·卷五十八》："曹利用至天雄，孙全照疑契丹不诚，劝王钦若留之。契丹既数失利，复令王继忠具奏求和好，且言北朝顿兵，不敢劫掠，以待王人。"

但辽军军营里似乎还是弥漫着一种厌战情绪。他们虽然一路南下,除了祁州和遂城之外,基本上没有夺得一座像样的城市。

这种情况下,宋辽实际上已经开始对峙了。尽管辽军在澶州城下集结,但宋军士气似乎要比辽军高。

这种情况下,辽军高层要继续与宋军和谈的意愿便越来越强烈了。第一封信发出去之后,宋朝一直处于观望状态中。宋朝派出的谈判使臣,辽国也一直迟迟不见其踪影。这时候,辽国上下颇为焦急。

从当前的宋朝部署兵力情况来看,宋朝几乎动用了全部兵力。而整个关南之地的宋军,也仅仅占到了宋军总兵力的三分之一左右。宋朝还有三分之二的兵力,正在向北方战场移动。辽国举国之兵也就二十多万,可宋军有九十万。

在这种兵力悬殊对比之下,辽军想要占得上风,绝非易事。

萧太后非常清楚这一点。当辽军细作听说宋真宗已经在去往澶州的路上时,萧太后慌了。这次宋真宗亲征,对辽军和宋军意味着什么,她比任何人都清楚。

萧太后命萧挞凛带领辽军先锋部队对澶州进行包围。而她自己则在大名府暂时休整,判断眼前的局势。

种种迹象表明,这次辽军已然陷入了宋军的包围中。周围全是宋朝的市镇,每个市镇都有宋朝的守军。辽军这次若没有与宋朝达成协议,想要顺利北返,难上加难。王超率领的大军一直在定州驻扎,就等着辽军返回时,对辽军进行合围,进而达到全歼辽军的目的。况且,还有杨延朗、田敏、周莹、孙全照等人都手握重兵,虎视眈眈。

辽国这次已然到了山穷水尽的地步。如此下去,举国之兵只怕要全部折在宋军手里。

眼前的形势,对辽军非常不利。

这时候,辽国高层只能将全部希望寄托在和谈上。可是曹利用竟然在大名府里不出城,这让辽国高层一筹莫展。

萧太后等人非常清楚，曹利用之所以没有到辽营，还是在担忧辽国和谈的诚意。

可既然已经发出去了第一封信，此时战争也已经到了相持阶段，和谈是摆在辽宋两国眼前的必做之事。且只有和谈这条路可走，即使宋朝不愿意，辽国必然也要主动找宋朝接洽和谈之事。

战争已经无法解决辽宋的关系了。

萧太后继续和王继忠商议和谈之事。王继忠认为，第一封信很显然没有引起宋朝的重视，宋朝上下一定会对第一封信持怀疑态度。或许在宋朝看来，辽军攻势正猛，如何会主动提出和谈？他们绝不相信辽国会主动和谈。

王继忠认为，为今之计还是继续修书，与宋朝交换意见，直到宋朝相信辽国确有和谈之意，两国谈判使节才能真正坐到谈判桌上展开和谈，否则捉迷藏式的书信交往，只会加深宋朝君臣的怀疑。

萧太后对此表示赞同。辽国已是骑虎难下，这种悬军深入，已经犯了兵家大忌，让局面变得非常窘迫。

萧太后本人自然非常珍惜辽国几十年来的发展成果。她不希望这次被宋军群起围攻。若辽军在战场上没有取得实质性胜利，一方面辽宋关系将会继续恶化下去，宋也会不断给边境增加兵力，威胁幽云地区。另一方面，她也没办法给辽国上下交代，毕竟这么大规模的进军，竟然一点好处都没有捞着，谁都难以接受。

和谈，已经成了最佳的选择。

于是，王继忠又给宋真宗写了一封信，派人将信件交给了石普。有了上一次的交往，石普对和谈之事也颇为重视。虽然从心理上说，他根本不愿意和谈，因为此时辽军来时顺风顺水，可要想顺利回去，整个关南之地的守军们不会答应。

但是，石普也很清楚，宋真宗是希望和谈的。不然，宋真宗也不会给辽国高层回信，甚至不会派出曹利用到辽营和谈。[1]

这时候，武将的身份就有些尴尬了。既然王继忠三番五次找他，他也不能意气用事。毕竟和谈还是战争都牵涉辽宋两国利益，不是他一个莫州守将能决定的。

看到王继忠再一次来信，石普和上次一样，火速处理这件事。随即，石普派出亲信张皓拿着王继忠的信件，南下给正在亲征路上的宋真宗送去了。[2]

然而，送信的过程中却出现了意外。

当时，莫州在边境线上，而辽军已经南下。在辽宋攻防的整条战线上，都有辽军主力。当张皓拿着王继忠的信件由北往南的时候，被辽军擒获。[3]

这件事，超出了所有人的预料。身在莫州的石普，也不知道张皓会被辽军俘获。

辽军以为抓住了宋朝派出的细作，便将张皓等人准备处死。但这个张皓也是机灵人，他说出了自己的身份，并拿出了王继忠写给宋朝皇帝的书信。辽军将士一看，虽然半信半疑，但已经不能将张皓等人随便处死了。

这件事涉及辽宋和谈，谁也不敢马虎。于是，辽国守将们将擒获张皓等人的消息，上报给了萧太后和辽圣宗。萧太后听说后大惊，火速命人将张皓等人请到自己的斡鲁朵，问清楚情况之后，对他们进行了款待。

随即，萧太后派出贴身侍卫送张皓等人出营，让张皓携带宋真宗赐给王继忠的手诏，直接去大名府，敦促在大名府逗留的曹利用北上和谈。[4]

张皓等人只能赶往大名府，将信件交给了王钦若、孙全照等人。但王钦若、孙全照等人还是担心辽国心怀不轨，认为这是辽军的缓兵之计，并没有

---

[1] 《续资治通鉴长编·卷五十八》："上前赐王继忠诏许遣使，继忠复具奏附石普以达。"
[2] 《续资治通鉴·卷二十五》："普自贝州遣指挥使张皓赴行阙。"
[3] 《续资治通鉴·卷二十五》："道出辽寨，为所得。"
[4] 《续资治通鉴·卷二十五》："辽主及太后引皓至车帐前，问劳久之，因令抵天雄，以诏促曹利用。"

让曹利用继续北上。①

辽国上下苦苦等待曹利用，仍然不见曹利用的身影。

然而，这时候，一件意外的事情发生了——辽军主帅萧挞凛被射死了。宋朝的床子弩直接射中了萧挞凛的额头，让萧挞凛没有生还的机会。这给本身就士气低落的辽军又增加了一份恐惧。

主将折戟，萧太后再一次感受到了恐惧。但是，她作为辽军统帅，必须稳住，因为全军将士都在看着她。

萧太后严密封锁萧挞凛战死的消息。她辍朝五天，以此平复心情。萧挞凛是这次南下的辽军主帅，现在主帅都死了，还打什么仗？

此前，萧太后本想对澶州进行合围，逼迫宋军，与辽军和谈。可自从宋真宗到了澶州之后，宋军士气大振。此时，萧挞凛竟然意外死亡，难道是上天有意为难辽军？萧太后将这一切因素综合起来，发现辽军早已陷入宋朝的包围圈中，但绝不能让宋朝知道萧挞凛已经被床子弩射死之事。否则，宋军会全部扑向辽军，到时候辽军必然会被周围的宋军一点点蚕食掉。

萧太后觉得自己死了不要紧，可辽国几代君主积攒下来的家业，若是断送在自己手里，自己就成了辽国的罪人。

辽国好不容易在她和辽景宗手里逐渐变强，若这次宋军全歼了辽军主力，那么辽国势必会陷入一种内忧外患的紧张局面中。他们苦苦经营的江山社稷，也会一下子倒退几十年。

这时候，萧太后必须镇定。她如果乱了，辽国就乱了。

沉浸在巨大恐惧和悲痛之中的萧太后，命令围困澶州的辽军继续进行攻打，造成辽军不拿下澶州决不罢休的表象。

但在暗地里，萧太后命王继忠抓紧时间再次给宋真宗写信，敦促宋朝和谈使臣北上与辽国和谈。因为迟迟不见曹利用的身影，这次，萧太后给宋真

---

① 《续资治通鉴长编·卷五十八》："因令抵天雄，以诏促曹利用。王钦若等疑不敢遣，皓独还。"

宗致信，希望宋朝换一个谈判使臣到辽营谈判。①

这次，王继忠的信就有些着急了。这封信，被火速送到了澶州。

接连收到辽国最高层的来信，宋真宗心动了。若之前辽国来信商谈和谈事宜只是试探宋朝虚实的话，接连三封信就不像是故意试探宋朝了。

宋真宗觉得，这时候应该与辽军和谈。毕竟辽宋打了这么多年仗，如果真能坐下来用和谈的方式解决掉困扰两国多年的边境关系，倒也不失为一种办法。

对于辽国频频来信，宋朝似乎感受到了辽国上下急于和谈的某种目的。

随即，宋真宗召集文武大臣商议对策。此时的朝堂上，主战派得势，寇准不建议和谈。寇准的话直截了当，如今辽军虽然兵临澶州，但辽军是孤军深入，宋军已然对辽军形成了合围之势，这时候辽军迫切想要和谈，也正是因为这个原因。如今，宋朝皇帝在澶州，四方将士严阵以待，此时应该是一举歼灭辽军的最佳时机，怎么可以在这种情况下与辽和谈？

对于寇准的意见，宋真宗并没有表态。宋真宗只是表示自己不愿意穷兵黩武，祸害百姓，希望宋辽停止战争，两国老百姓都过上好日子，仅此而已。

所有人都沉默了。这也是大家希望看到的局面，谁愿意天天带兵打仗？

但是寇准觉得，如果这个时候不一鼓作气彻底击溃辽军，数十年后辽军必然会再度南下，侵扰宋朝边境。为今之计，最好的办法就是痛击辽军，然后北上，深入辽营，将契丹人尽数诛杀。即使不能灭族，也可以将契丹人赶到大漠深处，让他们不敢再进军中原。

宋真宗对此却有不同看法。宋真宗认为，即使现在要歼灭辽国主力，难道辽军会坐以待毙吗？辽军铁骑在平原上的战斗力，想必所有人都见识过。宋军若要歼灭辽军，就得出城迎战。可出城应战，宋军步兵多骑兵少，势必

---

① 《续资治通鉴·卷二十五》："辽太后赐皓袍带，馆设加等，使继忠具奏，且请自澶州别遣使，速议和好事。"

会吃亏，能不能消灭辽军尚不可知。退一步说，即使宋军开门迎敌，即使宋军能够击败甚至消灭辽军，但杀敌一千自损八百，宋军必然也会受到重创。战则两败俱伤，和则互利共赢。所以，宋真宗坚持和谈。

面对宋真宗执意议和的态度，寇准知道再说已经没有意义。

这时候，前方的杨延朗、田敏等将领也上书，希望朝廷不要与辽军和谈。当前的情况，宋军占领绝对优势，何必再与辽国和谈？前方将士们都希望围攻辽军，实施歼灭战。

宋真宗将杨延朗等人的上书直接扔在一旁，看都不想看一眼。宋真宗觉得，在这些武将眼里，不打仗他们似乎就无事可干了。

宋真宗既然想和谈，谁都不能阻挡他的决心。至于说幽云十六州，宋真宗已经不敢再想了。他的伯父、他的父亲，都没能从契丹人手中将幽云十六州夺回来，他又哪有能力完成这项未竟的事业？如果能与契丹就此罢兵，他就做了一件前无古人的事情。

宋真宗对文武大臣解释说，朕荣登大宝以来，希望国家能安定，百姓能过上好日子，不再有战乱的侵扰。如今，黄河已经结冰，辽军的铁骑随时可以纵马过河。如果辽军过了河，汴京就危险了。虽然此时辽军想和谈，但我们也不能放松警惕，万一辽军在和谈的过程中再搞出什么幺蛾子来就麻烦了。[①]

和谈势在必行，不过宋朝要继续做好防御，如果辽军真心和谈，一切都有可谈的可能；如果辽军想战，宋军也会随时应战。

和谈，成了板上钉钉之事。于是，宋真宗命人草拟了诏书，让人拿着诏书前往大名府交给王钦若，希望大名府守将们放曹利用北上，与辽军和谈。

[①]《续资治通鉴·卷二十五》："国家以安民息战为念，固许之矣。然彼尚率众深入，又河冰且合，戎马可度，亦宜过为之防。朕已决成算，若盟约之际，别有邀求，当决一战。可再督诸将帅整饬戎容，以便宜从事。"

宋真宗还给王继忠专门写了一道密令，让王继忠促成宋辽和谈之事。[1]

接到宋真宗的诏书后，王钦若、孙全照等人就知道和谈已经成了定局。他们再强留曹利用已然没有意义。于是，他们便与王继忠联络，让王继忠派人来接曹利用北上。

辽宋之间，停火了。

辽军虽然在澶州集结，但没有再次发动攻击。而澶州北城的宋军，也都在密切关注城下的辽军动向。

局势逆转：曹利用和谈

曹利用动身了，陪同曹利用的还有前文提及的张皓。此人是萧太后钦点的谈判陪同人员，也是多次穿梭于宋辽两国之间的宋朝小吏。他和曹利用一样，因为这次盟约被载入史册。

这是曹利用第一次到达辽营。尽管此前他已经多次想象过进入辽营的情景，可当他真正到达辽营时，还是被震慑到了。

曹利用看到辽军队伍整齐，不失雄威，契丹这个民族的好胜心，似乎远超中原王朝。尽管现在曹利用眼前的一切并非真实情况，因为辽国藏起了萧挞凛的死亡给他们带来的恐惧和不安（此时曹利用并不知道萧挞凛已死），至少对曹利用而言，他还是有一丝怀疑：这或许是萧太后故意为之，让他产生畏惧之心。

萧太后亲自接见了曹利用。

这时候，曹利用看到了让他吃惊的一幕：萧太后和韩德让竟然同坐在一

---

[1] 《续资治通鉴·卷二十五》："于是皓以其奏入，帝复赐钦若诏，又令参知政事王旦与钦若手书，俾皓持赴天雄，督利用同北去，并以诏谕继忠。"

辆车辇中，而辽圣宗和辽国的文武大臣则坐在两旁的车辆中。①这种规格，在中原王朝从来没过。历朝历代那些垂帘听政的太后，无不遵从着制度和道德的约束。

对于辽国这种君臣礼仪混乱的情景，曹利用虽然吃惊，但他对草原上民族的习性也听说过一二，只能见怪不怪。

曹利用对萧太后表达了宋朝皇帝和谈的诚意，萧太后很高兴，这是她期待已久的结果。

但萧太后并未直接说起和谈之事。此前连着发出了三封信的辽国，这时候却表现出了傲慢的一面。萧太后没有重视曹利用——至少表面上看起来。整个会见的礼仪也很简单，萧太后只是命人在接见他们的空地中间临时支起了一块板子，摆上了食物，算是接待宋朝的使臣。②

曹利用对辽国这种傲慢的态度很不满意，但他并未表现出来。萧太后这是故意为难他，但此时曹利用明白，两国之间的和谈是大事，不能因为自己受到了不公待遇，就将和谈这个最终目的抛诸脑后。曹利用不想节外生枝，对于辽国的傲慢无礼，他只能忍气吞声。

辽国对待宋朝使臣的傲慢态度，也表现出他们极力想争取和谈的主动权。

曹利用象征性地夹了一块肉，咀嚼了一下，感谢萧太后的"款待"。随即，接待事宜也就结束了。

接下来，辽宋开始和谈。双方谈判一开始，萧太后的态度就很强硬。

萧太后立马提出让宋朝交出关南之地，因为关南之地本是幽云十六州的地盘，是辽国固有国土，宋朝如果要诚心和谈，首先应该将关南之地交还给辽国，只有这样，两国的和谈才能进行下去。关南之地是一切谈判的基础和起点。

---

① 《续资治通鉴长编·卷五十八》："见其国主、群臣与其宰相韩德让同处一车，群臣与其主重行别坐，礼容甚简。"
② 《续资治通鉴长编·卷五十八》："以木横车轭，上设食器，坐利用车下，馈之食。"

萧太后提出这个要求之后,让曹利用回答。辽国上下,也都将目光齐刷刷地投向了曹利用,甚至有人用异样的眼神,看着眼前这个并不魁梧壮实的宋人将如何回复萧太后的话。

这是一种震慑,企图倒逼曹利用让步。宋朝这次派出的如果是个胆小怕事的使臣,恐怕会被这阵势压住。可曹利用不是一般人,枢密院两次推荐他为和谈使臣,就知道他堪当大任。

看着辽国上下复杂的眼神,曹利用并没有妥协。三次和谈都是辽国先提出的,他虽然是和谈使臣,但对辽国从未惧怕过。他一直想上前线与辽军周旋,无奈造化弄人,最终将他推上了和谈的道路。

曹利用以温和的口吻表明,割地之事坚决不行,不割地是宋朝的底线,如果辽国坚持索要关南之地,那么宋辽只能重新回到战场上一决雌雄。针对不割地,曹利用还陈述了三点理由:其一,他断不敢做主,皇帝没有给他这个权力;其二,祖宗之地,寸土不能与人;其三,辽军举国南侵,都没能拿下关南之地,如今想利用和谈来索要,岂不是滑天下之大稽?

当然,曹利用并没有直接回绝萧太后。他继而对萧太后说,本次和谈,他代表宋朝一方来辽营谈判,目的只是想促成和谈,并不想做超出他权限之外的事情。就请辽国拿出诚意,尽量把和谈的内容往双方都能洽谈的地方靠,如此,谈判才能进行下去。否则,辽国若揪住割地之事不放,和谈就没必要进行下去了。

曹利用说,他只是奉了皇帝之命前来商议,至于能不能顺利谈下去,还得看辽军最终的态度。

曹利用这一番义正词严的表态,让萧太后瞬间就愣在了原地。他们之前为此次和谈做的一切"不合理",都没能吓住曹利用。萧太后从傲慢地接待曹利用,进而到讨要关南之地,都被曹利用游刃有余地挡回去了。

谈判就此僵持住了。①

---

① 《续资治通鉴长编·卷五十八》:"共议和好事,议未决。"

坐在旁边的辽国文武官员都在窃窃私语，甚至有武将站出来想要给曹利用点儿"颜色"看看，但被萧太后威严的眼神给压住了。这时候，恫吓、威逼、利诱，对曹利用都起不到任何作用。萧太后看得出来，曹利用虽然身材不高大威猛，可他说的每句话都充满了力量，都让她无可辩驳。

看到辽营里大臣们议论纷纷，曹利用反而显得镇定万分。这种结果，他想到过，但决不会接受。

对于萧太后提出的割让关南之地，在他进门的那一时刻，他就感受到了。辽军想用这种威逼恫吓的方式，让他就范。曹利用自然不会上当，即使和谈进行不下去，即使他在辽营中丢了性命，他也不能干割地之事。

尴尬的气氛，让现场所有人都感受到了不适。萧太后见索要关南之地不可能，曹利用的态度就是宋朝的态度，可是和谈还得继续下去。辽国此时危机四伏，唯有和谈才能化解。宋朝虎视眈眈的各路兵马，都在密切注视着这次和谈的结果，万一和谈决裂，辽国真就到了山穷水尽的地步。

况且，哪有和谈一次性就能谈成的？历史上的那些重要和谈，不都是交涉了多次，才最终达成一致意见的吗？

萧太后笑了，她赞扬了曹利用的勇气，表示自己很欣赏曹利用，也表示尽量将和谈的条件往能够实现的条件上靠。

看到萧太后松口了，曹利用也转变了一种口气对萧太后说，让宋朝割地万万办不到，但若是给辽国一些钱财，倒也不是不可能。不过，这一切还需要双方商谈，辽国这时候不能狮子大开口。

但是，对曹利用提出的给钱之事，萧太后没有明确表态。曹利用声称，岁币之事尚有商谈的余地，但还得探听一下辽军的意思，他自己对宋朝给辽多少岁币，心里没有底。他走的时候，宋真宗也没有交代，到底可以给辽国多少岁币。

就这样，和谈再一次陷入了僵局中。萧太后索要土地，被曹利用一口回绝；曹利用提出给钱的建议，数目也是模棱两可。

萧太后便不再提和谈之事。萧太后表示，既然和谈一时半刻做不到双方一致，那就先放一放，各自都重新思考，再做决定。

曹利用对萧太后的建议表示接受。在曹利用看来，辽军此时更想着尽快和谈，毕竟他们的粮草辎重运送很不方便，长时间拖延下去，对辽军很不利。

随即，萧太后带着曹利用一行人观看了辽军的骑兵，检阅了辽军部队。

曹利用知道，这和会面时受到的傲慢待遇一样。萧太后一直想通过这种办法，让曹利用惧怕，使得谈判的天平偏向辽国这一边。

但是，曹利用的态度一如既往，所有人都看不出曹利用心里所想。萧太后这一招恫吓的伎俩，对曹利用根本不起作用。

萧太后见来硬的不行，只能改变策略，采取柔和的态度，说不定能够打破僵局，于是设宴款待了曹利用。

但曹利用软硬不吃，不管是款待还是简单摆个桌子，放一碟菜肴，对曹利用而言都一样。他要在皇帝给他的权限范围内，尽可能多地为宋朝谋一些好处。这让萧太后无所适从。萧太后觉得，宋朝在选择谈判之人上还是下了一番功夫。这个曹利用看似普通，但着实不好对付。这不是打仗，可以直接砍了对方的脑袋，谈判，需要智慧。

萧太后觉得，既然曹利用的态度如此坚决，这次和谈也就没办法继续下去。最好的办法，就是辽国也派出使臣，让曹利用带着去面见宋朝皇帝，对和谈之事进行再度商洽与交涉，这样和谈才能继续下去。

曹利用的软硬不吃，已经让她束手无策了。

当下，曹利用在营帐中歇息之时，萧太后正在为派出何人出使宋朝苦恼着。若辽国有曹利用这样的谈判之臣，何愁这次谈判不成？只是辽国人素来马上功夫高，谈判磨嘴皮子的本领小。中原的文化真是个好东西，它可以让一个看似文弱的人表现出强于武将的本领。

最终，萧太后选中了左飞龙使韩杞。

这个人素来能言善辩，胸中也有韬略，安排他出使宋朝最合适不过。随即，萧太后便派韩杞持国书，与曹利用一起面见宋真宗。①

曹利用一行不久就到达了澶州边界上。

前方的边境守将，已将曹利用返回澶州的事情告诉了宋真宗。

宋真宗得到辽国使臣到来的消息后，十分重视这次与辽使的会面。宋真宗便派出了澶州知州何承矩去迎接曹利用和辽国使臣，还派出了翰林学士赵安仁前去接洽相关事宜。在宋真宗的认知里，辽国人彪悍，也粗俗。

宋真宗对赵安仁交代了辽使来觐见时需要注意的礼节。②宋朝可不是辽国，可以由着他们的性子来。赵安仁和何承矩接上了曹利用一行之后，赵安仁专门和辽国使臣韩杞走在了一起，给他讲述了中原王朝的许多"规矩"，告诉他面见天子时需要注意的事项。比如，在见到宋朝皇帝之后，要行参拜之礼等。

韩杞此番前来，当然是希望见到宋真宗，亲自将萧太后交代的国书交给宋真宗。对于赵安仁提出的参拜礼仪，韩杞不理解，但也只能欣然接受。不过，韩杞心里还是犯起了嘀咕，宋朝的规矩就是多。

随即，赵安仁带领着韩杞面见宋真宗。

在韩杞入宫面见宋真宗之前，首先得跪在门口，将国书交给阁门使。等阁门使拿着辽国书信进去了，韩杞也不能动，要继续在门口跪着，等待宋真宗的接见。这些都是赵安仁教给韩杞的"礼仪"。韩杞不敢怠慢，只能按照宋朝的礼仪行事。③

这时候，内侍省副都知阎承翰打开了密封的辽国国书，交给宰相寇准。宰相寇准在文武大臣面前宣读了辽国国书后，才宣韩杞觐见。到了内殿，

---

① 《续资治通鉴·卷二十五》："辽主乃遣左飞龙使韩杞持国书与利用俱还。"
② 《续资治通鉴长编·卷五十八》："诏知澶州、引进使何承矩郊劳，翰林学士赵安仁接伴之，凡觐见仪式，皆安仁所裁定云。"
③ 《续资治通鉴·卷二十五》："十二月，庚辰朔，韩杞入对于行宫之前殿，跪授书函于阁门使，使捧以升殿。"

韩杞行了大礼，跪拜宋真宗，宋真宗赐座。①韩杞代表萧太后，向宋真宗问好。②

如此，整个接见仪式才算完成。宋真宗对韩杞说，贵国国书，我们尚有争议，需要商谈一番，烦请使臣到驿馆暂作休息，随后再召集入见，商议和谈之事。

韩杞便被带到了驿馆休息。

此时，宋真宗先询问了曹利用在辽营和谈的情况，曹利用据实以答。曹利用还说到了被接见之时辽国上下的傲慢态度。当下，便有人斥责辽国不懂规矩，对于和谈如此重要之事，竟然如此草率。

宋真宗对群臣的这些斥责不感兴趣。他关心的是如何快速与辽国讲和。如今辽国使臣已经拿着国书到了宋朝，商谈和议之事才是工作重点。至于说曹利用受了委屈，等到和谈结束，给他升官就可以了。

群臣这才将关注点集中在了辽国国书上。

辽国的国书上第一款也是最重要的一款上明确写着，宋朝归还关南之地。宋真宗早已猜到辽国会索要关南之地，便对群臣们说，与辽国议和，辽国肯定会讨要关南之地，这是大家意料当中的事情。对于辽国索要关南之地，你们都说说，具体怎么回复？③

这时候，有人说关南之地从后周时期就是中原版图固有领土，后来宋朝的太祖皇帝继承大统，也将此地定为宋朝边境重地。如今这地方已有几十年属于宋朝，辽国有何资格讨要？也有大臣附和，关南之地断不能给辽国，若给辽国一些岁币，最终能够达成和平协定，倒也不失为一种办法。可是具体

---

① 《续资治通鉴·卷二十五》："内侍省副都知阁承翰受而启封，宰相读讫，命杞升殿起居。"
② 《续资治通鉴长编·卷五十八》："国母令臣上问皇帝起居。"
③ 《续资治通鉴·卷二十五》："其书复以关南故地为请，帝谓辅臣曰：'吾固虑此，今果然，将奈何？'"

怎么操作，还是请官家您最终裁定。①

大臣们最终将球踢给了宋真宗。

此时，寇准还是不建议和谈。战争局势对宋朝非常有利，为何要屈尊和谈？但宋真宗和谈的决心已定，寇准已然改变不了。在和谈这件事上，宋真宗似乎一改往日的优柔寡断，立场十分坚定。

宋真宗对群臣说，关南之地是祖宗家业，不能在朕手里丢掉，朕能做的也就是守住。所以，割地之事断不可行。若辽军坚持索要关南之地，那我们也只能与辽国战斗到底。②

群臣都称赞宋真宗英明神武。但宋真宗刚刚强调了关南之地的重要性后，话锋马上就转了，甚至没有给朝廷主战派们片刻的思考时间。

宋真宗继续对大臣们说，打仗朕不怕，战死朕也不怕，可这些年来河北之地的老百姓饱受战争之苦，没有过上一天安稳日子。作为一国之君，朕不能让他们富裕起来，反而不断将他们拉入战争的旋涡之中……朕实在是不忍心再战了。朕只想让他们过上安定的日子。若只是给辽国一些钱财就能换得两国和平，也很划算。况且，我们是给辽国钱财，也不存在有失礼仪的地方。宋真宗还说，今天我们商议的这些话，就不必全都记载在诏书里了。曹利用作为谈判之臣，与韩杞一起，把我们的这个意思口述给辽国上下就可以了。③

宋真宗这一番体谅百姓的想法，得到了很多朝中大臣的支持。即使是寇准，都妥协了。

那么这次和谈，该以何种方式进行呢？

---

① 《续资治通鉴长编·卷五十八》："关南久属朝廷，不可拟议，或岁给金帛，助其军费，以固欢盟，惟陛下裁度。"

② 《续资治通鉴·卷二十五》："朕守祖宗基业，不敢失坠。所言归地，事极无名，必若邀求，朕当决战耳！"

③ 《续资治通鉴·卷二十五》："实念河北居人，重有劳扰，倘岁以金帛济其不足，朝廷之体，固亦无伤。答书不必具言，但令曹利用与韩杞口述兹事可也。"

所有人都陈述了自己的观点，最终，宋真宗将这些观点进行了整合，归纳出了具体思路：曹利用继续北上和谈——只有曹利用一人去过辽营，对那里的情况比较熟悉，宋朝再也找不出合适的人选。况且曹利用是一开始就决定的和谈人选，若这时候临时换人，不是明智之举。同时，曹利用去辽国时，还要拿着国书去，才能表示郑重。此前的所有书信来往，都显得不太正式。这次既然要和谈，一切礼仪都不可有丝毫偏差。国书代表着一国的水平。

和谈之事议定后，宋真宗长舒了一口气。为了和谈，从他亲征之前开始，一直吵到今天，总算有结果了。

可到了真正拟写国书时，国书的具体格式、内容，包括对辽国的称呼等重要事项都成了难题，被大臣提了出来。这些东西，一时难住了宋朝的智囊团。提出建议者认为，既然是国书，就不应该草率，每个细节必须恰到好处。而这种与辽国邦交之事，在宋真宗手里从未遇到过，前几年只顾着打仗了，从未想过两国竟然有坐下来和谈的一天。掐指算算，宋朝与辽国的最早交往应该是在太祖时代。

于是，宋真宗让人查看太祖时代与辽国邦交时的国书。可是太祖时代已经过去很多年，那些曾经的档案资料不一定能够找见。即使能找见，也需要时间。要在几十年密封的资料中去寻找一份邦交国书，无异于大海捞针。

就在大家一筹莫展之时，那位接待过辽国使臣又饱读诗书的翰林学士赵安仁说，他在整理资料的时候，曾有幸见过太祖时代的辽宋邦交国书，至今还记得里面的一些格式、称谓等。[1]

宋真宗一听便喜出望外，随即使命赵安仁全权负责国书的起草工作。

没过几天，宋真宗再次接见了韩杞，表达了宋朝愿与辽国和谈的诚意，还赏赐了韩杞袭衣、金带、鞍马、器币等物件。[2]

---

[1] 《续资治通鉴·卷二十五》："赵安仁独能记太祖时国书体式，因命为答书。"
[2] 《续资治通鉴·卷二十五》："赐杞袭衣、金带、鞍马、器币。"

赵安仁起草的国书，经过大臣们的一致讨论，获得了全票通过。很多地方都加入了新东西，毕竟此一时彼一时。

寇准虽有为难情绪，但不想打击宋真宗的积极性。这一路走来，宋真宗已经对寇准有了某种惧怕之意。此时，所有人说的都是议和，寇准已经没有力排众议规劝宋真宗亲征时的勇气。

这些日子以来，赵安仁一直与韩杞在一起，给韩杞普及一些中原"文化"和礼节，韩杞这次出使宋朝，收获颇丰。

又过了一两天，北上继续和谈的一切事宜均已准备妥当。此时，韩杞代表辽方使臣，准备入朝面见宋真宗，感谢宋真宗的赏赐之恩，也向宋真宗告别。但这时候，韩杞却穿着辽国的国服想去面见宋真宗。赵安仁对韩杞说，如今你要向官家请辞，近距离面见官家，感受天子的威仪，不穿着官家赏赐给你的衣服去面见官家，怎么能行呢？[①]

韩杞被赵安仁的话问住了。他到澶州的这短短几天内，已经感受到了宋朝礼仪繁多。短时间内，他还不能学会。听到赵安仁如此问，韩杞便穿上了宋真宗赐给他的衣服，去面见了宋真宗。[②]

北上和谈一行临走前，宋真宗单独召见了曹利用。毕竟一切和谈在辽营进行，宋真宗到时候不能左右。于是，宋真宗对曹利用说，你记清楚，不割地是我们的底线，至于给钱买平安的事情，可以商量。[③]

曹利用对宋真宗说，我对契丹语略知一二，在我陪同韩杞的这段时间，韩杞曾对他手下人说，你们看见澶州北寨的宋军没有？他们劲卒利器，与我们之前了解的宋军有很大不同。这就是说，韩杞这次来澶州，不仅仅是来和谈，也是来刺探军情的。他们已经得知我们的队伍精锐、武器精良，这些都让辽国深感不安。我此次北上和谈，一定会洞察辽军动向。若辽国仍然坚持

---

① 《宋史·列传第四十六》："君将升殿受还书，天颜咫尺，如不衣所赐之衣，可乎？"
② 《续资治通鉴·卷二十五》："杞即改服而入。"
③ 《续资治通鉴长编·卷五十八》："上又面戒利用以地必不可得，若邀求货财，则宜许之。"

索要关南之地，就请官家不要管我，直接率领大军荡平辽军。

曹利用这番话，宋真宗不喜欢听。这都到了坐下来和谈的时候，曹利用竟然还想着荡平辽国。

宋真宗不再说话，曹利用知趣地退下了。

辽宋暂时停战和谈，也让宋真宗卸下了压力。不久，宋真宗从澶州南城转移到了北城，奖赏了李继隆，也给澶州北城的守将们御赐了很多酒水，让他们畅饮，放松一下紧张的心情。[1]

不久，郓、齐等州安抚使丁谓上书：在安抚军队的时候，宋军擒获了一名叫马珠勒格的辽国斥候，当下就将这位斥候杀了，但同行者还有一部分人，他们隐藏身份，企图打探消息，请求逮捕这些人。

于是，朝廷批准了丁谓的请求。[2]

---

[1]《续资治通鉴·卷二十五》："癸未，幸北寨，又幸李继隆营，命将校从官饮，犒赐诸军有差。"

[2]《续资治通鉴长编·卷五十八》："郓、齐等州安抚使丁谓言：'擒获契丹谍者马珠勒格，即斩之。鞫问其人，称徒侣甚众。今各具形貌年齿，请下诸路分捕。'从之。"

第九章　澶渊之盟

　　澶渊修和，本出真宗本意，观其在道逗留，望敌惊心，一若身临虎口，栗栗危惧。赖寇准力请渡河，敌气少沮。化干戈为玉帛，得以振旅还京，此非寇公之功，乌能至此？

——蔡东藩

议定和平盟约

临行前，曹利用再一次面见了宋真宗。曹利用有些疑惑，需要向宋真宗寻求答案，否则这次和谈便没有底线：比如，此前答应给辽国岁币，但是给多少合适？比如，辽国要在礼仪称呼上争取权益，该如何处置？

对于曹利用的疑惑，宋真宗不好回答。其实曹利用提出的，也是宋真宗的疑惑。除了割让关南之地这个条件不能谈之外，其他的条件都可以谈。所谓给辽国岁币，其实不过是花钱买和平罢了。即使这样，宋朝都可以接受。因为宋朝再也经不起一次次的战争了，这些年来消耗在战争上的钱太多了。[①]

可是给辽国多少钱，辽国才能满意呢？宋真宗自己也没有答案。俗话说，人心没底，辽国这时候会选择合理的方式谈判吗？会站在两国的角度上思考问题吗？

曹利用的询问，让宋真宗很为难。辽国若因为得不到关南之地，就在钱财上狮子大开口，也不是没有可能。所以，在给辽国的钱财问题上，宋朝还得有一个底线，不能辽国要多少就给多少。

看着眼前的曹利用，宋真宗良久不语。曹利用的问题，正如当初王旦回

---

① 《论兵十事疏》："禁军一兵之费，以衣粮、特支、郊赉通计，一岁约费钱五十千；厢军一兵之费，岁约三十千。通一百一十八万余人，一岁约费四千八百万缗。此其大较也。"

京留守前，询问十日没有胜利的消息该怎么办一样，让宋真宗难以回答。

想来想去，还是没有一个好办法。要让辽国退兵，岁币的数量一定是辽国最关注的，萧太后和辽圣宗一定很清楚，想要从宋朝手中讨要关南之地，只是他们的一厢情愿，所以他们一定会在岁币上大做文章。

曹利用的询问，也非常有道理，没有一个底线，最终只能让和谈陷入僵局。这种改变两国关系的决策，曹利用不敢擅自做主。

考虑再三的宋真宗，艰难地对曹利用说，你去和谈时，对辽国提出的条件尽量满足，实在不行，给辽国一百万钱也是可以的。①曹利用对宋真宗的这种答案，多少有些吃惊。毕竟一百万钱，绝不是个小数字。宋朝尽管富有，但也经不起这么大方，而且这个数目是每年都需要给辽国的，不是一次性。若宋朝一次性给辽国那么多钱，买得两国平安，也未尝不是一件好事。但年年给钱，就得精打细算了。

得到了皇帝最终的答案，曹利用准备和韩杞北上和谈。此时的曹利用心里也有一杆秤，他不会任由辽国漫天要价。

然而，曹利用还没动身，寇准便派人请曹利用到自己的住处商议要事。曹利用只能前往寇准住处。皇帝的话要听，宰相的话也要听。

其实，对于这次曹利用与皇帝的对话，寇准已经获悉。宋真宗答应给辽国的一百万钱，寇准是不能接受的。在完全能胜利的情况下和谈，已经是一件屈尊之事，而赔钱——谓之"助军旅之资"，就更让人难以启齿了。可是皇帝却认为这么做可以接受，甚至表示可以给辽国一百万钱。

寇准询问了宋真宗给曹利用的底线，曹利用据实以答。对于曹利用，寇准还是相信的，通过这几次与辽国的周旋，就能看出其能力。

可对于宋真宗提出给辽国一百万钱，寇准觉得太多了。称兄道弟的事情，寇准不想管。他是个务实的人，毕竟称兄道弟对宋朝的国力而言，并没有影响。可给钱这种事，涉及国家经济，只能少不能多。

---

① 《宋史纪事本末·契丹盟好》："必不得已，虽百万亦可。"

寇准对曹利用说，尽管官家给了你一百万钱的底线，但这些钱给辽国，实在太多了。一年一百万，十年一千万。宋朝要永保江山稳固，还得年年给钱？

寇准继续说，官家承诺的一百万也是有条件的，辽国实在胁迫，就给他们一百万。但我认为，不管辽军如何狮子大开口，你都要记住我的底线，这次给辽国的钱，最多不能超过三十万。我不管你想什么办法，记清楚三十万这个底线。你这次谈判，只要超过了这个数，等你回来，我就会将你斩首示众。①

起初，曹利用以为寇准要给他安排其他和谈事宜，可面对眉头紧蹙的寇准说出这些话，曹利用心里有些不是滋味。这倒不是说寇准故意将给辽国的岁币数目压低了，而是一直主张讨伐辽国的寇准这时候也妥协了。

这一点，让曹利用最不能理解：主战派的寇准竟然也支持和谈？曹利用虽然自觉不才，但三十万也是个巨大数字，按照他的意愿，他一个子儿都不想给辽国。

这时候的曹利用还能说什么呢？事已至此，没有人能够扭转和谈这种大势。曹利用对寇准的回复，还是那句话——尽力而为。

于是，曹利用和韩杞出了澶州，直奔辽营。

曹利用去谈判，一时半刻也谈不下来。谈判桌上，没有几个回合的较量，不会得到想要的结果。这就像天平，只有让两端的砝码重量相等，才能达到平衡。

曹利用北上以后，宋朝内部依然不平静。不过，此时的宋真宗已经没有初到澶州时的紧张了。

不久，澶州的物资就不够用了，毕竟这么多人都在澶州住着，吃喝拉撒睡都需要照顾到位。宋真宗便命户部判官、员外郎李咨章从澶州回到汴京去

---

① 《续资治通鉴·卷二十五》："寇准召至幄次，语之曰：'虽有旨许百万，若过三十万，将斩汝！'"

运送物资。①

没过几天，竟然出现了日食。善观天象的人声称，这是凶兆。在古代，若出现日食，就会被认为是君王不道、朝政不明、政令不通，因此得罪了上天，上天命天狗食日，作为警示。

这时候出现日食，着实让宋真宗捏了一把冷汗。宋真宗自问执政以来没有荒废政事，而是一直勤勤恳恳，为社稷谋太平，为百姓谋福祉。可为何就在辽宋和谈之际，出现了日食？这难道意味着辽宋和谈会失败？或者这次和谈本身就不合天意？

没有人给出答案，也没有人解释得清楚这件事。这让宋真宗本来稍微宽慰的心里又增加了负担。

收到了上天的暗示，就需要进行分析。但曹利用赴辽营和谈，已经是板上钉钉之事，不能更改，也没法更改，因为此时曹利用已经去了辽营，这是辽宋和好的象征。

宋真宗紧张的心，又开始缓和下来。②

这时候，有朝臣建议做两手准备。万一辽国坚持索要关南之地，导致和谈没办法进行下去，宋朝还得准备打硬仗。

宋真宗和群臣商量了之后，进行了两项部署，以防御不测：其一是给左神武军大将军王荣、寄班供奉官郑怀德两人下了一道圣旨，让他们率领龙卫兵马，与沧州部署荆嗣等人在淄、青二州部署，以防和谈失败，辽军从此处南下。③其二，又命令永兴军守将留一部分人驻守永兴军，其他的人都立即赶往皇帝行营，防御不测。④

---

① 《续资治通鉴长编·卷五十八》："命户部判官、员外郎李含章澶州至京提点供顿。"
② 《续资治通鉴·卷二十五》："是日，日有食之。帝惧甚，司天言主两国和解，帝意稍释。"
③ 《续资治通鉴长编·卷五十八》："诏左神武军大将军王荣、寄班供奉官郑怀德领龙卫兵马，与沧州部署荆嗣会于淄、青，防寇之南渡也。"
④ 《续资治通鉴长编·卷五十八》："诏永兴军兵除先追赴河阳及量留本州外，并令部署许均领赴行在。"

部署完后，就等着曹利用的和谈结果了。

然而，这时候又有大事发生了。当时，澶州知州何承矩得到消息称，辽军主帅萧挞凛在宋真宗还未到达澶州时，就被宋军的床子弩射死。何承矩对此事进行了核实，从张瓌处得到了确认：他们曾经对在澶州北城下巡视的辽军小分队进行射击，也的确射伤了契丹人，但不能确定是不是萧挞凛本人，但的确有这件事。

何承矩认为，萧挞凛之死绝非空穴来风。辽国之所以这么急着和谈，应该与萧挞凛之死有着必然的联系。

何承矩不敢耽误，马上就面见了宋真宗，上报了这一特殊事件。

他对宋真宗说，此前从临河、观城县等地逃回的百姓中，听到有人说过萧挞凛已经被床子弩射死。当时官家您还在亲征路上，因此没有听到这件事。后来，萧太后为了促使辽宋和谈，故意隐瞒了这件事，我们也没有得到消息。但辽军在南下过程中，掳掠了很多大宋百姓到辽营。这些百姓都是趁着辽宋和谈之际逃回来的。所以，我个人觉得，这些百姓带来的消息不会有假。①

何承矩还表示，他刚听说此事时也不相信。为了了解具体情况，他还专门询问了当时值班的张瓌。而张瓌也说了，他们当时的确用床子弩射杀过辽军小分队，只是不知道射杀之人是不是萧挞凛。

但是宋真宗对这样的消息却持不同意见。

宋真宗对何承矩说，萧挞凛是辽国于越②一样英勇的武将。完颜阿骨打是于越出身，后来契丹就只对位高权重的人才会授予这个职位。契丹的于越都非常骁勇善战，很难将其制住。萧挞凛之才，不在于越之下。而且这些年来萧挞凛在防守这一方面功绩突出，为于越所不及。如今契丹大军入境，三军

---

① 《续资治通鉴长编·卷五十八》。
② 于越是辽国历史上最具有特殊意义的官职，为荣誉头衔，无具体职务。根据《辽史》记载，于越是契丹最尊之职，辽太祖耶律阿保机在即位前即因战功显赫拜于越，后以于越受禅称帝。辽也曾设大于越府，由于越担任首辅，其地位也在南、北大王上，非有大功者不授。在辽国二百多年的历史上，只有十人获得过于越这个高位。

都愿意尊萧挞凛为主帅，愿意听从萧挞凛领导。且萧挞凛治兵严格，在战争中失利的人，十五岁以上都会诛杀。这样的人怎么会轻易被射杀？如果如你所说，萧挞凛果然死了，朕就率领三军，联合王超的定州大阵，将契丹大军全部狙杀。①

可是事实真是这样吗？宋真宗显然不相信何承矩的话，甚至以自己到澶州时辽军攻势不减来佐证。何承矩却说，这是辽军故意为之，为的只是麻痹我大宋，掩盖萧挞凛被射死的事实。但宋真宗依然对萧挞凛之死持怀疑态度。

一切只能等待曹利用回来才能弄清楚。何承矩却觉得，曹利用到辽营后，一定探听不到任何关于萧挞凛的消息，辽国一定不会向曹利用透露这么大的机密。

但是，何承矩的话，宋真宗已经不想听了。

如此，整个宋辽战局实际上是不明朗的。信息不对等造成的后果就是辽宋两国在和谈上，宋朝不知道对方的底牌。萧挞凛到底死了没有，尚待验证。不过，此时曹利用已经赴辽营和谈，还得等到和谈结束后再商议对策。

曹利用到了辽营之后，辽宋双方便展开了和谈。但这次，辽国继续坚持之前的意见，继续向曹利用讨要关南之地。②这件事，似乎没有讨论的空间。不管辽国怎么坚持，宋朝的关南之地决不会割让给辽国，这是宋朝的底线。

面对辽国再次讨要关南之地，曹利用对辽国谈判使臣说，你们既然想要结盟，若只是要一些岁币作为助军旅之资，我们还可以谈，其他的免谈。③

这时候，跟随曹利用出使辽国的政事舍人高正始悄悄对曹利用说，如今

---

① 《续资治通鉴长编·卷五十八》："挞览乃于越之侍也。于越旧乐野战，颇难制。挞览知勇不在其下，而多务城守，此所以不及也。今岁入寇，皆其首谋。或闻犯边以来，累战不利，因号令部下，凡获男子十五以上者皆杀之。彼既失其谋主，朕亲御六师，而王超等三路大兵亦合势南来，彼奔北固其宜也。"
② 《续资治通鉴长编·卷五十八》："曹利用与韩杞至契丹寨，契丹复以关南故地为言。"
③ 《续资治通鉴长编·卷五十八》："北朝既兴师寻盟，若岁希南朝金帛之资以助军旅，则犹可议也。"

契丹率众前来，本就是为了关南之地，我们如果不遂了人家的心愿，恐怕契丹没办法给全国上下交代。①

曹利用对高正始说，我们带着使命前来和谈，若谈论不下去，死则死矣。如果契丹执意要关南之地，我们不会答应，大宋的那些守将这时候也都在严阵以待。

辽国使臣将第一次接洽曹利用的结果，报告给了萧太后和辽圣宗。曹利用强硬的态度，让辽国对索取关南之地的意思变得不再那么强烈，但在钱财上却狮子大开口。不过曹利用有自己的主见，坚持最多给三十万。②

此时，萧太后看索要关南之地无望，也就不再讨要这个地方了。只要辽宋从此太平安定，她的目的也就达到了。这样一来，即使她死了，也可以安然瞑目了。

如此，和谈的大致内容基本议定，但具体的相关事宜还没有真正敲定，只是给辽的助军旅之资数目商定了。辽宋之间的使臣穿梭于两国之间，商议还未决议的相关款项。

对于助军旅之资的数目，辽国已经妥协了。但这时候，辽国提出了要与宋朝建立兄弟之盟。宋真宗年长，称辽圣宗为弟，称萧太后为婶母。王继忠作为辽国与宋朝交接的使臣，与曹利用进行了和谈。王继忠对曹利用说，如今辽宋讲和，实为天下美事，我们辽国国主年少，愿意尊称宋真宗为兄长。我们现在担心的是宋朝会在边境线上开设河道，修建防御工事，继续与辽国对峙。③

对于这样的事情，曹利用不敢私自答应，毕竟这涉及一国之礼仪。曹利

---

① 《续资治通鉴长编·卷五十八》"今兹引众而来，本谋关南之地，若不遂所图，则本国之人负愧多矣。"

② 《续资治通鉴长编·卷五十八》："其国主及母闻之，意稍息，但欲岁取金帛。利用许遗绢二十万匹、银一十万两，议始定。"

③ 《续资治通鉴·卷二十五》："辽主复遣王继忠见利用，具言：'南北通和，实为美事，主上年少，愿兄事南朝。又虑南朝或于缘边移河道，广浚壕堑，别有举动之意。'因附利用密奏，请立誓，并乞遣近上使臣持誓书至彼。"

用表示，这种事情他还得征求宋朝皇帝的意见。萧太后同意了曹利用所请。不久，曹利用与辽右监门大将军姚柬之持辽国国书到了宋营，宋真宗让赵安仁继续担任接待使臣，给姚柬之讲述相关礼仪制度。宋真宗像上次赏赐韩杞一样，赏赐了姚柬之衣物和美食。①姚柬之陈述了宋辽建立兄弟之盟的建议，宋真宗竟然答应了。

姚柬之便在宋营里多次与赵安仁畅谈交涉，争取为辽国获得更多的利益。姚柬之和赵安仁在一起的时候，还是不忘夸耀辽国兵强马壮，战无不胜。②但赵安仁用老子的话来反驳姚柬之。赵安仁说，听了你之前说的话，我个人有不同见解，岂不闻古人有云："兵者不祥之器，非君子之器，不得已而用之。"胜利不应该拿来夸耀，而故意将此拿来夸耀的人是喜欢杀人者。

姚柬之自知说不过赵安仁，便不再说辽国军士如何威武之类的话，转而将话锋转到了王继忠身上，赞扬王继忠的大才。赵安仁却说，王继忠在辽国为官，只知道他做任何事都谨小慎微，其他的倒是没有听说。这样，姚柬之每次都希望能驳倒赵安仁，但赵安仁总是引经据典，反过来将他驳倒。③

在宋营待了几天之后，宋真宗便命西京左藏库使李继昌以左卫大将军的身份与姚柬之一起出使辽国。这次，李继昌带着宋朝的正式国书北上，具体国书内容如下：

维景德元年，岁次甲辰，十二月庚辰朔、七日丙戌，大宋皇帝谨致誓书于大契丹皇帝阙下：共遵成信，虔奉欢盟，以风土之宜，助军旅之费，每岁以绢二十万匹、银一十万两，更不差使臣专往北朝，只令三司差人般送至雄

---

① 《续资治通鉴长编·卷五十八》："甲申，利用即与其右监门卫大将军姚柬之持国主书俱还，并献御衣、食物，其郊劳馆谷，并如韩杞之礼，命赵安仁接伴。"
② 《续资治通鉴长编·卷五十八》："柬之谈次，颇矜兵强战胜。"
③ 《续资治通鉴长编·卷五十八》："柬之自是不敢复谈。柬之又屡称王继忠之材，安仁曰：'继忠早事藩邸，闻其稍谨，不知其他也。'安仁敏于酬对，皆切事机，议者嘉其得体。"

州交割。沿边州军，各守疆界，两地人户，不得交侵。或有盗贼逋逃，彼此无令停匿。至于陇亩稼穑，南北勿纵惊骚。所有两朝城池，并可依旧存守，淘壕完葺，一切如常，即不得创筑城隍，开拔河道。誓书之外，各无所求。必务协同，庶存悠久。自此保安黎献，慎守封陲，质于天地神祇，告于宗庙社稷，子孙共守，传之无穷，有渝此盟，不克享国。昭昭天监，当共殛之。远具披陈，专俟报复，不宣，谨白。[1]

如此，宋辽和谈正式建立。两国谈判使臣经过多日的磨合，最终确定了整个和平协议。这个协议，被后世称为"澶渊之盟"。具体协议如下：

第一条是政治联盟。从此，宋辽结为兄弟之国，辽圣宗年幼，称宋真宗为兄，后世仍以齿论。之所以将这放在第一位，也是将两国的政治地位先提出来。宋辽建立兄弟一样的国家，以后都要维系下去，不能因为谁更强大就让另一方在政治上遭受不公待遇。所谓天无二主，在这一时刻，成了一种不合时宜的观点。

第二条是边界划定。这次盟约划定宋辽东线以白沟河为界，白沟以北属于辽，以南的瀛州、莫州，包括依托瓦桥关建立的雄州和依托益津关所建的霸州，归宋朝所有。这样也就是说，宋朝要承认其他幽云十四州永久属于契丹，不得再以收回幽云十六州为名，继续对其他十四州进行攻击。这个协议签订后，辽宋双方都要及时撤兵，不在边境线上屯重兵，以此来显示双方和盟的诚意。而且，此后但凡有盗贼在边境线上越界逃窜，意图进入另一国地界躲避罪行，另一国不得藏匿这些罪犯。而那些原来两国边界线上的城池就继续维持原状，不得私自在边境线上建立防御工事。

第三条是经济补偿。辽国毕竟举国南侵，所图者无外乎土地和金钱。如今澶渊之盟即将形成，宋朝不愿意给土地，那就给些钱作为补偿，让辽国不至于空手而归。但宋朝也有底线，钱数不能超过三十万，而且不能是"纳

---

[1]《续资治通鉴长编·卷五十八》。

钱",而是作为资助辽军军旅的费用。宋每年向辽提供"助军旅之费"银十万两,绢二十万匹,在雄州交割。

第四条是边境贸易。双方自盟约签订后,要在边境线上那些市镇开设榷场,让辽宋两国进行贸易。榷场实际如何开设,依据具体情况而定。

归纳起来,就是这样的盟约:

宋辽为兄弟之国,辽圣宗称宋真宗为兄,宋真宗称辽圣宗为弟,称萧太后为叔母;宋辽以白沟河为界(辽放弃遂城及涿、瀛、莫三州),双方撤兵;此后凡有盗贼逃犯越界逃至对方领域,对方必须实施引渡,遣返罪犯;两国边界城池一如既往;宋每年给辽银十万两,绢二十万匹;双方于边境设置榷场,开展互市贸易。

至此,辽宋之间长达二十五年的战争,因为签订这一纸合约终结了。

但宋朝北方的那些将领心里并不好受,这次本可以与辽军决一死战,歼灭辽军,最终因为这一盟约的签订,自缚手脚,前功尽弃。

辽国决定撤军,但给宋真宗传达了一个意思,宋朝一定要保证辽军顺利撤兵,不能因为辽军北撤,宋军便趁机偷袭。

宋真宗对这种来之不易的和平,当然想极力维护。于是,给前线的所有将士下达命令,禁止他们偷袭北撤的辽军。

前线的将士,只能眼睁睁看着辽军北还。

三根手指的谜语

曹利用在辽营和谈结束后,便回到了澶州。[①]他带着两国的合约,马不停蹄地给宋真宗上报和谈结果。

但这时候,宋真宗正在吃饭。按照相关规章制度,皇帝吃饭的时候,

---

① 《续资治通鉴·卷二十五》:"利用果以三十万成约而还。"

外臣是不能打搅的，即使是再重要的事情，都要等皇帝吃完饭才能面见，这是规矩，也是礼仪。但曹利用觉得，谈判这件事不能耽误，必须马上上报给皇帝。

于是，曹利用便在门外将此事告诉了门使，希望他尽快将自己谈判回来的事情进行上报。

而此时，菜肴刚端上桌，宋真宗不能直接去见曹利用。但宋真宗心里迫切想知道谈判的最终结果，于是将身边的宦官打发出去询问。当然，主要是询问答应给辽国的岁币数。他之前给曹利用限定的岁币最高数目是一百万，只要在这个范围内，还是可以接受的。

宦官来到了曹利用跟前，询问辽国索要的岁币数目。

看着眼前的这位宦官，曹利用没有说。在曹利用看来，这么重要的消息，非得当面给皇帝汇报不可。一个小小的宦官就想探听这么重要的机密，曹利用当然不干。①

宦官不太高兴地回去了。他告诉宋真宗，曹利用不说。宋真宗一听，心里的迫不及待变成了一种嗔怒。宋真宗派出这个宦官去问，肯定是代表了自己的意思，可曹利用竟然不说。这越发地激起了宋真宗的好奇心。

正在用膳的宋真宗，已经有些急不可耐。

宋真宗对宦官说，你出去告诉曹利用，这是朕的意思，是朕打发你去询问具体数额的，如果曹利用还是不据实回答，你就逼问曹利用，直到曹利用说出来为止。

宦官奉命从内屋走了出来。看着等候在门口的曹利用，宦官这次口气比较强硬，执意要得到辽国提出的岁币数目。②

曹利用看着眼前的宦官，也不想再为难他，毕竟大家都是给皇帝当差的，没必要上纲上线。况且这个宦官是皇帝身边的人，得罪了也不好，以免

---

① 《续资治通鉴长编·卷五十八》："入见行宫，上方进食，未即对，使内侍问所赂，利用曰：'此机事，当面奏。'"
② 《续资治通鉴·卷二十五》："复使问曰：'姑言其略。'"

他会在皇帝面前给自己穿小鞋。

看着宦官没有离开的意思，似乎不得到消息决不罢休，曹利用便伸出了三根手指头，在眼前晃了晃。①

宦官似乎明白了，便进入内殿去了。曹利用继续在殿门口等着。

宋真宗问宦官，曹利用说了多少数目？宦官也伸出了三根手指头，在宋真宗眼前晃了晃。

宋真宗问宦官，这三根手指头到底是什么意思？宦官一脸无辜地说，曹利用就给他伸了三根手指头，具体也不明白是何用意。

但宋真宗似乎明白了曹利用这三根手指的含义。宦官说，曹利用没有明说具体数目，而是伸出了三根手指头，莫非是答应每年给辽国三百万？②

一想到三百万的数字，宋真宗心里掠过一阵冰凉。宋真宗对这种结果并不满意。他给曹利用交代的底线是最多不能超过一百万钱，可曹利用最后竟然增加到了三百万！③

这一刻，宋真宗对曹利用这个人的能力大为怀疑。此前，枢密院两次给他推荐这个人，他没想到，这个人竟然能把事情办成这样。

正在吃饭的宋真宗，瞬间觉得味同嚼蜡，口中的饭突然不香了。

但宋真宗不断思考着三百万对于宋朝意味着什么。宋真宗的内心，有两种声音在相互搏斗：一种觉得给辽国三百万实在太多，数目太惊人，这势必会引起全国人的议论；另一种声音则认为，三百万也不多，宋朝每次与辽国的战争所花的军费远超这个数目，三百万钱不过是一笔小数目而已。

在内心深处做了长时间的斗争后，最终这两种声音趋于统一，宋真宗还是想通了。

宋真宗自言自语道，三百万就三百万吧，只要宋辽从此休战，宋朝得以

---

① 《续资治通鉴·卷二十五》："利用终不肯言，而以三指加颊。"
② 《续资治通鉴·卷二十五》："内侍入曰：'三指加颊，岂非三百万乎？'"
③ 《续资治通鉴·卷二十五》："帝失声曰：'太多！'"

安定下来，也未尝不是一件好事。①

这顿饭，是宋真宗有生以来吃得最为不安的一次。如果不急着询问结果，而是安安心心吃完这顿饭，也不会这么不安。

吃完饭后的宋真宗，对谈判的结果已经接受了。他洗漱罢，便召见了曹利用。尽管最关心的岁币问题，他已经有了答案，可谈判协议他得全部了解。

已经在大门口等待多时的曹利用，被召进了宋真宗在澶州的临时行营。

曹利用一进门，便跪地不起。宋真宗既然已经想通了，便不再责怪曹利用，让曹利用起来回答。可曹利用就是不起来，嘴里不断说自己有罪。②宋真宗有些碍不过情面，便命曹利用起身回答问题，可曹利用还是不起来。这时候，曹利用才对宋真宗说，臣有罪，臣答应了给辽国三十万岁币，这是死罪啊！臣没能将数目继续向下压，实在是死罪啊！

宋真宗一听曹利用这么说，登时愣在了原地。宋真宗有些恍惚，完全没有反应过来。他已经对三百万这个数目都接受了，此刻曹利用竟然说是三十万？宋真宗吃惊地问曹利用：数目多少？曹利用一脸愧疚地回答道：三十万，其中银十万两，绢二十万匹，合计三十万。

这种心理的落差，让宋真宗一下子有些难以适应。他对曹利用三根手指之事，已经想象成宋每年会给辽三百万钱，可这时候，曹利用竟然说是三十万！

宋真宗还是有些不相信，他继续问曹利用，爱卿是说给辽三十万？曹利用坚定不移地点了点头。

宋真宗这时候的心情是复杂的，既然曹利用说是给辽三十万，断不会错，他不可能在皇帝面前信口开河，不然可是欺君之罪。

听到这个结果，宋真宗顿时心花怒放。宋真宗压制不住自己内心的兴

---

① 《续资治通鉴·卷二十五》："既而曰：'姑了事，亦可耳。'"
② 《续资治通鉴·卷二十五》："及对，帝亟问之，利用再三称罪，曰：'臣许之银绢过多。'"

奋，在曹利用面前来回踱步。

对于曹利用这个人，宋真宗这次实在是刮目相看。一开始以为他答应三百万，也促成了辽宋和谈。现在一听竟然是三十万，简直喜出望外。

曹利用立下如此功劳，自然要重重赏赐一番。随即，宋真宗便将曹利用官升几级，让他成为身边的近臣。①

当然，曹利用也带回了萧挞凛被床子弩射死的事实。可是如今辽宋已经议和完毕，这个迟来的消息也不起任何作用。虽然现在才知道这个消息，但依然没有影响宋真宗的心情。

没有什么事，比辽宋和平更重要了。

澶渊之盟既然已经达成，就应该要庆贺了。此时宋真宗还没有急着回汴京，毕竟这时候，辽国还在北撤当中。宋真宗害怕辽军在北撤的途中发生难以预料的事情，只能不断派人前去查看辽军撤退的情况。

于是，没过几天，宋真宗便到澶州北城犒赏三军。辽军既已撤退，就要犒赏前线的将士一番。宋真宗到了澶州北城，首先召见了排阵使李继隆、石保吉等人，摆了盛大宴席，招待这些重要的前线将领，没有他们的顽强抵御，辽军若破了大名府或者澶州北城，宋朝就危险了。

宋真宗还给这些人赏赐了袭衣、金带、鞍勒马等物件，与他们把酒言欢，庆贺盟约的建立。

这次宴会上，所有人脸上都洋溢着喜悦的表情。

宋真宗端着酒杯，与这些武将逐一谈心，赞赏他们为国为民不辞辛苦。这时候，李继隆等人也端着斟满酒的酒杯，感谢宋真宗的知遇之恩。李继隆等人对宋真宗说，这次，辽国在边境上兴无名之师，都是我们这些将帅不才，让官家不辞辛苦亲征前线，冒着风霜雨雪，实在是我们的罪过。当时，辽军孤军深入，大家都觉得不一定要坚守城池，大可出战。若不是官家英明决断，派出禁卫军在北郊列阵，并为他们制订详细的计划，他们就难以做到

---

① 《续资治通鉴·卷二十五》："帝不觉喜甚，故利用被赏特厚。"

严防死守。记得那段时间,辽军攻打澶州正猛,我军肯定不会轻易射杀得了萧挞凛,遏制辽军的气势。说来说去,这些都是官家您英明领导的结果。辽军士气低落,准备北撤,各位大将军若是率兵追击,也一定会将辽军歼灭。可是官家您接受了辽国的请和,愿意与辽国修好,止战安民,不让我们追击辽军,允许辽军顺利北撤。这些事情,都是官家您一手促成,我们这些武将一点儿力都没有出,实在是惭愧!①

李继隆等人给宋真宗戴了一顶高帽子,让宋真宗很受用。

宋真宗对这些武将说,北边少数民族自古就是中原王朝的忧患,朕也经常在思考如何将这些契丹人歼灭。可自从太祖、太宗以来,与辽国的战争不止,我们并未取得实质性胜利。即使朕想歼灭契丹,也得费时耗力。可战争一开始就花销巨大,我们若是与辽国连年开战,只能增加百姓的赋税,让百姓苦不堪言,这是朕不希望看到的事情。如今辽国也确实感受到了我大宋的军威兵强,这时候与他们讲和,息战安民,朕心里也非常欣慰。你们这些武将也有莫大的功劳。②

宋真宗赞赏完之后,将领之间也相互吹捧起来。

石保吉却对宋真宗说,臣当初受皇命去镇守大名府,虽然有官家的战略部署图,但辽军突然率大军杀到大名府,摆开阵势,准备与臣奋力一战。当时臣采取了很多的防御策略,但这些策略都是李继隆给臣提供的。③

听了石保吉的话,李继隆表示谦让,说辽国这次南下失败,是由于官家您的谋略过人。若要论及防守,臣远不及石保吉。④

看到李继隆和石保吉相互推让,宋真宗深感欣慰。他们这时候若是抢功夺名,宋真宗就会大为失望。但他们都把战功推给对方,说明将帅们之间是和谐的,而和谐正是最强大的力量。宋真宗对这些将领说,将帅之间如此融

---

① 《续资治通鉴长编·卷五十八》。
② 《续资治通鉴长编·卷五十八》。
③ 《续资治通鉴长编·卷五十八》。
④ 《续资治通鉴长编·卷五十八》。

洽，共图勋绩，大宋有了你们的保卫，朕可高枕无忧矣。①

席间，众将都开怀畅饮，心情愉悦。可有一个人是不开心的，这个人就是定国节度使、驸马都尉魏咸信。

在这场旷日持久的宋辽对峙中，朝廷没有给魏咸信一个合适的职位，因此他没有上前线。这次皇帝亲征，才将他带在身边，看着眼前的武将们个个春风满面，唯独他成了局外人，他便找了个角落坐下来喝闷酒。

宋真宗看到之后，便问驸马何故不开心。魏咸信对宋真宗说，自己一点儿功绩都没有，不配与那些战功赫赫的武将同席而坐。宋真宗听后，一笑了之。②

这场盛大的宴会一直持续到大半夜，直到所有人都醉意蒙眬，才停下来。

没过多久，边境守将便命人送来书信，上报了一个不好的消息，让沉浸在喜悦中的宋真宗心里一落千丈。

消息称，辽军在北撤的途中，并没有急着撤出宋朝边境，而是纵容骑兵在乡间骚扰宋朝的百姓，天雄军驻地、贝州等地的百姓听说辽军继续抢掠，都跑进城里不敢出来。③

这件事让宋真宗很郁闷：合约都已经签订了，辽国怎么可以纵容士兵骚扰宋朝边境上的百姓？

宋真宗立即下诏，命高阳关副部署曹璨率领人马，从贝冀路直上，赶赴瀛州。同时，让保州路部署、宁州防御使张凝为缘边巡检安抚使，洛苑使、平州刺史李继和做张凝的副手，协助曹璨做好防御，禁止辽军在北撤途中随意骚扰宋朝边境百姓。

宋真宗还给曹璨划拨了两万天雄骑兵，让曹璨带领着这部分骑兵跟在北撤辽军后面，震慑辽军。如果辽军继续在宋朝边境上抢掠百姓，曹璨便可以

---

① 《续资治通鉴长编·卷五十八》。
② 《宋史·列传第八》。
③ 《续资治通鉴长编·卷五十八》。

领着这部分天雄军追击辽军。

除了用武力震慑辽国，此时出使辽国也是一种交涉。因为辽宋刚刚签订合约，不能再起战事。双方还要在边境线上设立榷场，开展贸易。刚刚签订盟约，辽国就不遵守游戏规则，宋朝必须派人去辽营交涉一番，问一问辽国何以如此。

于是，宋真宗派出了使臣，出使辽国。宋真宗让使臣告诉辽国：若辽军在北还途中继续侵扰宋朝边境百姓，宋朝将派出大军巡视边境。这也就是说，如果辽军继续侵扰，宋军将会在边境上继续屯集大军，威胁宋辽边境。宋真宗还让人给王继忠送去手诏，让辽国赶紧将北撤途中掳掠的宋朝百姓放回来，否则宋朝不会就此罢休。①

部署完后，宋真宗便等着辽军全部撤退的消息。他免了澶州将校每日起居来问候的礼仪，让他们好生休整。

接下来，宋朝便开始对河北之地的各种工作进行安排。

宋真宗给河东广锐军一万五千余人赏赐了缗钱，让他们整顿人马，回到原来的驻地。此时，河北之地已经没有辽军，他们也就没必要在这里继续驻守下去。

又过了几天，宋真宗听到了一个让他不安的消息。李继隆上报称，龙卫指挥使刘普率领所部与契丹发生了冲突，从契丹人手中夺回了一万多车牛牲口。这也就是说，契丹在北撤的途中并没有急着离开，还是继续在边境上骚扰宋朝百姓。

辽军撤退的事，一直困扰着宋真宗，让他不敢就这么回京，只能一直等待着辽军过长城口，进入辽境的消息。即使这样，他也不放心。万一进入辽境的辽军在宋军撤退后折回来，继续对宋朝边境进行抢掠，那就难以挽回了。因此，必须观察一段时间，再决定撤兵。

---

① 《续资治通鉴长编·卷五十八》："仍遣使谕契丹以朝廷为民庶尚有惊扰、出兵巡抚之意。又赐王继忠手诏，令告契丹悉放所掠老幼，命澶州马铺小校华斌乘驿赍赴敌寨。"

不过这时候，宋真宗内心里其实已经决定撤兵了。辽宋之间的战争已经结束，虽然有辽军在小范围内骚扰宋朝边境百姓，但辽宋之间的和平大局已经到来，两国之间有白纸黑字的盟约，辽国不会真的出尔反尔。

随即，宋真宗命给事中吕祐之离开澶州，前往汴京与王旦交涉，准备迎接回銮。[1]

班师回朝

澶渊之盟建立后，宋真宗为了表达喜悦之情，还写了首《北征回銮诗》，并命人刻在宋辽边境的石碑上，记载这次亲征。

不过这首诗的内容并不确定，在现存的资料中能找到两个版本。

第一版内容为：

锐旅怀忠节，群胡窜北荒。

坚冰销巨浪，轻吹集佳祥。

继好安边境，和同乐小康。[2]

第二版内容为：

我为忧民切，戎车暂省方。

旌旆明夏日，利器莹秋霜。

锐旅怀忠节，群凶窜北荒。

坚冰消巨浪，轻吹集佳祥。

---

[1] 《续资治通鉴长编·卷五十八》："辛卯，命给事中吕祐之赴东京阅视迎驾仪仗。"
[2] 《全宋诗·卷一〇四》。

继好安边境，和同乐小康。

上天重助顺，回旗跃龙骧。[①]

有考证说，第二首是寇准所作。南宋学者洪迈在《容斋随笔》第四卷中说："真宗亲征契丹，幸澶渊，以成却敌之功，是时景德元年甲辰，决此计者，寇莱公也。"不过据现代学者考证，这首诗并非寇准所作。但不管这诗是寇准所作还是宋真宗所作，都表现出了当时宋朝渴望建立小康社会的一种理想。

此时宋真宗还在澶州城等待着。他需要等到辽军全部退去，才会班师回朝。

就在辽军徐徐北撤之时，宋真宗对边境将士进行了调整。那些不能再度担任要职的人，需要另做安排；那些在这次与辽军的对峙中凸显出来的将领，要大力提拔。

这次，宋真宗首先将目光投向了统率定州大军的王超身上。辽军当初南下之时，王超率领的大部队竟然没有援救瀛州、贝州、祁州、大名府等地，虽然辽军除了攻下祁州外，贝、冀、瀛、大名府等地的宋军都与辽军进行了周旋，辽军并未取得胜利，但这并不意味着，王超就没有失职之罪。当时辽军兵分两路南下，身处辽军大后方的王超，以及整个北面行营都部署，应该及时援救这些地方。可王超却坚守不出，一直在定州唐河一带驻军，对辽国攻打宋朝的市镇不管不问。王超这些举动，缺乏一个高级将领所应有的责任感。

见死不救，是宋朝武将最为人不齿的行为。当年潘美听了王侁的话拒不发兵援救杨业，导致杨业被辽军包围。这次，在这个决定辽宋两国命运的关键时刻，王超竟然也像个局外人一样无动于衷。

在与辽国对峙的过程中，宋真宗没有时间去管理王超这支队伍。现在澶

[①] 《嘉靖开州志·艺文志》。

渊之盟签订后，自然要对他问责一番，否则便无法给前线将士交代。

当然，宋真宗还担心王超会谋反。因为王超手中有宋军的一大支军队，如果王超这时候谋反，带兵投奔辽国，宋朝将会陷入被动的局面。即使辽国不接受王超，但还有个李德明，王超若投奔了李德明，对宋朝而言，一样是重创。

不久，宋真宗便命令王超等人兵分三路，带着步兵一万多人到澶州面圣，而定州方向的宋军管理权则交给李继隆和石保吉。[①]

此时的王超，也处在一种非常尴尬的局面中。辽宋战争正酣时，他没有出力；如今辽宋签订和平协定，他自然也没有功劳。当日，宋真宗宴请了那么多文武大臣，就是没有宴请他。

据说当时在宴会上，宋真宗格外夸赞了李继隆和石保吉，这样越发让王超感到了不安。

但此刻朝廷的圣旨已到，命他到澶州面圣。王超害怕宋真宗问责，接到圣旨后，他就陷入了去和不去的艰难抉择之中。若去，必然会被罢官贬谪，不去就成抗旨不遵了。若有人趁机在此事上做文章，给他扣一顶谋反的帽子，即使他有一千张嘴，也说不清。

最终，王超还是决定去面圣，即使被罢官贬谪，也是自己种下的恶果。

不久，王超便带领定州大军前往大名府，再从大名府转而南下澶州。

听说王超率领大军到了大名府，驻守在大名府的天雄军慌了。王超何以带这么多人到大名府？难道他要谋反？当时驻守在大名府的孙全照认为，王超来意不明，不能给王超打开城门，让王超进大名府。[②]

但身为大名府最高长官的王钦若不同意这么做。他认为，王超在辽军攻打宋朝市镇时没有及时救援，心里肯定有想法。如今官家召见王超，王超率

---

① 《续资治通鉴长编·卷五十八》："诏王超等分三路兵营在河南者步骑万人赴澶州，命李继隆、石保吉领之。"

② 《续资治通鉴长编·卷五十八》："天雄军始闻超以大军至，颇疑惧，孙全照欲闭城拒之。"

领大军路过大名府，我们应该欢迎。若我们紧闭城门，不让他们进城，王超势必会认为这是官家的意思，他有可能会反叛。到时候，朝廷不只会追究我们不开城门的责任，还会追究我们害了整个国家的责任。①

孙全照这次没有坚持己见，而是听从了王钦若的意见。或许王钦若的分析非常到位，如今王超已经成为宋朝的隐患，他们不能让这个隐患爆发。随即，王钦若和孙全照等人命人打开城门，并在十里之外的地方张灯结彩，摆开欢迎王超的阵势。②

王超到了大名府附近，听说王钦若和孙全照都在不远处欢迎他，他那颗悬着的心也放下了。王钦若命人在大名府外围临时搭建军营，让王超的人在此休整，并命人好酒好菜招待。王超所部便暂时在大名府驻扎下来，逗留了数日，日日宴饮，不甚欢喜。③

不久，王超率领的这些人便被朝廷划拨到了各个武将名下。他的势力被彻底瓦解了。不久，王超就被贬到了其他地方任职。④

随即，朝廷给雷有终也下了一道命令，让他带领部队回到原来的驻地继续驻守。不久，朝廷又赦免了河北之地死罪以下之人，还给那些战死沙场的将领的子孙加封了官职。⑤

如此，整个河北之地的军队部署基本完成。宋真宗又让翰林学士邢昺祭祀黄河，感念这条天堑。⑥

处理完这些事之后，宋真宗又在澶州设宴，邀请文武大臣参加。此时，因为生病滞留在汴京的首相毕士安，也从汴京赶到了澶州。宴会上有人说，这次给辽国的岁币太多了，但毕士安认为，若不给辽国这么多岁币，恐怕难

---

① 《续资治通鉴长编·卷五十八》："王钦若不可，曰：'若果如此，则猜嫌遂形，是成其叛心也。'"
② 《续资治通鉴长编·卷五十八》："乃命于城外十里结彩棚以待之。"
③ 《续资治通鉴长编·卷五十八》："至则迎劳，欢宴饮酒连日。"
④ 《续资治通鉴长编·卷五十八》。
⑤ 《续资治通鉴长编·卷五十八》。
⑥ 《续资治通鉴长编·卷五十八》。

以让辽国满意。①

然而，就在这时候，汴京却出事了。

当时汴京右军巡狱的一伙人，趁着皇帝在澶州，带着武器叛乱。他们砍杀了一些狱卒，在汴京到处乱窜。那些没有叛变的狱卒，便赶紧去给赵元份汇报。赵元份一听狱卒叛乱，非常恐慌，不久便病逝了。②这时候，作为汴京留守的王旦，再一次显示出了高超的政治手腕，他设计将这次叛乱的人巧妙地擒获，平定了这次叛乱。

虽然是几个小小的狱卒发生叛乱，但也给宋真宗敲响了警钟——他在澶州逗留的时间太长了。

宋真宗急切地想要早点儿回到汴京，便派人去前线打探辽军撤退的消息。

在这段时间，宋朝对威虏军的主要负责人进行了调整，让供备库使、带御器械綦政敏为威虏军钤辖。因为此前有人说魏能这个人比较圆滑，所以不能让魏能独自担任威虏军主要长官，以免造成一人独大的局面。宋真宗对武将独大之事极为忌讳，这才派了綦政敏为威虏军钤辖，目的是牵制住魏能。不久，宋真宗便收到前线张凝的奏报，称他们率领部众到达贝、冀等地查看北撤的情况，得知辽军各部都已经北撤，不敢在宋朝境内掳掠百姓。而且辽圣宗和萧太后带领的先头部队已经过了定远军③所在地。

刚刚收到辽军北撤队伍已经经过定远军的消息后，朝廷又收到了在边境线上巡视的宋军将领的奏报，称辽军在北撤的时候骚扰了相州，当时相州通判、太常丞杨自牧率部击退了辽军，安抚了百姓。宋真宗听说这件事后，便将杨自牧提拔为相州的知州，让其全权负责相州的防务工作。④

此时，虽然辽军已经北撤，但因为这次战事造成边境上的很多百姓成了

---

① 《续资治通鉴长编·卷五十八》。
② 《续资治通鉴长编·卷五十八》。
③ 五代后周显德二年（公元955年）置定远军，治所在东光县（今属河北），辖境相当于今河北省东光、阜城、吴桥等县地。
④ 《续资治通鉴长编·卷五十八》。

流民，一些甚至落草为寇，给边境带来了不稳定因素。宋真宗便命天雄军附近的那些将领，对流民草寇进行收编。①

不久，一个叫华斌的人从辽国返回宋朝。他回来的时候，带着王继忠的书信，称辽国已经禁止樵采（砍柴），请宋朝不要袭击北返的辽军。②

宋真宗对那些大臣说，我们之前派出了很多人去追击辽军，纵然可以打击辽军，但不一定会将辽军全部狙杀，这样只会让河朔之地的百姓又陷入战争的旋涡，如今辽宋已经停战，就不要再继续追击了。若辽军再度骚扰宋朝边境，再对其进行打击也不迟。③

此时，杨延朗上书说，如今辽军虽然驻军澶州，但澶州距离辽国的国都有千里之远。辽军一路南下，人马俱乏，人虽然多，可也极容易被击败。而且此时，辽军将抢掠的财物都放在马上，这样一来，他们的战马就不够用了。这个时候，只要官家您下令，让河北之地的宋军堵住要塞，就可以将南下的辽军全部歼灭。到那时，幽云地区就可以一举拿下。④

但宋真宗并未采纳杨延朗的意见，原因还是要以大局为重。

此时，被派去出使辽国的李继昌到达了辽国，被萧太后和辽圣宗以厚礼相待。⑤李继昌拿着宋朝拟定的盟书，与辽国进行了沟通，交换了信息。随即，萧太后命西上阁门使丁振带着辽国的盟书出使宋朝。⑥

不久，李继昌和丁振一行便到达了澶州，将辽国的盟书交给了宋真宗。辽国国书内容如下：

---

① 《续资治通鉴长编·卷五十八》。
② 《续资治通鉴长编·卷五十八》："自敌寨还，王继忠具奏北朝已严禁樵采，仍乞诏张凝等无使杀伤北朝人骑。"
③ 《续资治通鉴长编·卷五十八》。
④ 《续资治通鉴长编·卷五十八》："敌顿澶渊，去境北千里许，人马罢乏，虽众易败，凡所剽掠，悉在马上。愿饬诸军扼要路掩杀，其兵歼，则幽、易数州可袭取也。"
⑤ 《续资治通鉴长编·卷五十八》。
⑥ 《续资治通鉴长编·卷五十八》。

维统和二十二年，岁次甲辰，十二月庚辰朔、十二日辛卯，大契丹皇帝谨致誓书于大宋皇帝阙下：共议戢兵，复论通好，兼承惠顾，特示誓书，云"以风土之宜，助军旅之费，每岁以绢二十万匹、银一十万两，更不差使臣专往北朝，只令三司差人般送至雄州交割。沿边州军，各守疆界，两地人户，不得交侵。或有盗贼逋逃，彼此无令停匿。至于陇亩稼穑，南北勿纵惊骚。所有两朝城池，并可依旧存守，淘壕完葺，一切如常，即不得创筑城隍，开拔河道。誓书之外，各无所求，必务协同，庶存悠久。自此保安黎献，慎守封陲，质于天地神祇，告于宗庙社稷，子孙共守，传之无穷，有渝此盟，不克享国。昭昭天监，当共殛之"。孤虽不才，敢遵此约，谨当告于天地，誓之子孙，苟渝此盟，神明是殛。专具谘述，不宣，谨白。①

宋真宗大喜，设宴款待了丁振。

至此，澶渊之盟完美收官。

辽宋双方都得到了各自需要的国书，以后两国将以此国书为凭，互保和平。交涉完最后的事宜，丁振便踏上了归途。宋真宗让曹利用护送丁振到边境，保证其顺利回国。②

李继昌回来之后，宋真宗便询问了许多契丹的制度和文化等"内核"的东西。宋真宗希望可以通过文化渗透的方式，改变辽国尚武的制度，逐渐与宋朝建立起长久的合盟关系。

李继昌告诉宋真宗，辽国这些年来已开始学习汉族礼仪，很多规章制度也都效仿中原之法，可辽国毕竟是草原上的民族，有他们自己的很多习俗，我们要想改变这些，短时间内没办法做到。③

---

① 《续资治通鉴长编·卷五十八》。
② 《续资治通鉴长编·卷五十八》："车驾顿陈桥，振谒见行在所，赐宴，令辞归，遣曹利用送之境上。"
③ 《续资治通鉴长编·卷五十八》："继昌言契丹颇遵用汉仪，然多杂其国之法，上之人虽欲变改，而俗不可易也。"

宋真宗对李继昌说，慢慢来吧，一切都得有个过程。

此时，宋真宗在澶州已经有些焦急。他急着回京，但辽军是否出了宋境还不确定。

不久，宋真宗收到了跟随辽国大军的张凝等人的上书：辽军已经全部撤出宋朝境内，他们这些守将也都回到自己的岗位上去了。①

宋真宗悬着的心，终于放了下来。辽军全部撤出，宋朝的北方也就安稳了。

紧接着，宋真宗便与群臣商议回京之事。但这时候，正好是懿德皇太后的忌日，宋真宗认为不能大搞班师回朝的仪式，以免招致非议，让人觉得他对懿德皇太后不敬。②

但澶渊之盟这么重要的事情，不欢庆也不合礼仪。宋真宗拿不定主意，只能求教那些懂礼仪的官员。宋朝此时研究相关礼仪的人是龙图阁待制杜镐，此人是大儒，对各种礼仪制度都很熟悉。但这个杜镐在几天前已经回到汴京，与王旦商议接待宋真宗班师回朝的事宜。③

于是，宋真宗命人快马加鞭去请教杜镐。面对宋真宗的疑惑，杜镐却不以为然。杜镐对宋真宗派来的人说，当年周武王伐纣，一路上前歌后舞。《春秋》中也有君王不以家事而失礼于国事的先例。如今官家凯旋，举办欢庆仪式，没有任何问题，完全符合礼仪制度。④

宋真宗还是拿不定主意，便召集群臣商议，大臣们也都建议，应该举行一些欢庆仪式，宋真宗才勉强答应了。⑤

为迎接皇帝班师事宜而跑腿的人，便穿梭于澶州和汴京之间。驿站之

---

① 《续资治通鉴长编·卷五十八》："张凝等言契丹已出塞，凝等各归屯所。"
② 《续资治通鉴长编·卷五十八》："上初以懿德皇太后忌，欲彻卤簿鼓吹，不举乐。"
③ 《续资治通鉴长编·卷五十八》："时龙图阁待制杜镐先还，备仪仗，遣骑驰问之。"
④ 《续资治通鉴长编·卷五十八》："武王载木主伐纣，前歌后舞。《春秋》不以家事辞王事，凯旋用乐，于礼无嫌也。"
⑤ 《续资治通鉴长编·卷五十八》："上复诏辅臣共议，皆固以请，乃从之。"

间，宋朝官员来往不绝。

可这时候，有一个人整日无所事事，便是次相寇准。

宋真宗亲征之事已经实现，宋辽的和平时代也已经到来，寇准的任务似乎也完成了。似乎上天早已注定，他是这次亲征的关键性人物。如今，澶渊之盟已经签订，所以在澶州的这段时间里，寇准就成了无事可干之人。

寇准便每天晚上与杨亿痛饮，不知是出于高兴，还是出于愤懑。总之，只有喝酒才能真正让精神处于麻痹之中，也只有酒才能做知己。

酒醉以后，寇准会说一些戏谑的话，来表达自己内心的不甘。当然，这仅仅是与杨亿聚在一起时，他才可以如此肆无忌惮。杨亿是人中君子，不会打小报告，只会把寇准的满腹牢骚当成一句句戏言罢了。

宋真宗此时似乎已经不需要寇准了。况且此时，毕士安已从汴京赶到了澶州，很多需要宰相去处理的事，自有毕士安去打理。

于是，寇准日日宴饮，日日沉醉。每每醉酒后，便不知今宵何处。喝醉后的寇准，喜欢大声发表意见，经常导致左邻右舍休息不好。[1]

这时候，有人将寇准如此不管不顾的喝酒吵闹行为告诉了宋真宗。宋真宗便派出侍从去看寇准如何酩酊大醉。侍从去看了之后，便回来给宋真宗汇报。宋真宗才知寇准自从宋辽讲和以后，每天都醉舞经阁半卷书。[2]

看到寇准都这样高兴，宋真宗自己也甚是喜悦。澶渊之盟，寇准出了大力。宋真宗对人夸赞寇准说，寇准都这样，朕还有什么忧愁的呢？[3]

寇准的这一做法，也被当时的那些大臣比作"当世谢安"[4]。

没过多久，宋真宗便命人将辽国与宋朝的盟书誊抄了多份，分发到前线的各个地方，在边境上颁布了这些重要的内容，要求边境上的守军和百姓都

---

[1]《续资治通鉴长编·卷五十八》。
[2]《续资治通鉴长编·卷五十八》。
[3]《续资治通鉴长编·卷五十八》："喜曰：'得渠如此，吾复何忧乎！'"
[4]《续资治通鉴长编·卷五十八》："时人比之谢安。"

要遵守国书。①

其间，还有一件有趣的小事。辽宋刚开始交涉时，宋朝在颁布的盟书里，将辽国称为北国。但宋朝谋士王曾认为这么称呼不妥，这不就是说，天下有两个太阳吗？希望官家在国书里称呼辽国为契丹即可。但宋真宗觉得，辽宋两国已经结盟，也就不计较这些称呼了，没必要修改。②

宋真宗派出内殿崇班杨保用等四人，分别到河北东西路去安抚那些守将，并根据每个人的战功，对这些人进行赏赐。③随即，对北方的驻军进行了改编。④

不久，朝廷又废弃了石、隰两州部署，重新设置石、隰缘边都巡检使，让汝州防御使高文岯负责统领石、隰两州的将士。宋真宗又派出了西上阁门使张守恩为都监，配合高文岯做好防务巡查工作。⑤

部署完这一切之后，宋真宗便在众人的簇拥中回到了汴京。至此，整个澶渊之盟，画上了圆满的句号。

回到汴京后，宋真宗想起了那个劝他南迁的王钦若，便下了一道圣旨，让孙全照全权负责天雄军部署，把王钦若调回了中央。⑥

---

① 《续资治通鉴长编·卷五十八》。
② 《宋史·列传第六十九》："景德初，始通和契丹，岁遣使致书称南朝，以契丹为北朝。曾曰：'从其国号足矣。'业已遣使，弗果易。"
③ 《续资治通鉴长编·卷五十八》。
④ 《续资治通鉴长编·卷五十八》。
⑤ 《续资治通鉴长编·卷五十八》："领驻泊兵，俟河冰合，即往来巡察。"
⑥ 《续资治通鉴长编·卷五十八》："乙巳，以天雄军钤辖、西上阁门使孙全照知军府事，召王钦若归阙。"

第十章　大变革时代到来

　　逝者如斯，而未尝往也；盈虚者如彼，而卒莫消长也。盖将自其变者而观之，则天地曾不能以一瞬；自其不变者而观之，则物与我皆无尽也，而又何羡乎！

——［宋］苏轼《前赤壁赋》

朋党相争初见端倪

景德元年（公元1004年）十二月十九日，宋真宗率领文武大臣回到了汴京。

前方战事已结束，宋朝举国上下一片欢腾。没有了战事，老百姓的好日子就要来临了。

宋真宗调回了当初被寇准支到大名府的王钦若，这为寇准的罢相埋下了隐患。

寇准回来后，就有了几分膨胀的意思。澶渊之盟，一定程度上讲，是寇准一手促成的，没有寇准，也就没有澶渊之盟。宋真宗也说，澶渊之盟，寇准为头功。

此时的寇准，得意之色溢于言表。

据说当时散朝后，宋真宗都要亲眼目送寇准离开后，才会回到休息的地方。加上寇准本人霸道执拗，让那些与他不睦之人对他更加嫉恨。他们隐藏在暗处，等待扳倒寇准的时机。

以王钦若为代表的"扳寇派"，开始在私底下搜罗寇准的罪证，企图将寇准赶出朝廷。寇准与王钦若之间的斗争，可以看作宋朝朋党的"雏形"。等到寇准与丁谓之间展开斗争时，朝中的宰辅形成了两个阵营，宋朝的朋党也就正式形成了。

这里先叙述寇准与王钦若等人的斗争。

此时尽管寇准专权，但王钦若选择了忍让，因为首相是毕士安。

在寇准刚担任宰相时，被申宗古状告，当时就是毕士安处理的这件事。但毕士安为了班子成员的团结，没有将申宗古交代的幕后之人报告给宋真宗。但我们可以肯定的是，这个人一定是王钦若。他在申宗古状告寇准一案中，领教过毕士安的手段。虽然当初申宗古状告寇准谋反一案，最终不了了之，但毕士安一定掌握了一些证据，只是为了朝廷的和谐，他选择了息事宁人而已。

有毕士安在，王钦若等人自然不敢轻举妄动，胡作非为。

但这时候的寇准，因为澶渊之盟的功劳，越发膨胀了。寇准与王钦若本来就不睦，只是同朝为官，不得不经常见面，或者交流国家大事。当时，王钦若是参知政事（副宰相），次相与副宰相之间如果关系处不好，中书门下省的工作就没办法开展了。

但寇准与王钦若的矛盾并没有白热化。王钦若忌惮毕士安，选择了辞职。王钦若认为，既然和寇准没办法在一起工作，他还不如离开中书门下省，到别的部门任职。王钦若便向宋真宗递交了辞呈，但是宋真宗很喜欢王钦若，虽然这个人习惯钻营，但也非常有本事，他做的很多事情，非常符合宋真宗的胃口。

这样的话，宋真宗便不肯让王钦若远离自己。可是寇准是次相，大权在握，加之澶渊之盟的影响，宋真宗自然不会罢免了寇准。这时候，王钦若只能吃点儿亏，退出中书门下省，把权力交给寇准。

王钦若虽然辞职了，但宋真宗并没有将他贬出朝廷，而是让他继续在朝为官。不过王钦若本身是副宰相，即使退出中书门下，朝廷也得给他一个与参知政事差不多级别的职位。可是朝廷所有副宰相级别的官职都没有空缺，这也就意味着，宋真宗没办法给王钦若一个具体的官。

想来想去，宋真宗心生一计，给王钦若现找了一个官职。这个官，以前没有，是宋真宗重新加封的。宋真宗封王钦若为资政殿大学士，这是一个临时设置的官职，没有具体的工作。所谓资政殿大学士，不过是个虚职，像寄禄官一样，只领俸禄，不做具体工作。①

但即使这样，寇准还是一心想将王钦若赶出朝廷，让他远离宋真宗，如此，就能给国家省一些麻烦。寇准对王钦若的认识，似乎抱有个人的成见。但不久之后，王钦若怂恿宋真宗封禅泰山，便可以看得出寇准有识人之明，他看到了王钦若奸佞的一面。这个人若长期留在皇帝身边，自然会怂恿皇帝干出一些出格之事。

最有效的方法，便是将王钦若赶出中央，贬到最遥远的地方任职，不让他回到朝廷。

可寇准想尽了办法排挤王钦若，宋真宗就是不想将王钦若外放，寇准也只能作罢。

但是，只要寇准在朝，就不允许王钦若有过分的行为。然而，王钦若似乎对寇准也早有防备，他能在强势的寇准手底下得到宋真宗的重新任职，便足以说明此人不简单。

寇准排挤王钦若没有成功，但寇准与王钦若之间的斗争却刚刚开始。不久之后，寇准便对王钦若进行了打压。

这种打压，是在班位②上做了文章。当时，宋真宗给王钦若任命的资政殿大学士虽然没有具体工作，但本身就是副宰相一级的人，应该站在副宰相一排，但是，寇准在排设班位时，将资政殿大学士的班位排在了翰林学士后面。

上朝的时候，王钦若按照寇准的班位排列，站在了翰林学士后面。朝中大臣也都在议论着这件事。寇准似乎就是要用这种手段，打压王钦若。

可是这种事，增加了王钦若对寇准的仇视。王钦若在等待着报复的

---

① 《宋史·志第一百一十五》："景德二年，王钦若罢参政，真宗特置资政殿学士以宠之，在翰林学士下。十二月，复以钦若为资政殿大学士，班文明殿学士之下，翰林学士承旨之上。资政殿置大学士，自钦若始。自钦若班翰林承旨上，一时以为殊宠。"

② 职官爵位，朝班位次。

时机。

不久，这个时机，便到来了。

当时，首相毕士安一直小病不断，便向宋真宗请辞，表示他的身体已经不允许他再担任宰相要职，请求将这个重要的岗位腾出来给寇准。毕竟寇准年轻，正值干事业的年纪。

但是，宋真宗不答应。毕士安首相的位置不能动，哪怕不工作，就那样闲待着，偶尔去中书省转一圈也可以。

如此，毕士安只能继续担任首相。不过，毕士安已经将更多的工作担子压在了寇准身上。对于寇准这个人，他还是比较理解的。当然，这段时间以来，寇准的确有些膨胀，但寇准是个大忠之人。仅这一点，在宋朝的官僚机构里就少有人能及。

毕士安的妥协，让寇准变得更加专横跋扈。毕士安虽然是首相，但身体不好，没有那么多精力，中书门下的工作，寇准就一肩挑了。

寇准在中书省大力实施符合自己意志和意愿的各项改革，各个行业都受到寇准强硬行政手段的影响。

尤其在干部提拔任用方面，寇准一改以往按照一定规章制度选官的标准，突破常理，起用了有一大批年轻有能力的干部，补充到队伍里。而对那些善于钻营之人，寇准则采取了打压或者不重用的方式。[1]这些在仕途上遭受打击的人，便和王钦若结党营私，全力搜集寇准违反相关制度的罪证。

寇准的仕途险象环生。毕士安将威胁寇准的因素都不动声色地消灭在了萌芽状态，给寇准推动国家高速运转创造了一定的环境。

这一时期，应该是寇准为相以来最为辉煌之时，完全可以与规劝宋真宗亲征相媲美。然而，就在寇准和毕士安两人相互扶持、共同为北宋的发展再添薪火时，一个巨大的事件扰乱了他们的这种完美合作。

---

[1] 《宋史·列传第四十》："准在相位，用人不以次，同列颇不悦。它日，又除官，同列因吏持例簿以进。"

毕士安病了,而且一病不起。

宋真宗登基以来的这位第二任宰相,竟然在干了一年多后就撒手人寰。[1]这件事,让还沉浸在澶渊之盟带来的喜悦中的宋真宗备受打击。

宋真宗在毕士安灵堂前恸哭,让当时参与吊唁的人无不动容。[2]寇准也悲伤万分。尽管他知道毕士安的身体越来越不好,可当毕士安去世,寇准依然难以接受这个现实。

他和毕士安搭班子一年多,两人相处颇为融洽。寇准性格上的强势,让很多人都不愿意与他为伍,可偏偏这个毕士安,用自己的包容和仁德,接受了寇准的一切,并和寇准一起力劝宋真宗亲征,最终建立了澶渊之盟。宋真宗就曾夸赞过毕士安,说毕士安有古人遗风,如今遽然去世委实可惜。[3]

若毕士安当时强烈反对宋真宗亲征,即使寇准再怎么力排众议,宋真宗可能都不会去亲征。毕士安成了寇准为相时最为贴心的老大哥,也最支持寇准。

毕士安去世后,寇准感觉失去了靠山。他和宋真宗一样,需要毕士安这样的人在幕后默默为自己排除一切困扰。

可宋朝还会有毕士安吗?

寇准因此成了名正言顺的一肩挑宰相。当然,这时候,还有个参知政事王旦,辅佐寇准干着中书门下的工作。

但随着毕士安的去世,寇准的那些死对头开始冒出头来,准备对寇准下手了。

为首之人,便是王钦若。他规劝宋真宗南迁金陵,与寇准结下了梁子,以后在朝廷中又备受寇准的打压。毕士安在世时,他不敢轻举妄动;如今毕

---

[1] 《宋史·列传第四十》:"十月晨朝,至崇政殿庐,疾暴作,真宗步出临视,已不能言。诏内侍窦神宝以肩舆送归第,卒,年六十八。"

[2] 《宋史·列传第四十》:"车驾临哭,废朝五日,赠太傅、中书令,谥文简。"

[3] 《宋史·列传第四十》:"毕士安善人也,事朕南府、东宫,以至辅相。恟躬慎行,有古人之风,遽此沦没,深可悼惜。"

士安已经去世，再没有人可以阻止王钦若复仇了。

于是，一场扳倒寇准的计划在秘密制订着。王钦若拉拢了寇准的所有政敌，为扳倒寇准做准备。

此时宋真宗尽管不喜欢寇准这个人，但对寇准还是很敬重。每次散朝之后，宋真宗都要目送寇准离开。①寇准做的许多事情，宋真宗也都不再过问。

王钦若觉得，要想扳倒寇准，首先要破坏寇准在宋真宗心目中的形象。

那么，在宋真宗心中，寇准做过的哪件事情，最让宋真宗满意？

毫无疑问，是寇准力排众议，规劝宋真宗亲征这件事，王钦若也只有在这件事上做文章，才会让寇准在宋真宗心中的形象大跌。

于是，有一天散朝之后，等宋真宗目送寇准离开，王钦若却并未急着回家。等到众人都散去之后，王钦若对宋真宗说，官家如此敬重寇准，真的是因为寇准对大宋社稷有不世之功吗？②

宋真宗突然被王钦若的话问住了，他不知王钦若何意，便对王钦若说，是啊，寇爱卿对江山社稷有大功劳。

王钦若说，要说寇准这一生对国家的贡献，无外乎澶渊之盟。可是澶渊之盟真是功绩吗？宋真宗顿时哑然了。一直以来，在所有人心中，澶渊之盟都是大功业，王钦若却对此提出了质疑，这让宋真宗一时反应不过来。王钦若继续对宋真宗说，官家您不以澶渊之盟为耻，反以为是寇准对社稷的贡献，为什么呢？③

听王钦若这么一说，宋真宗登时愣在了原地。这位在深宫大院长大的皇帝，一向仁义宽厚，从谏如流，善于听从士大夫们的意见。如果换成赵匡胤或者赵光义，听王钦若这样问，首先会对其进行处罚，让其知道如何对皇帝进言。然而，此时王钦若面对的是宋真宗。

---

① 《宋史·列传第四十》："一日会朝，准先退，帝目送之。"
② 《宋史·列传第四十》："陛下敬寇准，为其有社稷功邪？"
③ 《宋史·列传第四十》："澶渊之役，陛下不以为耻，而谓准有社稷功，何也？"

宋真宗问王钦若为何如此评价澶渊之盟，王钦若便搬出了"城下之盟"①的典故。宋真宗自幼饱读诗书，对城下之盟的典故非常熟悉，听王钦若将澶渊之盟说成城下之盟，脸上便有些不好看了。

王钦若已经看到宋真宗不悦的表情，不但不住口，还继续对宋真宗说，《春秋》里面，城下之盟就被认为是一种耻辱的盟约。而澶渊协议，不就是辽军兵临城下，我们签订的城下之盟吗？官家您以万乘之尊签订了城下之盟，这该是多么大的耻辱呢？②

听了王钦若的话，宋真宗脸上阴云密布。③

见此情景，王钦若觉得还没有激起宋真宗的愤怒，应该在宋真宗心头上再燃起一把火，这样报复寇准的目的才会达到。否则，只说澶渊之盟是城下之盟，只能表明当时宋真宗力主议和是决策失误。

这种循序渐进的手段，非常人所能有。

宋真宗不说话，等着王钦若继续说下去。于是，王钦若对宋真宗继续说，我不知道官家您听没听说过赌博？宋真宗一脸疑问。王钦若说，那些赌博的人，往往在钱快输完的时候，会将剩下的赌注全都压在赌桌上，想一次性把输掉的钱都赢回来，此举谓之孤注一掷。当时辽攻宋正酣之际，寇准不想着怎样保护您，却想着让您到前线去亲征，好在这次我们胜利了，可若是失败了，该怎么办？寇准力劝您去亲征，不也正是孤注一掷吗？④

听了王钦若的分析，宋真宗脸上更难看了。王钦若的话一点儿都不假，寇准将他作为赌注，押在了辽宋战争的这个赌局上。若辽国执意不议和，坚持南下，那么他不就成了牺牲品吗？一想到这里，宋真宗便觉得后背阴风飕飕。

---

① 指战败国在敌人兵临城下（或大军压境）的严重威胁下，被迫订立的屈辱性条约。
② 《宋史·列传第四十》："以万乘之贵而为城下之盟，其何耻如之！"
③ 《宋史·列传第四十》："帝愀然为之不悦。"
④ 《宋史·列传第四十》："陛下闻博乎？博者输钱欲尽，乃罄所有出之，谓之孤注。陛下，寇准之孤注也，斯亦危矣。"

世人只看到澶渊之盟的表面，却没有想到更深层次的东西。

听王钦若说完，宋真宗对寇准的敬重之意一下子荡然无存。寇准这是拿皇帝的性命做赌注，为宋朝赢取机会。当时，寇准还建议宋朝不要与辽国讲和，而是一鼓作气消灭辽军。万幸宋真宗没有听从寇准的话，否则后果不堪设想。

但即使这样，寇准也是宋朝的功臣，不管之前他抱以何种心态敦促宋真宗北上亲征，但最终宋辽两国迎来了和平的局面。就这个目的而言，宋朝已经达到了。不过，从这时候起，宋真宗便与寇准产生了某种隔阂，不再对寇准心存敬意。

王钦若等人利用这个机会，不断给宋真宗灌输一些诸如寇准专权独大、任人唯亲等印象，宋真宗便对寇准越来越不待见了。

一年后，也就是景德三年（公元1006年），寇准被罢相。①

至此，寇准与那些朝中大臣的斗争就此告一段落。

宋真宗虽然喜欢王钦若，但对王钦若这个人的能力和素质还是非常了解的。寇准被罢相后，两个宰相的位置便空了出来，不过宋真宗并没有选择王钦若，而是顺势起用了王旦为相。从此，王旦开始了长达十二年的首相生涯。从景德三年至大中祥符五年（公元1012年）这六年间，王旦一个人担任宰相。也正是因为宋真宗的信任，王旦不断向宋真宗提起寇准这个人。宋真宗在祭祀封禅之时，首先将寇准调到了天雄军任职。

大中祥符四年（公元1011年），宋真宗祭祀汾阴，王旦作为这次祭祀的主要负责人，只能硬着头皮前往，主持相关事宜。也就是在这个时候，寇准再一次被提拔起来。不过，此时宋真宗并没有及时将寇准调回中央，而是让他担任贝、德、博、洺、滨、棣巡检捉贼公事。②但这到底是个什么官，一时还说不清，因为笔者遍查宋史，都没有发现这么个奇怪的岗位，不过却注意到在咸平三年（公元1000年）的时候有一个类似的职位，当时朝廷任命雷有

---

① 《宋史·列传第四十》："明年，罢为刑部尚书、知陕州。"
② 《宋史·列传第四十》："祀汾阴，命提举贝、德、博、洺、滨、棣巡检捉贼公事。"

终为巡检捉贼转运公事①。

　　此时的寇准,已经没有了昔日的不可一世,毕竟官职低微,不能左右政局,即使对祭祀封禅之事有看法,也只能忍着。后来,寇准还是被提拔为兵部尚书。宋真宗到亳州时,寇准还做了东京留守。不久,宋真宗又将寇准提拔为枢密使、同平章事②,也就是次相。

　　但这时候,寇准再一次遭遇了贬谪的命运。当时,宋朝又到了给辽国缴纳岁币之时,马上要交割,但朝廷一时半刻拿不出那么多钱来,便动员朝中大臣捐赠。那些大臣也都积极回应朝廷的号召,纷纷捐款。大家捐助的款项都不少,唯独寇准只捐助了五万钱,这件事便被募集捐款的人上报给了宋真宗。宋真宗听到这事后,很不高兴,觉得寇准作为朝廷大官不应该捐这么少。当时,王旦还替寇准辩护。不过宋真宗对寇准的意见,似乎已经成了某种成见。此时的寇准,虽然还挂着一个"同平章事"的职称,但很快被贬出朝廷,到地方任职去了。

　　大中祥符五年(公元1012年),宋真宗起用王钦若为次相,王旦与王钦若之间有过一段时间的共事。不过,王旦和毕士安一样,是一位非常仁德的宰相。他在位十二年,竭尽全力,为朝廷网罗人才,深得朝中大臣的喜爱和信任。许多需要宋真宗亲手处理的政事,都由王旦去完成。后来的王钦若在担任了宰相后对人说,正是因为王旦的存在,才让他的宰相职位被延迟多年。③

　　王旦一生最为遗憾的是,纵容了宋真宗东封西祀。最终,王旦去世时,对他的儿子交代,他一生都兢兢业业,为大宋尽心竭力,唯独纵容皇帝东封西祀,成了他一生的遗憾。为了表达自己的愧疚之心,王旦让儿子在他死

---

① 《续资治通鉴长编·卷四十六》:"上始闻王均反,即以户部使、工部侍郎雷有终为泸州观察使、知益州,兼提举川、峡两路军马招安巡检捉贼转运公事。"
② 《宋史·列传第四十》:"幸亳州,权东京留守,为枢密院使、同平章事。"
③ 《宋史·列传第四十一》:"为王公迟我十年作宰相!"

后，给他削发，穿缁衣（僧侣的衣服），按照僧道的方式入殓下葬。①

天禧元年（公元1017年），王旦去世，王钦若继续为相。王旦在弥留之际，向宋真宗表达了调寇准回朝继续担任宰相的推荐之意。宋真宗虽然很尊重王旦的意见，但对寇准还是心存顾虑。所以，王旦去世后一段时间内，宋真宗并没有急着召回寇准。

王钦若作为宋真宗的宠臣，开始了短时间一肩挑两个宰相职位的政治生涯。

这时候，宋真宗已经有些糊涂，整天沉迷于祭祀封禅之事中不能自拔，王旦已去世，没有人能够阻挡王钦若和丁谓两人怂恿宋真宗搞这些劳民伤财之事。

此前，王旦请求宋真宗调回寇准，其实也是为了有效阻止丁谓和王钦若两人继续鼓动宋真宗的行为。但有王钦若在，宋真宗就不可能及时将寇准调回中央。当年费了那么大劲，才将寇准赶出中央，若再将寇准调回，那么王钦若的好日子也就到头了。

王钦若不会让宋真宗将寇准调回中央。

整个宋朝，在王钦若、丁谓等人的操纵下，开始走下坡路。"咸平之治"创下的一点儿基业，正在被宋真宗和他的这些宠臣挥霍。

天禧三年（公元1019年），担任三司使的丁谓瞅准了宰相的位置。但是，按照当时丁谓的资历，是没有资格担任宰相一职的。所以，这时候，已经是参知政事的丁谓，为了上位，将王钦若极力打压排挤的寇准迎回了京城。此举，明眼人一眼就能看出是丁谓的计谋。

当时，寇准的一个门生就建议寇准装病，不要去中央任职，不然又会陷入权力的斗争中。然而，此时的寇准已经五十八岁，进入了老年人行列，早已不是澶渊之盟时期的寇准，对于门生强烈的劝谏，他没有听进去。

---

① 《续资治通鉴·卷三十三》："临终，语其子曰：'我别无过，惟不谏天书一节，为过莫赎。我死之后，当削发披缁以敛。'"

在丁谓等人的建议下，宋真宗再次起用寇准为宰相。或许，宋真宗想起了王旦的遗言，才做出了这个决定。

寇准接受了丁谓的邀请，义无反顾地回到了中央任职。

寇准再度成为首相。如此，王钦若的日子便不好过了。他和寇准两个人，早就成了政敌。此时，寇准再回朝廷，岂能善罢甘休？

史籍资料中，没有找到王钦若与寇准的这次较量。但总归，寇准回到朝廷担任首相后，王钦若便出任杭州了。当时宋真宗在丁谓等人的合力怂恿之下，对重新起用寇准还是做了权衡。最终，宋真宗决定起用寇准。但起用寇准，该置王钦若于何处？这两个人自然是不能在同一个地方任职的，否则相互攻击，势必会影响到国家政局的稳定。

正是在这种情况下，宋真宗将王钦若派到杭州任职。王钦若临走时，宋真宗还作了一首诗，名为《赐王钦若除太子太保判杭州十韵》：

> 早自外朝登近侍，克符昌运振嘉名。
> 一参黄阁推良画，再陟鸿枢显至荣。
> 该博古今堂献纳，勤劳夙夜每专精。
> 石渠撰述多文备，日观封崇大礼成。
> 宰府调元心匪懈，真宫兼职望弥清。
> 龙楼进秩恩尤异，熊轼为藩任不轻。
> 二浙奥区期惠化，三吴佳致悦高情。
> 重重山水舟中见，处处壶浆陌上迎。
> 既肃迩遐安外域，更分宵旰抚黎氓。
> 予衷侧席方毗倚，伫有甘棠播颂声。[1]

此事竟然成为美谈，在官员之间广为流传。

---

[1] 《全宋诗·卷一〇四》。

王钦若走了，丁谓以为迎来了人生的巅峰时期，可是他失算了。以寇准的性格，岂是他能拉拢的？丁谓意图将寇准拉为同党的计划失败了。尽管此时的寇准已步入老年，但有些性格一辈子也改变不了。

果然，丁谓与寇准的矛盾产生了。丁谓从以将寇准引入朝廷为荣，变成了以寇准为死敌。这一时期，王钦若虽然被调出中央，丁谓却成了朝中的第二个王钦若。

此时的首相是寇准，次相是丁谓。他们之间的矛盾，实际上因为一件小事而开始。

有一次，朝中的一些大臣在一起聚会，宴会上大家玩得很尽兴。但饭局进行到一定程度后，寇准因为年纪稍大，不免有些邋遢。他吃完饭时，胡子上沾满了菜汁。这一幕，恰巧被次相丁谓看见了。于是，丁谓便上去试图给寇准擦掉胡子上的菜汁。①但丁谓这一举动，遭到了寇准的强烈批判。寇准认为丁谓此举是溜须拍马的行为。丁谓作为堂堂次相，在大庭广众之下竟然给首相溜须，实在是不该。②

丁谓被寇准这么一说，登时愣在了原地。或许在丁谓的意识里，此举的确有向寇准示好之意；又或许，这只是丁谓为了顾全寇准的面子做的一点儿小事。但不管怎样，这件事在寇准这里受到了强烈的反弹。

而丁谓也对此事非常恼火。丁谓与寇准的嫌隙，就此产生。③

道不同不相为谋，其实这一点，丁谓早该想到。寇准既然与王钦若无法共事，与他肯定也无法共事。寇准是个疾恶如仇的人，这些年来，丁谓的种种弊病，寇准都了如指掌。只是接二连三地被贬，让寇准无力阻止罢了。

而此时，寇准再度成为首相，大权在握，自然不会将丁谓放在眼里。丁谓与寇准的争斗，不断升级。

可此时能够稳住大局的王旦已经去世了。枢密院和中书门下两个重要部

---

① 《宋史·列传第四十》："尝会食中书，羹污准须，谓起，徐拂之。"
② 《宋史·列传第四十》："参政国之大臣，乃为官长拂须邪？"
③ 《宋史·列传第四十》："谓甚愧之，由是倾构日深。"

门里，最有威望的人是向敏中，但向敏中在天禧三年（公元1019年）的春天也去世了。

朝廷剩下的人里，没有人能够阻止寇准与丁谓的斗争。这些斗争刚开始时，还是政见不同的分歧，最终演变成了你死我活的政治斗争，让宋朝的朋党初见端倪。宋朝朋党之间的争论，与唐代的朋党还不一样。时代赋予他们了新的内涵，以南北为界，形成了两派势力。

这一时期，寇准公开以北人自居，排斥南人，肆无忌惮。这是北方士子与南方士大夫之间的较量，以后，宋朝所谓朋党之争，其实正是南北方士大夫之间的斗争。

宋朝朋党斗争的白热化时期，是在王安石变法时。范仲淹庆历变法时，矛盾已经升级。到了王安石变法时，整个宋朝的朝廷官员已经形成了两派：以王安石为首的一派，和司马光为首的另一派。尽管有苏轼这样本来保持中立的人，最终也深陷朋党之争的旋涡，多次被贬。

这两派当中，一派坚持改革，另一派极力阻止改革。即使宋神宗有改革的雄心，但也难以抵挡这么多人反对改革。王安石变法中期，整个改革其实还有另外一层含义，那就是由谁来主张改革。当时，改革派的核心人物以王安石、吕惠卿、章惇、曾布为代表，这些人大都是南方人。而反对派的司马光、文彦博、吕海等人则都是北方人。太祖皇帝曾经立下过一条规矩：少用南方人。

所以，这也是整个争论的焦点。王安石变法的失败，原因是多方面的。但南北党争，似乎成了这次变法失败的导火索。

此处，我们只说寇准与丁谓之争。因为此时已经不仅仅是他们两个人的斗争，而是一批人都加入了这次斗争之中。

当时，朝廷的宰执团队分裂为两派：以首相寇准为首的一派，参与者有参知政事李迪、枢密副使周起、签枢密院事曹玮、翰林学士杨亿等人；以丁谓为首的另一派，参与者有枢密使曹利用、枢密副使任中正、翰林学士钱惟演等人。丁谓因为"胡子汤汁事件"，与寇准成了死敌，而曹利用在澶渊之盟后也多次受到寇准的打压，与寇准是政敌。其他几人，都与寇准有不同程度的纠葛。

这里面，还有一位重要人物，就是刘娥。本书第一章便已经提及刘娥的事迹。

刘娥，在大中祥符五年（公元1012年），被宋真宗封为皇后。当时封皇后之举，遭到了很多大臣的反对。但宋真宗执意要册立刘娥为皇后，翰林学士杨亿愤怒之余，竟然拒绝为刘娥撰写册封诏书，宋真宗不得不另找他人撰写。①

此后，刘娥成为皇后，并逐渐表现出政治手腕的成熟。将刘娥比作宋朝的"萧绰（萧太后）"，一点儿也不为过。

在幽深的宋朝后宫中，刘娥处理好了所有事宜，并不断地参与国家政治的管理。这些举动，遭到了当时士大夫的强烈反对。自古以来，后宫不得干政。可刘娥竟然能插手处理国家大事，只因为这是宋真宗许可的。

宋真宗的后半生，整天沉迷于求神拜佛，对国家大事早已不上心了。天禧三年（公元1019年），便有善观天象的人说，太白昼见。观天象的人声称，女主昌。②

这种预言，果然应验。因为宋真宗的身体一日不如一日，已经无力亲政。这时候的刘娥，便逐渐把持了朝政。宋真宗害怕刘娥把持朝政后，变成第二个武则天，深感不安。③

于是，宋真宗便决定采取防御措施。没想到，这种防御措施最终引发了一场大的党争，卷入这场政争的，有皇帝、皇后、内侍、宰相、皇储等人。

宋真宗欲让"太子监国"。他把这事告诉了近臣周怀政，希望听听他的

---

① 《续资治通鉴长编·卷八十》："及议册皇后，上欲得亿草制，使丁谓谕旨，亿难之。因请三代，谓曰：'大年勉为此，不忧不富贵。'亿曰：'如此富贵，亦非所愿也。'乃命它学士草制。"
② 《续资治通鉴长编·卷九十三》："辛卯，太白昼见，占曰：'女主昌。'"
③ 《东轩笔录·卷三》。

意见。周怀政又将此事透露给了寇准。

宰相寇准听说此事,大为震惊。他早就对刘娥不满了,只是鉴于宋真宗一味地袒护,他无计可施。此刻的宋真宗尽管老眼昏花、胡言乱语,但神志还算清醒,对刘娥干政有所提防。

寇准雷厉风行的性格,注定了他不会置此事于不顾。随即,寇准便进宫面见宋真宗。可此时的宋真宗多有不适,刘娥又在宋真宗身边,寇准只能找机会,与宋真宗商议"太子监国"之事。宋真宗知道事情重大,只要寇准进宫面圣,他必将刘娥支走。所以,整个密谋"太子监国"之事,做得还是颇为隐秘。

与宋真宗商议相关事宜后,寇准准备罢掉刘娥,还政给赵氏,于是,寇准找到了杨亿,让杨亿起草相关"太子监国"诏书。杨亿便根据寇准的交代,去草拟诏书了。①

但不久,寇准合力杨亿、周怀政等人怂恿宋真宗推行太子监国之事却败露了。据说原因是寇准喝醉了酒,自己说出去的。②

各种消息满天飞,已经掌握了宋朝皇室大权的刘娥,对此事非常气恼。刘娥找到宋真宗,表明了自己的心迹,信誓旦旦地表示,她不过是帮着官家打理朝政,从未有过僭越的想法。官家还是皇帝,却设立"太子监国",非常不妥,而且此举明显让她陷入不忠不义。刘娥还说,寇准这时候要推行"太子监国",是不是有发动政变的危险呢?

旁边的丁谓,也在不断地给寇准穿小鞋,希望宋真宗罢免寇准。

此时的宋真宗已没有了昔日的魄力,听完刘娥的叙述后,宋真宗摇摆不定的性格,再一次让他做出了错误的抉择。宋真宗以"不记与准初有成言"③为由,把整件事的责任全部推给了寇准。

对此,寇准无言以对。对于宋真宗的性格,他非常了解。当年如果不是

---

① 《续资治通鉴·卷三十四》:"准密令翰林学士杨亿草表请太子监国,且欲援亿以代谓。"

② 《续资治通鉴·卷三十四》:"既而准被酒漏言。"

③ 《续资治通鉴·卷三十四》。

他力排众议，宋真宗亲征之事就不可能实现。

终于，在刘娥、丁谓等人不断给宋真宗施压的情况下，昏昏沉沉的宋真宗最终决定罢免寇准的宰相①，让丁谓取而代之。

寇准虽然被罢了相，但是影响力还在。纵观此时宋朝的大臣队伍，没有人可以与寇准的资历相比。这便让刘娥、丁谓等人还是心存忌惮，寇准若要继续"密谋"，拥立太子，号召力会更大。为了彻底打压寇准，刘娥伪造了诏书，将宋真宗赐给寇准的莱国公头衔削掉，把寇准从朝廷赶了出去，随即又对寇准连续贬谪，一直将寇准贬到了道州（湖南道县）。对于这一情况，宋真宗并不知悉，周围的人鉴于刘娥的势力，也不敢告诉宋真宗此事。②

尽管朝廷罢免了寇准，但这场风波还未停止。因为"太子监国"之事，还没有落下帷幕，一个重要的人还没有被处理，这便是宋真宗的近臣周怀政。但既然寇准等人已相继处理了，那么周怀政的命运，肯定也不会好到哪里去。

周怀政自然知道这件事的严重性。此时的他，不想坐以待毙，便选择了主动出击，准备发动政变，拥立太子称帝，劝宋真宗退位，废掉刘娥，诛杀丁谓，迎回寇准。③随即，周怀政与其弟礼宾副使周怀信悄悄召集客省使杨崇勋、内殿承制杨怀吉、阁门祗候杨怀玉等人商议政变之事，准备在本月二十五日发动政变。④

---

① 《续资治通鉴长编·卷九十六》："是岁仲春，所苦浸剧，自疑不起，尝卧枕怀政股，与之谋，欲命太子监国。怀政实典左右春坊事，出告寇准。准遂请间建议，密令杨亿草奏。已而事泄，准罢相。"

② 《宋史·卷二百八十一》："乃诛怀政，降准为太常卿、知相州，徙安州，贬道州司马。帝初不知也，他日，问左右曰：'吾目中久不见寇准，何也？'左右莫敢对。"

③ 《续资治通鉴长编·卷九十六》："丁谓等因疏斥怀政，使不得亲近，然以上及太子故，未即显加黜责。怀政忧惧不自安，阴谋杀谓等，复相准，奉帝为太上皇，传位太子，而废皇后。"

④ 《续资治通鉴长编·卷九十六》："与其弟礼宾副使怀信潜召客省使杨崇勋、内殿承制杨怀吉、阁门祗候杨怀玉议其事，期以二十五日窃发。"

但就在发动政变的前夕，周怀政手下的人竟然跑去向宰相丁谓告密。丁谓火速联系曹利用等人，向皇后刘娥汇报。

当夜，刘娥便对周怀政这些人进行了逮捕。对于谋反的罪名，没有人能够承受得起。不久，策划政变的周怀政一伙人，被刘娥尽数诛杀。

乾兴元年（公元1022年）春，宋真宗已经陷入昏迷状态中，国家大事全部由刘娥执掌。这时候，刘娥为了巩固自己的执政权力，继续对寇准进行打压。她将寇准、周怀政、李迪等人列为同党，并将他们当年的"罪状"昭告天下。最终，寇准被贬谪至雷州（广东雷州半岛），李迪被贬至衡州（湖南衡阳）。①

至此，整个宋真宗时期的朋党之争落下帷幕。刘娥立赵祯为帝，是为宋仁宗，也就是宋朝第四位皇帝。她开始了垂帘听政。

不久，刘娥又将丁谓、曹利用等人都予以贬黜，整个官场的党争偃旗息鼓。随着宋仁宗日渐长大，宋朝的朋党再一次陷入白热化。届时，范仲淹、晏殊、司马光、王安石、富弼、韩琦等人都会进入这些所谓朋党的阵营中，到宋英宗和宋哲宗时，这些朋党会一直影响宋朝的政治，直至靖康之变的发生。

一场祭祀封禅的闹剧

澶渊之盟后，宋真宗以为四方太平，便开始骄奢淫逸，大搞祭祀封禅活动。前期积攒的一点儿家业，消耗殆尽。加上丁谓、王钦若等人的怂恿，宋真宗开始了历史上那些昏庸皇帝都乐此不疲的那一套。

其实，宋真宗本来不是这样子的。他只是性格优柔寡断，做事拖泥带

---

① 《续资治通鉴长编·卷九十八》："戊辰，贬道州司马寇准为雷州司户参军，户部侍郎、知郓州李迪为衡州团练副使，仍播其罪于中外。准坐与周怀政交通，迪坐朋党傅会也。"

水,如果没有正直坦荡的人对他进行正确的引导,他就会出现差错,误入歧途。这一点,李沆看得比任何人都清楚。

当年,李沆还是宰相的时候,王旦是参知政事。李沆就经常对宋真宗说一些警醒的话,或者一些细小的事情,时刻防止宋真宗陷入懈怠中。当时王旦还不认可李沆的做法,李沆却认为,以宋真宗的性格,一旦没有人给他不断灌输忧患意识,他一定会产生奢侈放纵之念。尤其是边患,一定要经常警醒他,让他时刻保持紧张。[1]

王旦对此不以为然。李沆便对王旦说:"我们的官家年纪轻,应该让官家知道国家运行的艰难之处。否则,血气方刚的官家,便会注重声色犬马之事,进而大兴土木或者兴甲兵,祭祀封禅之事也就都开始进行了。如今我已近老年,这些事我看不到了,你作为参知政事,一定要不断给皇帝灌耳音,让他不要闲着,否则,我说的这些事就会成为现实。"

王旦当时并未在意李沆的话。或许在王旦看来,李沆着实太过谨慎了。可后来的事实证明,李沆的话简直是预言。

接着,宋真宗便在众人的簇拥中御驾亲征,并与辽国建立了澶渊之盟。

澶渊之盟虽然是城下之盟,但确实让宋朝解决了边境问题。宋真宗不再担心边患,开始打造所谓的太平盛世。这时候,寇准又被罢相。中央高层中,集中了王钦若、丁谓等人,宋真宗便开始了声色犬马的生活。

不久,王钦若便利用"城下之盟"这事,继续大做文章。第一次他利用这事,把寇准赶出了朝廷;这次,他又将澶渊之盟说成城下之盟,激起宋真宗内心的愧疚感,进而鼓动宋真宗进行封禅祭祀。似乎这一招,对宋真宗屡试不爽。

有一天,早朝之后,王钦若便又说起了澶渊之盟是城下之盟,是宋朝的耻辱。宋真宗听了这话后,就有些不高兴了。宋真宗随口说,如今宋辽已经建立联盟,能有什么办法呢?王钦若便乘机对宋真宗说,若要洗刷这种耻辱感,

---

[1]《宋史·列传第四十一》:"然边患既息,恐人主渐生侈心耳。"

只有挥师北上，夺取幽燕地区。①而王钦若知道，宋真宗肯定不会再次举兵攻辽。

果然，听王钦若提议再次兴兵，宋真宗当然不愿意。即使这是一种耻辱，他也认了，若是再兴兵，势必会将两国重新卷入战争的旋涡中，这可不是他希望看到的。

宋真宗对王钦若说，辽宋刚刚休兵止戈，现在再起兵攻打辽国，师出无名。这样做，也会再一次将宋朝边境的百姓卷入战争中。王钦若对宋真宗的回答，表现出一种无奈，仿佛他能深刻体会宋真宗的心情一般。

按照王钦若的说法，此时的宋真宗只有一种抉择，北上攻取幽燕地区。但是宋真宗不愿意这么做②，王钦若表示自己也知道宋真宗体贴天下百姓，不愿意起战乱。

宋真宗问王钦若，难道除了攻打幽燕地区，就没有其他办法了吗？③这时候，王钦若才吞吞吐吐地表示，还真有办法。宋真宗听他说有办法洗刷这种耻辱，当下便来了兴致。

宋真宗问王钦若，还有什么办法呢？王钦若说，既然官家您不愿意再起战乱，那就只有一种办法：封禅祭祀。宋真宗一脸的疑惑。王钦若便对自己的观点进行了论证。王钦若说，如今之计，唯有封禅泰山，才能镇服四海，向外邦宣示我们的综合国力。④

对于封禅泰山这件事，宋真宗从未想过。尽管他在那些经史子集中读到过不少这样的事，但当这种事摆在自己眼前时，宋真宗还是表现出了惊讶。

封禅祭祀之事，可不是一般帝王能做的。唐王李世民没有做，太祖赵匡胤没有这么做，父亲赵光义也没有这么做，凭什么到了他的手里，便能封禅泰山？

---

① 《宋史·列传第四十一》："陛下以兵取幽燕，乃可涤耻。"
② 《宋史·列传第四十一》："河朔生灵始免兵革，朕安能为此？"
③ 《宋史·列传第四十一》："可思其次。"
④ 《宋史·列传第四十一》："唯有封禅泰山，可以镇服四海，夸示外国。"

不过王钦若的话，却给了宋真宗一丝希望。

王钦若既然说出了这个事情，便说明此事具有可操作性。这让宋真宗看到了一丝希望，但也让宋真宗感到事情远没有想象中的简单。王钦若说，自古那些帝王的封禅，都要出现祥瑞之事，才能封禅。①

王钦若这种循序渐进的谈话，不断吸引着宋真宗的注意力。这时候的宋真宗考虑的已经不是要不要封禅的事情，而是怎样进行封禅的事情。

王钦若看出了宋真宗的疑惑，便对宋真宗说，这些祥瑞，也不一定都是上天降下的，古人封禅祭祀的祥瑞之事，很多都是人为的，只要官家您相信此事，祥瑞也自会出现。②

宋真宗动心了。他没有想过，自己有生之年，还能做这样的事情。但是宋真宗有顾虑。他一直是一个顾虑重重的人，遇到封禅泰山这么重大的事情，他当然不会轻易做出决定，他要得到多方面的论证之后，才会付诸实际行动。

宋真宗顾虑的人是王旦。③王旦素来仁德，自从担任首相以来，对宋真宗的很多决定都不折不扣地落实，而且从未在官场上招惹是非。他是宋朝继李沆、毕士安之后的又一名相。宋真宗对王旦的依靠，绝不亚于对李沆和毕士安。

此时，王钦若提议封禅泰山，宋真宗已经心动，只是有顾虑而已。他对王钦若说，不知道对于封禅泰山这件事，王旦觉得可不可行？王钦若一听宋真宗这么说，便知道宋真宗心里迟疑的症结所在，当即表示，这个官家不必担心，您不出面，我去找王旦说。④

看着王钦若一副郑重其事的样子，宋真宗就默许了。

---

① 《宋史·列传第四十一》："然自古封禅，当得天瑞希世绝伦之事，然后可尔。"
② 《宋史·列传第四十一》："天瑞安可必得？前代盖有以人力为之者，惟人主深信而崇之，以明示天下，则与天瑞无异也。"
③ 《宋史·列传第四十一》："帝思久之，乃可，而心惮旦。"
④ 《宋史·列传第四十一》："臣得以圣意喻之，宜无不可。"

于是，王钦若便去找王旦传达圣意了。

犹豫不决的宋真宗走出了宫门，在宫廷里信步闲逛，同时也思考着封禅泰山这件事。他走着走着，便走进了秘阁。或许宋真宗潜意识里是来这里寻找答案的。所以，有意无意间便到了这个地方。

负责秘阁的人叫杜镐，前文提到过。当时宋真宗亲征回来之前，顾虑要不要大搞欢庆仪式，便追问杜镐的意见，结果杜镐建议要大搞特搞，以振国人精神，宋真宗便听了他的建议。

这次，宋真宗又到了这个地方。宋真宗问杜镐，河出图、洛出书[①]是真的吗？这一问，便将杜镐问住了。杜镐不知道宋真宗这么问是什么意思，便对宋真宗说，那不过是圣人们为了教化育人，人为制造出的一种祥瑞罢了。[②]

听杜镐这么一说，宋真宗心里似乎有了底。王钦若对他说这些事的时候，他还很迟疑，现在他已经得到了答案，河出图、洛出书不过是圣人制造的祥瑞罢了。

宋真宗便等待着王钦若的消息，因为王旦不一定会同意他这么做。

王钦若找到王旦后，对王旦说了宋真宗要封禅泰山的事情。王旦不同意这么做。可此时王钦若却表示，官家已经决定，没办法改变，才派他来给王旦传达口谕。王旦瞧不起王钦若，知道此事肯定与王钦若之流脱不了干系。王旦寻思着找个合适的时间，劝阻宋真宗封禅泰山。

然而，还没有等到王旦陈述自己的意见，宋真宗便命内侍传旨召王旦进宫。王旦只能随着内侍进宫了。这次，宋真宗摆了一桌宴席，专门宴请了王旦。在宴席上，宋真宗闭口不谈工作，只聊天喝酒。[③]

这让王旦丈二和尚摸不着头脑。但皇帝这么做，他作为宰相，只能陪着。酒过三巡，宋真宗和王旦都有了些醉意。这时候，宋真宗命人拿上来一个精致的酒壶，递给王旦。王旦不知何意。宋真宗对王旦说，这是一壶佳

[①] 《易·系辞上》："河出图，洛出书，圣人则之。"后以"河出图"为吉祥的征兆。
[②] 《宋史·列传第四十一》："此圣人以神道设教尔。"
[③] 《宋史·列传第四十一》："帝由此意决，遂召旦饮，欢甚。"

酿，你拿回去后，和家人一起品尝。①王旦只能起身告辞，但脑海中还是充满了疑问，对宋真宗的这次宴请，王旦从头到尾都一头雾水。

王旦拿着那壶酒回到家里之后，便将酒放在桌子上，思考着当时发生的事情。其实，对于封禅泰山之事，王旦心中是有数的。王旦原本猜测的是，宋真宗宴请他就是为了说封禅泰山之事，可宋真宗竟然一个字都没提。

王旦困惑之余，命人拿来酒杯倒酒，可酒竟然倒不出来。等王旦打开酒壶一看，哪里是一壶酒，分明是一壶珍珠。②

看到这壶珍珠后，王旦清醒了很多。他细细思考着当日之事，才明白了宋真宗的良苦用心。宋真宗宴请他，并未直接对他说封禅泰山之事，而是通过这样一种方式，来表达自己要封禅泰山的决心。宋真宗赐王旦这一壶珍珠，也是希望王旦不要阻止他封禅泰山。

王旦恍然大悟，明白宋真宗封禅泰山已成定局。他已经不能再去劝谏宋真宗放弃封禅泰山了。宋真宗虽然对封禅祭祀之事只字未提，可这壶珍珠不就是宋真宗的意思吗？只是皇帝贿赂大臣这种事，在中国历史上极为罕见。

因此，王旦便默认了宋真宗封禅泰山的决定，以后宋真宗东封西祀，王旦因为受了这一壶珍珠，不敢再行劝谏。③这也成为王旦此生的憾事。这壶珍珠，成了宋真宗对王旦的封口费。

宋真宗担心宰相王旦阻止封禅的顾虑解决掉之后，剩下的事情便是如何伪造天书了。

于是，王钦若等人便开始准备天书。

没过几天，宋真宗在一次廷议时对群臣说，他做了一个梦，梦里有个老神仙告诉他，近期上天会给他们降下天书。果然不久，就有人在提前设好的道场里发现了《大中祥符》三篇天书。天书的外面，赫然闪耀着二十一个

---

① 《宋史·列传第四十一》："赐以尊酒，曰：'此酒极佳，归与妻孥共之。'"
② 《宋史·列传第四十一》："既归发之，皆珠也。"
③ 《宋史·列传第四十一》："由是凡天书、封禅等事，旦不复异议。"

字:"赵受命,兴于宋,付于慎,居其器,守于正,世七百,九九定。"[1]随即,大家就将天书迎进了道场。

不久,便有宦官再次发现了天降祥书。

为了表示对天书的重视,宋真宗改元大中祥符。这种人为的制造天书,将封禅泰山事宜推向了一个新高潮。

上有所好,下必甚焉。随即,全国各地都出现了祥瑞。一时间,祥瑞成了大中祥符的代表。太仆少卿、直秘阁钱惟演第一个站了出来,写了一篇洋洋洒洒的《祥符颂》上交给朝廷,这让宋真宗非常高兴。不久,钱惟演便被朝廷提拔为知制诰。

还有一些地方,也出现了各种祥瑞。当时陕西的地方官给朝廷奏报说"黄河清"了,还分析了黄河清的原因;还有人在开封行走时,抬头便看见"龙见于云中"。

那些解释不清楚的事都被看成祥瑞,结果宋朝这一时期就出现了这样一番景象:满朝上下都在自我欺骗。

当这一切准备工作进行得差不多时,泰山附近的各级大臣便派人请宋真宗祭祀泰山。这种事,还是得有人在幕后做推手,鼓动起一伙人来做,最为妥当。

当时泰山附近的地方官们,便选择了这样的办法。当年三月,兖州(泰山所在地)父老吕良等一千多人入朝,跪在崇政殿门外,请求宋真宗封禅。[2]

此时宋真宗还处在一种摇摆不定的状态中,尽管天降祥书之事就是他让王钦若等人操纵的,可真正要付诸实际行动时,他还是选择了谨慎应对。

兖州地区集结那么多人请求宋真宗去封禅泰山时,宋真宗的内心应该是高兴的,但是他拒绝了这么做。当外面的守卫人员将此事报告给宋真宗时,宋真宗便让曹利用去传达自己的意思,不去泰山封禅。

---

[1] 《宋史·志第五十七》。
[2] 《宋史·本纪第七》:"三月甲戌,兖州父老千二百人诣阙请封禅。"

这种拒绝，或许今天的人们不得其解。但如果对宋真宗这个人稍微有所了解，便知道宋真宗做任何事都需要人进行再三劝进。

宋真宗让曹利用给那些百姓赏赐一些物品，命他们回到兖州去。

可吕良等人从山东走到了河南，没有达到目的，怎么会轻易回去呢？

没过几天，吕良等人再次上书，请求宋真宗封禅泰山。宋真宗继续派出曹利用与吕良等人交涉，坚决不去封禅泰山。

但不管吕良等人如何苦苦相劝，宋真宗就是不答应去泰山封禅。似乎百姓的请求，还没有到让宋真宗非去封禅泰山不可的地步。

这时候，在幕后操纵此事的兖州地方官们坐不住了，他们看到山东地区百姓的请求没有起作用，心有不甘。于是，地方官邵晔等人便率领一部分兖州官员集体上书，请求宋真宗到泰山封禅。

这种事，似乎早在宋真宗的意料之中。他依然没有答应兖州地方官们的请求。

事情已经发展到了这一步，远远超出了预想。既然如此，便可以继续扩大这件事情的影响力，毕竟举国上下都在关心宋真宗封禅泰山这件事。

此时，正值科考前夕，京城汇聚了全国各地的考生。这件事本来与他们没有关系，可这些还未进入官场的士子却坐不住了。他们都是天子门生，对于天子封禅这件事，他们有资格也有权利劝谏。于是，近一千名考生集体入朝，表达了他们的迫切意见。即使如此，宋真宗依然没有答应封禅之事。①

宋真宗和各种上书劝谏他封禅泰山的人打着太极拳。此时，举国上下都知道天降祥书，皇帝应该封禅，可皇帝却因为资历不够，不想封禅。

这期间，不断有各种人继续上书请求宋真宗封禅泰山，宋真宗一律拒绝。

似乎，宋真宗在等待着什么。

一个多月之后，朝中那些官员也焦急了。王钦若等人更是私底下给每个朝中要员灌输封禅之事的重要性。先前，百姓和太学生集体上书，皇帝都不

---

① 《宋史·本纪第七》："丁卯，兖州并诸路进士等八百四十人诣阙请封禅。"

答应，那么就只剩下一条路可走了，那便是由宰相带领文武大臣们，上表请求官家封禅。

可要鼓动文武大臣们一起请求宋真宗封禅祭祀，这不是王钦若能干的事情，因为他不是百官之首。这时候，只有宰相出面，召集文武大臣，一同请求宋真宗封禅泰山，宋真宗或许会答应封禅之事。

王钦若等人便去找王旦。王旦尽管对这么一场兴师动众的封禅活动本就不看好，可事情已经发展到了这个地步，远超出了他的控制。天子封禅泰山已经是箭在弦上，不得不发。

若不是"天降祥书"，若不是这么多人请求宋真宗封禅，王旦倒希望宋真宗不要这么干，可每每此时，皇帝送给他一壶珍珠那件事，就在王旦的脑海中萦绕。王旦已经被拉上了封禅这条贼船，因此，他必须带头对皇帝进行劝进。封禅泰山之事，本就是宋真宗愿意的。这时候宋真宗还没有答应，应该是心存顾虑。

于是，王旦便带着文武百官去向宋真宗进言，请宋真宗到泰山封禅。①

事情到了这一步，宋真宗便也不再推辞了。若再推辞，就显得不体恤人。当即，宋真宗便决定封禅泰山。此时，王旦觉得应该将泰山封禅之事通知辽国，一则可以表示我大宋对两国联盟的重视，大宋如此盛举，第一个想到的就是辽国；再则也能避免引起辽国不必要的猜疑。宋真宗爽快地答应了王旦的请奏。

随即，朝廷便成立了一个封禅泰山工作领导小组，由王旦担任组长。②副组长有王钦若、陈尧叟等人，还有一些中央的高层担任本次领导小组成员，共同为封禅泰山之事出谋划策。

王钦若作为这件事的总策划，积极奔走于泰山和汴京之间，不断完善各

---

① 《宋史·本纪第七》："壬午，文武官、将校、蛮夷、耆寿、僧道二万四千三百七十余人诣阙请封禅。"

② 《宋史·列传第四十一》："大中祥符初，为天书仪仗使，从封泰山，为大礼使，进中书侍郎兼刑部尚书。"

种封禅准备工作。王旦也没闲着，一直在协调各种资源。但王旦还是隐隐有所担心，毕竟封禅祭祀之事耗资巨大。虽然国家财政收支相对平稳，但封禅祭祀之事一定会打开一个大窟窿。可这时候，丁谓却说，他会想办法找出一些钱，保证不影响国家的收入。

宋真宗此时对封禅已经非常热衷，王旦只能按照宋真宗的部署，负责好具体事宜。为了尽可能减少一些不必要的浪费，王旦还命人专门制订了一个方案。大致内容如下：

在朝廷准备封禅泰山这段时间内，禁止老百姓在泰山砍柴、开采等活动，封禅沿途不允许开展采捕活动；本次准备活动的人力资源不得征调民夫，以免引起不必要的矛盾，人力资源一律从宋朝当地的军队里抽调，实在要使用民夫的，也要按照工作开展情况支付薪资；封禅活动需要修建的建筑物，不能破坏当地的古迹风貌，更不得侵占民田。当然，这次封禅活动，肯定会影响到当地人民的生活，因此，朝廷决定免除兖州今年的徭役及税赋，好让老百姓能够拥护朝廷的做法。对于进贡一事，方案里也进行了明确规定，为了这次封禅而进贡的东西，都通通拿到泰山。

这场准备工作持续了好几个月。

到了当年十月，一切准备工作才就绪。于是，宋真宗便率领着文武百官，到泰山封禅。到了泰山之后，宋真宗在泰山顶上斋戒三日，之后在王钦若等人的引导下，开始"封"祀天帝。这个封禅的过程异常隆重，满朝文武在宋真宗的带领下，叩拜了泰山山神，以及赵氏列祖列宗。

随即，宋真宗封泰山神为"天齐仁圣帝"。第二天，宋真宗又以同样的方式，在社首山封泰山女神为"天仙玉女碧霞元君"。封禅完毕，宋真宗命人在泰山顶唐摩崖东侧刻《谢天书述二圣功德铭》。

整个泰山封禅活动结束，但宋真宗并没有急着回朝。下了泰山之后，宋真宗又带着文武大臣们去参拜了孔圣人，表达了朝廷尊崇儒学的诚意和态度，这一点也给了那些士大夫极大的抚慰。

如此，这场泰山封禅活动便结束了。

宋真宗从汴京出发，到回到汴京，这场祭祀活动一共持续了四十七天。这也成了中国封建王朝帝王的最后一次封禅。因为宋真宗此次封禅，被后世尤为诟病，以后的帝王再不敢轻易去泰山封禅祭祀了。

当然，宋朝这次祭祀泰山活动，一定程度上彰显了国威，给宋朝周围那些国家释放出了宋朝富有强大的信号，这对边患问题有一定的影响。但宋真宗主持的泰山封禅活动，弊大于利。

总的来说，这场祭祀封禅活动是一场劳民伤财的活动，是一场由王钦若、丁谓等人导演的闹剧。可如果仅仅只是如此，倒也没有多少损失。只是，泰山封禅后，宋真宗似乎对封禅祭祀这件事上瘾了。加上王钦若、丁谓等人不断地怂恿，宋真宗沉迷于祭祀封禅之中不能自拔。

在宋真宗封禅泰山归来后，四方果真安定了。尤其是一年后，那位让宋真宗父子都很忌惮的萧太后去世了。宋真宗派出使臣去辽国吊唁，表达了自己的哀痛。但从心理上讲，宋真宗内心是高兴的。甚至，宋真宗将萧太后的死归结于自己封禅泰山的作用。

如此，宋真宗便对封禅祭祀之事更加热衷了，继续举行各种大小祭祀活动。大中祥符四年（公元1011年）宋真宗决定祭祀汾阴，因为汉武帝也曾在这个地方祭祀过。宋真宗还是让王旦全权负责这件事，他对王钦若总有些不放心。①

这时候，朝廷各处出现了不同程度的水旱问题，自然灾害严重，各地也出现了流民。但王钦若和丁谓等人极力粉饰太平，将这些事情都隐匿不报。王旦虽然知道，却没办法阻止宋真宗祭祀汾阴的决定。随即，宋真宗便带领文武到陕西进行祭祀活动，这场祭祀活动持续了两个多月。

宋真宗从汾阴回到汴京后，便命全国各地的官员都要开始祭祀"四岳""四海""河渎"。各处可以按照各路神仙的归属地，修建寺院或者庙宇宗祠，供养各地的神仙。"上有所好，下必甚焉"，这时候的祭祀活动，

---

① 《宋史·列传第四十一》："四年，祀汾阴，又为大礼使，迁右仆射、昭文馆大学士。仍撰《祠坛颂》，将复进秩，恳辞得免，止加功臣。俄兼门下侍郎、玉清昭应宫使。"

已严重影响到全国的发展,可这是皇帝支持做的事情,那些地方官便将财政收入的一大部分都浪费在了这种事情上。

大中祥符五年（公元1012年）,王钦若被提拔为次相,成了名正言顺的宋朝宰相。这时候的王钦若伙同丁谓一起,变本加厉地鼓动宋真宗封禅祭祀。

这一年十月的一天,对祭祀封禅已经上瘾的宋真宗对文武大臣说,上一次告诉他会降下天书的神仙又给他托梦了,说赵氏祖先自称人皇九人中一人,曾转世为轩辕黄帝。后唐时,奉玉帝之命,七月一日降世,主赵氏之族,总治下界,名曰九天司命保生天尊赵玄朗。[①]

既然赵玄朗是赵氏祖先,宋真宗自然是要封祀一番的。不久,宋真宗便加封赵玄朗为圣祖,将其供奉在玉清昭应宫。

这里有必要介绍一下玉清昭应宫。这是宋真宗在丁谓、王钦若等人的建议下修建的大型宫殿群。这座宫殿开建于大中祥符二年（公元1009年）,历时七年建成,耗资巨大,极尽奢华。

玉清昭应宫修建时,原计划没有那么大,但丁谓等人为了邀功,故意将计划面积扩大了很多。当时的汴京寸土寸金,但为了修建玉清昭应宫,丁谓等人开始了强拆强卖。汴京的很多老百姓,被他们扒了房子,赶出了家门。此举造成怨声载道。

官员张永就曾经说:"竭天下之财,伤生民之命。"[②]

只是这座宏伟的建筑群命运多舛。十三年后,也就是天圣七年（公元1029年）,一场大火让这片建筑群变成了瓦砾,留下的部分也成了断壁残垣。当时在位的宋仁宗想要重建此宫,但遭到了群臣的强烈反对。以至于这个玉清昭应宫,只是在历史上闪现了一下,便消失了。但它带来的负面意义远不止它的消亡。

赵玄朗是道家的尊神,祭祀了赵玄朗,道家始祖老子自然也是要封祀

[①] 《宋史·志第五十七》。

[②] 《涑水记闻·卷七》。

的，于是，宋真宗便加封老子为"太上老君混元上德皇帝"。

总之，宋真宗在澶渊之盟后起用王钦若、丁谓等人为相，受他们的蛊惑怂恿，大力开展祭祀活动，将咸平之治时积攒的一点儿财富挥霍一空。到了宋真宗晚年，国家政治不明，加上刘娥干政，整个宋朝的政局出现混乱。

宋真宗的祭祀封禅活动，不仅将他自己执政前期积累的财富化为乌有，也影响到了宋仁宗时期的政治。《宋史》里就对澶渊之盟后宋真宗时代的社会进行了评价："及澶渊既盟，封禅事作，祥瑞沓臻，天书屡降，导迎奠安，一国君臣如病狂然。"[1]

宋真宗封禅祭祀期间，各种花销数不胜数。其中，玉清昭应宫的修建，更是给宋朝经济造成了重大损失，国家一度陷入了赤贫状态。

不难想象，辽宋若没有建立澶渊之盟，而是继续维持两国之间紧张的关系，宋真宗或许会一直绷紧神经，不会搞这些封禅祭祀活动，可历史不容假设。辽宋澶渊之盟后，宋真宗便如李沆预言的那样，开始大兴土木、封禅祭祀，把国家的财富都挥霍于个人的喜好上，给继任的宋仁宗留下了一时半刻无法解决的难题。

---

[1]《宋史·本纪第八》。

尾声
澶渊之盟的利弊

武备废弛留下亡国隐患

澶渊之盟的签订，结束了辽宋两国二十五年的战争，双方由战争转向了和平。这是辽宋两国多年战争后，最终做出的抉择。

毫无疑问，两国统治者都备受战争煎熬，战争只能徒增各自国内的负担，和谈是最好的解决问题方式。萧太后举国南侵，本欲夺得谈判筹码，便孤注一掷，深入宋朝境内攻打，可一路并不顺利。而宋真宗向来惧怕辽国铁骑，亲征之路战战兢兢。

此等情况下，谈判成了可能。萧挞凛战死，加速了两国和谈的步伐。最终，促成了这个影响两国百余年的合盟。

后世对澶渊之盟的评价褒奖不一。

有一种观点认为，澶渊之盟让辽宋两国彻底摆脱了战争的梦魇，从此安定下来，使得辽宋在经济、文化等方面都有了长足的发展；另外一种观点则认为，澶渊之盟是城下之盟，对宋朝而言是一种耻辱。

这两种观点，都有一定的道理。但不可否认的事实是，澶渊之盟的缔结，对辽宋两国都产生了巨大影响。

这些影响的第一方面，便是影响了辽宋的军事部署。也就是从这时候起，宋朝调整和减弱了整个北方的军事防御部署。而辽国则大力倡导学习中原文化，使得辽国尚武之风逐渐消退。

缔结盟约后，宋朝统治者认定辽国的威胁已解除，便将定州、镇州的军事力量合并一处，只留下了高阳关一处。如此一来，原来定州、镇州、高阳关三处的军事部署力量就减少了一个防区。

同时，朝廷将沧州、贝州、雄军、邢州等四州的军事防御力量缩减成步军，原驻地在首都开封和河阳的禁军都被遣回，不得继续逗留在河北之地。

当然，这种军事部署调整，彻底遗忘了一件事，那就是长城防线还守不守？虽然两国在边境线上开设榷场，可谁能保证辽宋会一直和平相处下去？即使宋朝不再发动战争，辽国入主中原的决心会就此熄灭吗？

若辽国以后的统治者不想遵守澶渊之盟，宋朝到时候该如何自处？这一切都没有答案，正如寇准所说："如此，可保百年无事。不然，数十岁后，戎且生心矣。"[1]

退一步讲，即使辽国可以与宋朝长久地维持和平关系，但辽国与宋朝会一直势均力敌地存在下去吗？很显然，当时的宋朝官员并没有想过这个问题。或许，他们觉得这样的问题太过遥远，不会发生在辽宋两国身上。宋真宗是个务实的人，他只看眼前，至于以后怎么样，就交给后代儿孙处理。[2]

宋真宗忽略了太祖赵匡胤时代即使设立封桩库，都希望从辽国手中赎回幽云十六州。因为幽云十六州一天没有落在宋朝手中，整个北方地区都裸露在草原的铁骑之下，这已经成了不争的事实。

即使澶渊之盟已经签订，但幽云十六州还在辽国手中，如此，辽国若要翻脸，辽军铁骑便能轻易进出长城口，继续染指整个北方地区。

宋朝对澶渊之盟还是持有很大信心的，辽国不可能在签订合盟之后继续骚扰宋朝边境。宋真宗似乎为了表示宋朝与辽国的和好诚意，便在澶渊之盟的签订后开始减弱兵力。宋真宗时期，因为辽宋刚刚建立盟约，一些问题没

---

[1] 《续资治通鉴长编·卷五十八》。

[2] 《续资治通鉴长编·卷五十八》："数十岁后，当有能扞御之者。吾不忍生灵重困，姑听其和也。"

有暴露出来。加上宋真宗后期大行祭祀封禅之事，不再过问边关之事，边关的力量进一步得到削弱。

辽国在辽圣宗手中，也希望和平发展，便也开始削弱幽云地区的兵力。这些消息很快传到了宋朝统治者耳中，让宋朝上下更加放心了。辽宋正式在边境上设立榷场，辽宋两国人民的生活进入了安定期。

这种情形下，军队的力量就显得不太重要了。谁愿意在和平的土地上再次燃起战火呢？此时的北宋君臣上下空谈太平，武备废弛，放松了对辽国的军事防御，开始大力削减北境的边防力量。

这也是辽国希望看到的。

此后，辽宋之间进行各种大融合。中原先进的文化，已经深深影响到了辽国，辽国也大兴中原之风。这样对辽国的武备其实也是一种消磨。到了天祚帝时，辽国早已不是萧太后时代的辽国，军队也不是萧太后时期的辽国。黄龙府之战[①]，就是很好的证明。

当然，澶渊之盟对宋朝的影响更大一些。花钱买和平，成了宋朝的一种共识。以后对待任何战役，宋朝都是这样。这无疑导致武备废弛，为后来金军围困汴京，埋下了一根长远的毒针。

在宋朝看来，能用钱解决的事情，绝不动用军队。毕竟只要发动战争，所花金钱的数额一定会远超给对方的岁币。宝元元年（公元1038年）至宝元三年（公元1040年）历时三年的宋夏之战，更加证明了这一点。

李德明时代基本上维持了与宋朝相对和平的状态。他记住了李继迁临终之言，不再与宋朝发生大规模战争。且李德明时代，宋辽已经建立了澶渊之盟，这对党项人非常不利。之前党项人可以利用宋辽之间战争的空隙不断偷袭宋朝，可宋与辽已经建立了和平关系，党项人便只能在辽宋的夹缝中生存。这时候，李德明将目光投向了河西之地。后来，李德明的儿子李元昊夺

[①] 根据《金史》《辽史》整理。公元1115年，辽金在黄龙府展开大决战，金以两万破辽号称七十万大军。此战金国以少胜多，扭转战局，为灭辽和北宋打下了基础。

得了甘州。①随即，李元昊便成了党项人在西北边境上的主力，不断侵占河西走廊一带。②

公元1032年李德明去世，李元昊成了党项人的首领。李元昊在位六年，稳固自己的执政地位。到了公元1038年，踌躇满志的李元昊在西夏智囊团的策划下，想摆脱宋朝的控制，去掉宋赐予的封号，于是自立皇帝，改元"天授礼法延祚"，建国号"大夏"。

称帝后的李元昊，命人带着自己称帝的书信，送给宋朝。此事在宋朝上下引起极大的震动。宋仁宗在智囊团的策划下，准备对李元昊进行致命性打击。公元1039年六月，宋仁宗下诏削去李元昊官爵，并悬赏捉拿。由此，宋夏之战正式拉开。

这三年之间，宋朝与西夏先后在三川口、好水川、定川寨三地展开了大规模战斗。可这三次战斗，宋朝均以失败告终。尽管当时宋朝三战都失败了，但并未伤到宋朝的元气，宋军对西夏的部署并没有因此打乱。而反观李元昊则是险胜，尽管他利用各种优势击败了宋军，可当时的西夏并不能与宋朝抗衡，战争已经让西夏国库空虚，人民怨声载道。这种情况下，若宋军继续对西夏用兵，西夏迟早会被宋朝击败。

可这时候宋仁宗却想到了议和。毕竟之前的三次之败，让他震惊万分，加上澶渊之盟的影响，让他觉得，不如给这个邻邦一些钱财，他们就会消停下来。此时的李元昊巴不得宋朝议和，他已经支撑不住了。公元1042年，李元昊派出使臣李文贵到汴京议和。此时宋朝内部一些人已经知晓李元昊难以支撑，才派出李文贵议和，主战派们建议一鼓作气彻底消灭西夏，但宽厚仁德的宋仁宗却不愿意再起战事。

宋仁宗表示愿意接受西夏议和建议，并将谈判权交给太师庞籍（988—1063）。

---

① 《宋史·列传第二百四十四》："弱冠，独引兵袭破回鹘夜洛隔可汗王，夺甘州，遂立为皇太子。"
② 《西夏书事·卷十一》。

随即，宋夏庆历和议达成。这个和议里有一条涉及岁币：宋朝每年赐给西夏银五万两，绢十三万匹，茶二万斤；另外，每年还要在各种节日赐给西夏银二万二千两，绢帛等二万三千匹，茶一万斤。这其实又是宋朝花钱买和平之举。[①]

当然，这时候，辽国也没闲着，他们乘着宋夏交战之际，向宋朝敲诈勒索了一把。

当时，宋夏正处于酣战之际。辽国君主辽兴宗刚刚执政不久，到处都弥漫着篡权夺位的氛围，这让他深感压力。这种情况下，辽兴宗自然是想将国内矛盾转向国外，进而通过向外用兵的方式，缓解国内各种矛盾和隐患。

于是辽兴宗命人集结兵马，再次出兵南下，夺取关南十县。宋朝对辽国的动向早已知悉。但此时，王继忠已去世，宋辽之间的关系也没有王继忠在世时那样可以有周旋的余地。

辽国尽管集结兵马，但并未出动，只是摆出了架势，让宋朝紧张起来。此时，辽兴宗派出南院宣徽使萧英和翰林学士刘六符出使宋朝，交涉这次宋辽之间的纠纷。

辽国使臣到了宋朝，手持辽兴宗的书信，就当前辽、宋、夏各种问题进行了交涉。辽国这次交涉的内容大致包括四个方面：其一是关南之地本就属于辽国，周世宗不该夺取，宋朝建国后，应该将关南之地归还宋朝，如此，才能"益深兄弟之怀，长守子孙之计"；其二，便是宋太祖北伐幽燕，出师无名，是宋朝不义在先；其三，辽夏有亲，宋朝出兵伐夏，应该事先告知辽国；其四，澶渊之盟后，辽国约定不在边关增设兵力，但宋朝明显有增兵现象。

辽国使臣以"故意找碴"的方式，就以上四个方面内容质问宋朝。宋朝派出了富弼处理这件事。好在富弼处理得游刃有余，宋仁宗庆历二年（公元

[①]《续资治通鉴长编·卷一百五十二》。

1042年）九月，宋辽再次达成协议，这个协议可以看作澶渊之盟的补充。协议要求，宋朝要在澶渊之盟规定赠辽岁币的基础上，再增岁币银十万两、绢十万匹。辽兴宗还就赠岁币之事与宋朝进行了交涉，改澶渊之盟的"赠"岁币，为"纳"岁币。

与辽、夏再次结盟后，宋朝的统治者再次认识到，只要给那些少数民族钱财，他们就能与宋朝和平相处。这让宋朝以后的几代帝王，对花钱买和平有了更深的认识。即使是宣和四年（公元1122年），金国占领了幽州后，宋朝也出了一笔钱买下了一座空空如也的幽州。

在与辽国多次交涉中，宋朝名臣也是后来的宰相富弼，看到了问题的严重性，他给宋仁宗上书，写了《条上河北守御十二策》。在这十二策中，富弼称："前既轻敌妄战，不为预备，致二敌连祸，为朝廷深忧，今又欲以苟安之势，遂为无事，二敌各获厚利，退而养勇，不数年相应而起，则无复以金帛可唉而盟谊可纳也。"①

但北宋的统治者，似乎对战争有种天然的回避态度，对整个北方也都希望花钱买平安。况且，辽国在后期统治者的领导下，逐渐开始走下坡路，宋朝便也放松了对辽国的警惕。但西夏在公元12世纪，与宋朝的战争也持续了很长时间。可最终，西夏还是被宋朝打怕了。

这时候，让所有人都没有预料到的事情发生了。在黑龙江冰天雪地里的女真人，迅速崛起，成为与辽国抗衡的主要力量。黄龙府一战，更是让天祚帝一败涂地。

这时候的宋朝，理应提前部署，夺回幽云十六州，重新将长城防线拿下。如此，整个中原便可以暂时无忧。可这时候宋朝的统治者是宋徽宗，一个琴棋书画无师自通的才子，他对幽云地区毫不关心，加上在蔡京等人的鼓动下，只顾搜罗天下奇珍异兽、奇花异石，把精力都放在了艺术上，对国家大事毫不热心。

---

① 《续资治通鉴长编·卷一百五十》。

然而，辽国的衰亡，最终走在了宋朝前面。当黄龙府辽军大败的消息传到汴京时，宋徽宗不知道是以何心态看待宋辽之间的关系。

所有的目光都集中在幽云地区。宣和四年（公元1122年），当童贯率领十五万大军北上攻打北辽政权时，却被耶律大石击退。当年宋金海上之盟将幽云十六州还给宋朝的约定，最终因为宋朝软弱，被金国拒绝履行。

当宋徽宗还沉浸在艺术的美梦中时，灭亡辽国的金军已经开始南下。

随即，金军破了汴京，北宋灭亡。

而北宋灭亡的一个重要原因，便是长城防线还在辽军手中。否则，金军便不能轻易越过长城防线，对汴京实施包围。宋徽宗根本没有想起澶渊之盟时，宋真宗亲征的原因。

当年澶州和谈时，宋朝如果一鼓作气占领了幽云地区，一百多年后的徽宗时代，便不会被金军围城。即使金军南下，如果幽云地区在宋朝手里，金军就不会轻易过了长城防线。

夺回幽云十六州，永远成了一个梦。南宋比起北宋更软弱，虽然进行了几次北伐，却都以失败告终。自此，偏安一隅成了南宋的代名词。直到崖山那场跳海，宋朝夺回幽云十六州这个梦都没有实现。

经济从此蓬勃发展

澶渊之盟，对宋辽之间的经济影响也是显而易见的。

当时，辽国虽然得到了长足发展，但与中原文明相比，还是比较落后。尤其是幽云地区的农耕文明，深深影响了辽国的各行各业。

而要享受到这些文明带来的成果，就得与宋朝进行交流。战争必然会隔断这种交流，只有和平，才能让辽国享受文明成果带来的好处。

辽国地处草原，吸收了汉人、渤海人、女真人、室韦等部落。原来的那种统治方式，已经不适宜当前国家的发展。况且，很多人已经告别了逐水草而居的生活。他们也住在房子里，在街道上进行贸易。

如此，开设榷场与宋朝进行商业贸易，成为当前辽国高层普遍的共识。北宋的商业贸易，是辽国望尘莫及的。在这样的背景下，两国和平共处成了时代的大势所趋。和则双赢，战则两败俱伤。

辽国正是在这种情况下，与宋朝建立了"兄弟之国"。

澶渊之盟后，辽国国内趋于安定，经济发展也呈现出了多元方式。辽国商人不仅仅在榷场贸易，那些有本事有能力的商人，更是深入宋朝境内，开展各种贸易。辽宋之间的关系，也不断得到了缓解。辽圣宗时代，一直与宋朝和平相处，中原文明也源源不断地传入辽国，那些农耕文明的先进技术也渗入了辽国境内。

到了辽道宗时代，辽国文明已经与中原文明趋同。当然，于宋朝而言，和平发展经济也是时代主流。

宋朝尽管建国四十多年，但与辽国连年战争，百姓苦不堪言。国内经济虽然一直处于发展状态，但更多经济的收入都用在了战争中，国家还是很贫穷。朝廷还存在冗官、冗兵、冗费，这些都导致了国库空虚。当时，蔡襄就说过："养兵之费常居六七。"张载也曾说："养兵之费在天下十居七八。"也就是说，宋朝一直以来，因为战争而导致的巨额支出，透支着整个宋朝的国库。

宋辽停战讲和，已经是形势所迫。澶渊之盟签订后，发展经济已经成为大势所趋。对宋朝而言，这种息战等于开放了所有可以发展经济的渠道，为宋朝提供了发展经济的良好环境，极大地促进了宋朝经济的发展。

专心从事各种劳动，这是宋代农民向往已久的生活，安居才能乐业，而安居的前提条件就是天下太平。

澶渊之盟后，宋朝统治者基本实行了高度宽容的政策，允许所有人发展各种产业。如此，宋朝的经济快速发展，涉及人口、农业、商业、手工业、贸易等。

首先是人口。发展经济最重要的一项指标是人口。澶渊之盟后，宋朝的人口迅速增长。赵光义时代，宋朝的人口四百八十余万户，可到澶渊之盟后，宋朝的人口几乎翻了一倍。宋仁宗颇为仁德，让天下百姓尽情发展经济。仁宗时期，宋朝的人口已经超过一千二百万户。[1]

这些人分布在全国各地，国家的荒地重新被开垦出来，一时间宋朝的经济出现了喷发式的增长。著名历史学家漆侠先生曾说："在两宋统治的三百年中，我国经济、文化的发展，居于世界的最前列，是当时最为先进、最为文明的国家。"[2]

农业得到彻底解放。从事农业劳动的人也大增。农民除了租赁地主和官员的土地，还可以自己开垦土地。他们用各种办法扩大耕地面积，在山坡、江畔、海边开垦农田，增加农作物的收成。

如此一来，从事农业的人积极性也得到了进一步提高。原来单纯依靠租赁土地的农民，有了一定程度上属于自己的土地。在唐代的时候，全国土地面积大约是八百至八百五十万顷，可到了宋代，几乎增长了一倍，达到了一千四百万余顷。

同时，农民还通过自身的努力，改变传统种植模式，大力发展经济作物。比如，茶叶、水稻、棉花、麻，以及桑等，都得到了长足发展。

在水稻方面，宋朝引进了占城稻，在南方各地进行推广，苏州、湖广等地大量种植占城稻，产量暴增。当时民间就流传着"苏湖熟，天下足"的谚语。

另外，棉花、蔗糖以及养蚕种桑在南方也迅速发展，成为地方性经济产物。

当然，最重要的是种茶的普及和推广，为农民增收和国家税收都带来了极大裨益。当时，随着国家的稳定，宋朝大力推广茶树栽培技术。整个江南一大片地方，都兴起了种茶热潮。这一大片地域包括淮南、江南、两浙、荆

---

[1] 漆侠：《宋代经济史》，北京：中华书局，2009年版。
[2] 漆侠：《宋代经济史》，北京：中华书局，2009年版。

湖、福建及四川诸路。这里的老百姓已经普遍种茶，并将茶叶当成一种赚钱谋生的方式。这些茶叶不仅是当地政府部门向朝廷进贡的重要物资，也是出口贸易的重要物资。宋朝的海岸线已经广泛开港，向外输送茶叶。

在当时的汴京城，便有斗茶之风。这种斗茶之风，成为富人们休闲娱乐的一种方式。宋徽宗《大观茶论》、蔡襄《茶录》、黄儒《品茶要录》等著作里对斗茶之风，有很多详尽而有趣的记载。范仲淹在《和章岷从事斗茶歌》里写道："北苑将期献天子，林下雄豪先斗美。"苏东坡则在他的《荔枝叹》一诗中感叹道："君不见，武夷溪边粟粒芽，前丁（谓）后蔡（襄）相笼加。争新买宠各出意，今年斗品充官茶。"

宋朝的斗茶之风，刚开始时只是富人或者官员之间流行的一种娱乐方式。但随着经济的发展，人们生活水平不断提高，斗茶之风不仅在上流社会中盛行，在民间也盛行起来。唐庚《斗茶记》描述道："政和二年（公元1112年）三月壬戌，二三君子相与斗茶于寄傲斋。予为取龙塘水烹之，而第其品。以某为上，某次之。"

当然，影响农业的不仅仅是这些。宋朝政府为了更大提高粮食产量，进而增加国家财政收入，对农业也进行了大力扶持。

这其中，兴修水利就是一项提高粮食产量的重要举措。在宋代，人们很大程度上还是要靠天吃饭，但宋朝的统治者已经意识到了水利建设对增加粮食产量的重要性。他们投入大量的人力物力来修缮水利工程，为农业灌溉创造了先进的条件。南方地区的水利工程中，江北捍海堰、浙江捍海石塘、钱塘江堤、西湖等都是修缮较为完善的工程。

在当时的太湖、苏州一带，宋朝新建或者修缮的水利工程，就发挥了很大作用。这才有了"苏湖熟，天下足"这个谚语的产生。太湖和苏州都有完整的灌溉水系，可以很好地发挥水利作用。

当然，还有蜀中盆地的都江堰，也成了宋朝粮食的重要产区。都江堰自从建成起，在历朝历代都很受重视。都江堰对宋朝整个水利工程的修缮，起到了启发作用。

都江堰的水利工程修缮方法，采用的是石块装在竹笼里，堆砌成堤，堤外再打上木桩，增强了阻挡潮水冲刷的能力。宋真宗时期，各处的水利工程大都采取了这一修缮方式。

除了改变传统的经营方式之外，宋朝在农业生产技术以及推广方面，也超过了以往任何时代。自五代以来，整个南方地区战争较少，农业发展非常迅速。南方的农民发明了龙骨翻车、筒车等工具，引水上山，灌溉山田。

在铁制农具使用和推广方面，宋代也达到了高峰。犁、耧、耙、锄、镰等农具，已经广泛在各种农业活动中使用。这一时期，人们还普遍注意到了施肥的重要性，在实践中根据土壤的性质不同，施用不同的粪肥。

手工业和商业更是发展迅速。在宋代，人口超过十万的都市不止一个。就以汴京为例，说说当时宋朝的都市商业。

从《清明上河图》中，我们便可以窥见宋朝当时繁荣的市区贸易。《东京梦华录》中更是详细记载了当时宋朝的经济发展情况。

当时的汴京有一百万人口居住。这些人已经基本上脱离了土地，从事各种商业活动。这不难让人想象出汴京的商业发展一定是发达的，否则，汴京这一百万人口，如何才能解决生计问题？社会分工不断细化，各个行业都有从业人员。许多前朝没有的行业，在宋代都纷纷出现，比如，图书刻版业等。

宋真宗时代的咸平之治，拉开了边境贸易的序幕。一个商业大都市，已经初见端倪。

在宋代以后几代统治者手里，这里更是商业贸易形式多样，打破了早期坊市制度，商业渗入坊区，各种店铺鳞次栉比。人们穿梭其间，或交易，或逛街。"凡饮食、时新花果、鱼虾鳖蟹、鹑兔脯腊、金玉珍玩、衣着，无非天下之奇。其品味若数十分，客要一二十味下酒，随索目下便有之。其岁时果瓜、蔬茹新上市，并茄瓠之类，新出每对可直三五十千，诸阁纷争以贵价取之。"①

随即，各种交易的时间也被打破，汴京城内到处都有早市、日市、夜市等。汴京的各色人等，都在街道上进行交易。这进一步刺激了商品种类和数量的剧增。"茶坊每五更点灯博易买卖衣服图画花环领抹之类，至晓即散。"②

市场经济成为一种带动一切的财富模式，影响着整个宋朝经济。

随着商业模式的改变，宋朝的税收也空前发展。北宋政府非常重视商业税，在全国各地设置各种专门征收税务的机构，商业税也成为政府部门的重要财源之一。

这时候，为了顺应市场经济，各种市场流通货币也发生了转变。交子本身只是四川境内使用的一种纸币，仅仅在四川范围内流通。但随着经济的发展，大量携带金银已经很不方便。这样，有些地方就借鉴四川交子，在本地范围内发行纸币交子。但交子是在一定信用的基础之上建立的，也就是说，交子纸币中所标数额，一定要以同等数额的黄金白银为基础。如此一来，很多地方都成立了信用机构，交子得到了普及。

但交子因为是从地方上发展起来的流通纸币，有很多不足之处。因此，交子这一货币的发行寿命并不长。后期，朝廷根据交子的使用经验，制定了"钱引"，充当市场流通的货币。崇宁四年（公元1105年），"令诸路更用钱引，准新样印刷，四川如旧法"。③

后来，朝廷继续完善制度，制定了"小钞"。崇宁五年（公元1106年），"诏当十钱惟京师及陕西两河许行，诸路并罢，令民间于诸县镇寨送纳，给以小钞，自一百至十贯止，令通用行使，如川钞引法"。④

这些已经有了现代纸币的特征。

---

① [宋]孟元老《东京梦华录》。
② [宋]孟元老《东京梦华录》。
③ 《宋史·食货志》。
④ [宋]马端临《文献通考》。

到了大观元年（公元1107年），朝廷又改交子为钱引。这些纸币在市场上的流通，为当时的商业贸易提供了非常便利的条件。同等数额的纸币，便能换得同等数额的金银。

但宋朝后期，统治者和操作层广泛印制各种纸币，导致货币贬值，纸币的功效也就失去了。

当然，除了发展都市贸易，宋朝的对外贸易也得到了空前发展。景德镇的陶瓷，成为全世界的必需品。而宋代不止一个景德镇，以景德镇为样板的宋代陶瓷有五大名窑。"吾华制瓷可分三大时期：曰宋、曰明、曰清。宋最有名之有五，所谓柴、汝、官、哥、定是也。更有钧窑，亦甚可贵。"①

宋代的陶瓷，除了在本国广泛使用，也畅销国外，这便打通了海上陶瓷畅销之路。当然，宋朝畅销海外的还有香料、茶叶、丝绸等中国特产。

当时，宋朝为了运送各种物资，专门生产大型商船。其吨位之大、数量之多，皆为世界之首，这便催生了船只制造业。宋朝的巨船运输载重达到了三百吨，这是世界上任何国家都没有办法实现的创举。即使是后来哥伦布的航海船只，载重能力也就一百多吨。

而随着航海技术的高速发展，指南针也就应运而生了。指南针的广泛应用，其实是基于航海的需要。以后，才传到了世界各地。我们今天所说的四大发明，其实都是宋代首先使用的。

航海贸易的兴盛，也给宋朝带来了丰厚的财富。为此，宋代统治者们更是重视航海贸易。宋朝在杭州、明州、泉州以及密州的板桥镇（今山东胶县境）、秀州的华亭县（今上海市松江一带）等地，均设置了市舶司或市舶务，管理航海贸易船只。

宋辽之间的贸易，也空前发展。澶渊之盟后，宋朝开设广信军、雄州、安肃军、霸州四个榷场，契丹在振武军、朔州和新城等地设立榷场，宋朝的陶瓷、茶叶、香料等物资运到了榷场里，与辽国人进行贸易。

---

① [民国]许之衡《饮流斋说瓷》。

总之，澶渊之盟建立后的太平局面，给辽宋两国带来了高速发展的机遇。宋朝这一时期的发展，超越了以往任何朝代。各行各业里都出现了领军人物，各种发明层出不穷。

但经济的发展，实际上并没有给国家攒下多少财富。当时宋朝存在着冗官、冗军、冗费的巨大弊病，国家的收入基本上都花在了这些上面。因此宋朝要实行庆历新政，要实行王安石变法。可这些为了改变"三冗"问题的举措，并没有得到顺利施行。王安石变法，在地方上试验时，收效明显。但推广到全国时，遇到了强大的阻力。那些贵族想着办法钻政策的空子，加上朋党相争，给国家带来了巨大灾难。

到了宋徽宗时代，皇帝个人的喜好也让国家背上了沉重的负担。几代皇帝苦苦经营的家业，在宋徽宗这个沉迷艺术的人手里，逐渐变成了花石纲和各种奇珍异兽。人民的负担越发沉重，以至于农民起义不断，最有影响力的是方腊起义和宋江起义。随即，金国崛起，战争又开始蔓延，宋朝的经济发展也遭到了前所未有的破坏。

文化大繁荣的种子生根发芽

宋代的文化，在宋朝建立的前三四十年间，基本上是延续唐朝的文化走向，没有刻意去改弦更张，加上前三四十年，统治者为了不断巩固执政地位，扩大版图面积，导致战乱不断，文化发展因此非常缓慢。

赵匡胤时代，先南后北统一中原地区，加上各种制度改革，便耗尽了他十六年的执政生涯。继任者赵光义则把主要精力放在了与辽国的对峙上。在宋朝前两位统治者统治期间，虽然有右文政策，可对文化的发展作用还不明显。

宋代文化真正兴盛的时代，产生于澶渊之盟后宋朝相对平稳的社会环境中。

宋代是一个尊崇文人的时代，在这一时代，文化呈现出了多元化的发展。以澶渊之盟为界限，整个宋朝的文化分为澶渊之盟前与澶渊之盟后。

澶渊之盟前，宋代的文化基本上延续了南唐的很多文化模式，到了宋仁宗时代，整个宋代的文化才开始呈现出多元发展的状态。

文学方面，在宋代，文学形式有了多样发展。此前，宋朝因为是北方政权，文化底子较薄，所以基本只能沿着南唐的文学之路发展。南唐灭亡后，很多南唐的士大夫进入了宋朝，为宋朝文坛注入了一股活力。此时的文学家，基本继承了南唐那种奢靡风格的伶人之词，用词浮艳，常用以唱和酬答。

但也有例外，比如，王禹偁、杨亿、柳开等人，则开创了宋代文化的先风，为宋词的形成奠定了一定基础。但这一时期，因为朝廷重视儒学，文学作品深受影响，所以更多的只是说教，艺术成就不高。

澶渊之盟后，四方平定，各行各业方兴未艾，这就为文学的发展带来了机会。这就是宋朝前三代皇帝执政期间鲜有大文豪，而澶渊之盟后文豪辈出的原因。

宋代的文学以词、诗、散文、话本小说、戏曲剧本等为表现形式，其中词的创作成就最高。

总的来说，宋代的词是时代主流，诗和散文次之，话本小说和戏曲排在最后。

以词为代表，形成了各种流派。最为鲜明的两个流派为豪放派和婉约派。而且这两个派别，都取得了相当高的艺术成就。

豪放派的代表苏轼、辛弃疾等人的词作经久不衰，成了宋词的高峰。苏轼的《念奴娇·赤壁怀古》，辛弃疾的《永遇乐·京口北固亭怀古》等都是佳作。

而婉约派也不甘示弱。柳永更是对词赋予了新的含义，将词引向了大众视野。柳永善于创作慢词，形式多变，对宋词的发展产生了深远的影响，当时柳词在民间广为流传，出现了"有水井处，皆歌柳词"的盛况。晏殊、苏轼、欧阳修等人，都深受柳永的影响。

柳永之所以有如此高的艺术成就，主要还是他将目光投向了最底层的普通人身上。

柳永一生仕途坎坷，没有当过大官，整日生活在市井中，与那些最底层的人往来。这就让柳永对底层人民有了一种彻骨的认同感。他关注底层人的命运、情感、喜乐哀愁，他写作的主要方向也是市民阶层男女之间的感情、都市生活和市井风光、羁旅行役。这就让柳永的词有了鲜活的生命力，其中许多成为脍炙人口的佳作。

散文在宋代也有非凡的成就。宋代散文改革的真正集大成者是欧阳修。他摒弃了宋初散文写作的各种弊病，对宋代散文进行了革新，加上欧阳修自身的政治地位很高，也影响了他提倡的古文运动。

到了北宋中后期，宋代的散文呈现出了特有的风格。苏洵、曾巩、王安石、苏轼、苏辙、陈师道、黄庭坚、秦观、张耒、晁补之等人的散文都有法度，有文采。

值得一提的是，在宋朝文化大发展时，那些大市镇里出现了瓦舍①，可以看作最早的大型娱乐场所，供人们消遣娱乐。

随着瓦舍产生的，还有勾栏，而勾栏瓦舍到今天我们都在沿用。勾栏是瓦舍里的剧场，专门用于各种戏曲、说书等娱乐。瓦舍一般都是大型娱乐场所，里面供人们玩赏消遣娱乐的设施非常多。这些瓦舍要比我们今天看到的综合文化大楼繁荣得多。

那些说书艺人以及歌姬舞娘，就在勾栏里表演节目，唱名人写的词。柳永的词就是在这样的场合中，不断被人熟知，广为传播。

而说书艺人则根据民间流传的各种故事，整理成说书的原材料，在勾栏中说书，这也为后世章回小说的形成奠定了基础。四大名著中的《三国演

---

① [宋]吴自牧《梦粱录》："瓦舍者，谓其'来时瓦合，去时瓦解'之义，易聚易散也……城内外创立瓦舍，招集伎乐，以为军卒暇日娱戏之地。"

义》《水浒传》最早的版本，就是从宋代说书艺人这里开始的。

书法方面，宋代书法基本上也是继承了唐代书法，五代时期的书法艺术对宋代的书法家影响比较深，但宋代书法在五代的基础上取得了进一步发展，一些五代以来的书法技艺得到了创新。

宋代的书法家，主要还是集中在士大夫阶层中。比如，苏轼、黄庭坚、米芾、蔡襄四大家。后期的宋徽宗和蔡京，也在书法上有很高的造诣。他们打破常规，在书法中善于表现个人风格，使得书法有了新的生命力。

绘画方面，在宋代可谓空前成熟。宋代社会高度发展，社会各类分工细化，绘画也成为一种行业，在汴京和临安都有纸画行业。宋画主要可分为山水、人物、花鸟画三类，但宋朝画家派别极多，画家辈出，也独具特色。

民间对艺术的追求和热爱，也为绘画的发展提供了土壤。在汴京就有一大批专门从事绘画的职业画家，他们的主要任务就是绘画，并以此作为谋生的手段。

北宋绘画以米芾、米友仁父子成就最高，他们将文人画与山水画相融合，创造出了宋代特有的绘画艺术。另外，范宽、郭熙等人也成就非凡。

到了宋徽宗时期，朝廷甚至专门设置画院，供一批画家绘画。《清明上河图》就是问世于这一时期。

史学方面，宋朝也超过了前代。官方对史学的重视，是宋代史学不断发展的基础。当时朝廷设立了多个修史机构，组织人员进行史籍编纂工作。

司马光主编的《资治通鉴》、史学家袁枢的《通鉴纪事本末》、朱熹的《通鉴纲目》、郑樵的《通志》，都对后世了解宋朝提供了相对可靠的依据。

另外，还有官方主导编纂的《旧五代史》《新五代史》，以及王溥私撰的《唐会要》《五代会要》等。除此之外，还有那些专门编纂的史籍资料，比如，《太平寰宇记》《吴郡志》《东京梦华录》《武林旧事》《集古录》《太平御览》《册府元龟》《文苑英华》等都为后世了解宋朝提供了丰富的资料。

还有宗教、哲学等方面，在宋朝都得到了空前发展。

总之，澶渊之盟后，宋代文化在统治者大包容的政策下，出现了蓬勃发展的局面。可以肯定地说，宋代右文政策的延续，是得益于文化政策的支持。而澶渊之盟以后，辽宋之间和平发展的局面，则为宋代文化大发展、大繁荣提供了基础。

参考书目

1.《新五代史》，[宋]欧阳修撰，北京：中华书局，2011年版。

2.《宋史》，[元]脱脱等撰，北京：中华书局，1985年版。

3.《辽史》，[元]脱脱等撰，北京：中华书局，2011年版。

4.《资治通鉴》，[宋]司马光撰，萧放、孙玉文点注，北京：中国友谊出版公司，1996年版。

5.《续资治通鉴》，[清]毕沅撰，长沙：岳麓书社，2008年版。

6.《续资治通鉴长编》，[宋]李焘撰，北京：中华书局，2016年版。

7.《通许县志》，通许县志编纂委员会，北京：北京燕山出版社，2005年版。

8.《契丹国志》，[宋]叶隆礼撰，北京：中华书局，2014年版。

9.《西夏书事》，[清]吴广成撰，兰州：甘肃文化出版社，1995年版。

10.《武夷新集》，[宋]杨亿撰，福州：福建人民出版社，2007年版。

11.《历代职官表》，[清]黄本骥编，上海：上海古籍出版社，2005年版。

12.《宋会要辑稿》，[清]徐松辑，刘琳等校点，上海：上海古籍出版社，2014年版。

13.《东坡志林》，[宋]苏轼著，青岛：青岛出版社，2010年版。

14.《嘉靖开州志》，[明]孙巨鲸撰，上海：上海古籍书店，1964年版。

15.《墨子》，[战国]墨子著，李小龙译注，北京：中华书局，2007年版。

16.《涑水记闻》，[宋]司马光撰，邓广铭、张希清点校，北京：中华书局，1989年版。

17.《武经总要注》，[宋]曾公亮等撰，孙雅芬等注，西安：西安出版社，2017年版。

18.《宋端明殿学士蔡忠惠公文集》，[宋]蔡襄撰，北京：线装书局，2004年版。

19.《东轩笔录》，[宋]魏泰撰，北京：中华书局，1983年版。

20.《周易》，郭彧译注，北京：中华书局，2006年版。

21.《梦溪笔谈》，[宋]沈括撰，上海：上海古籍出版社，2015年版。

22.《说郛》，[明]陶宗仪等撰，上海：上海古籍出版社，1988年版。

23.《东京梦华录》，[宋]孟元老撰，北京：中国画报出版社，2013年版。

24.《宋代经济史》，漆侠著，北京：中华书局，2009年版。

25.《文献通考》，[宋]马端临撰，上海师范大学古籍研究所、华东师范大学古籍研究所点校，北京：中华书局，2011年版。

26.《梦粱录》，[宋]吴自牧著，杭州：浙江人民出版社，1980年版。

27.《饮流斋说瓷》，[民国]许之衡撰，济南：山东画报出版社，2010年版。